活页式·校企合作·高职汽车专业群规划教材

汽车售后服务与数字营销策略

主　编　张　峻　刘慧燕
副主编　荣　帅　薛明芳
　　　　曹海琳　王华云
主　审　于　敬

山东大学出版社
SHANDONG UNIVERSITY PRESS
·济南·

图书在版编目(CIP)数据

汽车售后服务与数字营销策略 / 张峻，刘慧燕主编. 一 济南：山东大学出版社，2021.7

活页式·校企合作·高职汽车专业群规划教材/王建良主编

ISBN 978-7-5607-7036-9

Ⅰ.①汽… Ⅱ.①张… ②刘… Ⅲ.①汽车一售后服务 ②汽车一市场营销学 Ⅳ.①F407.471.5 ②F766

中国版本图书馆 CIP 数据核字(2021)第 124625 号

责任编辑 刘 彤
文案编辑 冯敬远
封面设计 牛 钧

出版发行 山东大学出版社
社 址 山东省济南市山大南路 20 号
邮政编码 250100
发行热线 (0531)88363008
经 销 新华书店
印 刷 济南乾丰印刷有限公司
规 格 787 毫米×1092 毫米 1/16
17.75 印张 410 千字
版 次 2021 年 7 月第 1 版
印 次 2021 年 7 月第 1 次印刷
定 价 52.00 元

《活页式·校企合作·高职汽车专业群规划教材》
丛书编委会

总　序

《国家职业教育改革实施方案》指出，要深化"三教"改革，建设一批校企"双元"合作开发的国家规划教材，倡导使用新型活页式、工作手册式教材并配套开发信息化资源。同时，要求专业教材随信息技术发展和产业升级情况及时动态更新。为落实《国家职业教育改革实施方案》，推进国家教学标准落地实施，提升职业教育质量，提高人才培养的针对性，教育部出台了《关于职业院校专业人才培养方案制订与实施工作的指导意见》（教职成〔2019〕13号）和《职业院校教材管理办法》（教材〔2019〕3号），对教材和资源建设提出了具体要求。为全面落实国家和教育部有关文件精神，山东省交通运输职业教育专业指导委员会牵头组织编写了本套教材。教材的编写秉承以下原则。

突出"课程思政"和文化育人。本套教材编写强调强化"课程思政"，实现思想政治教育与汽车相关专业岗位技术技能培养的有机统一。结合汽车行业和企业的典型文化案例，强化学生职业素养养成和专业技术积累，将专业精神、职业精神和工匠精神融入人才培养全过程。

突出类型特色，服务"三教"改革。强化产教融合、校企合作的全流程设计，融入新技术、新设备、新工艺、新规范以及产业发展的新趋势，使学生适应行业技术变革的最新发展。课程、教材教学一体化设计，有利于建设符合项目式、模块化教学需要的教学创新团队，普及项目教学、案例教学、情景教学、模块化教学等教学方式，广泛运用启发式、探究式、讨论式、参与式等教学方法，推动课堂教学革命。

突出山东特色，对接"双高"水准。山东省交通运输专指委联合行业、企业、学校和山东大学出版社，聘请省内外专家指导，围绕汽车技术服务专业集群，适应全面推进"双高计划"、现代学徒制改革试点和1＋X证书制度试点的工作需要，开展职业教育教材体系和资源建设，力求建设反映"三教"改革新形态、突出山东特色、对接"双高"水准、对标国内一流的教材和教学资源。当前，职业教育战线正在全面落实习近平总书记关于职业教育的重要指示批示和全国教育大会精神。山东省正在进行部省共建"国家职业教育创新发展高地"，实现一年成"式"、两年成"是"、三年成"事"总目标，打造新时代中国特色职业教育的"山东样板"。出版本套教材，也是抛砖引玉，以便更好地服务"高地建设"，祝愿山东汽车职业教育发展越来越好。

山东省交通运输职业教育专业建设指导委员会

2021年7月

前　言

《国家职业教育改革实施方案》指出，要深化“三教”改革，建设一批校企“双元”合作开发的国家规划教材，倡导使用新型活页式、工作手册式教材并配套开发信息化资源。同时，要求专业教材随信息技术发展和产业升级情况及时进行动态更新。《教育部关于职业院校专业人才培养方案制订与实施工作的指导意见》要求，要建设符合项目式、模块化教学需要的教学创新团队，选用体现新技术、新工艺、新规范等的高质量教材，引入典型生产案例，普及项目教学、案例教学、情景教学、模块化教学等教学方式，推动课堂教学革命。山东交通职业学院汽车运用与维修技术专业群是国家“双高计划”重点建设专业群。其中，课程和教材是重要建设内容之一。

《汽车售后服务与数字营销策略》是汽车技术服务类专业群课程体系中的一门专业方向课教材。本书的编写以学生未来职业成长规律为遵循，以职业岗位能力培养为目的，采用“基于工作过程”方法进行开发。编写人员在对汽车售后服务顾问岗位深入调研基础上，分析整理出岗位典型工作任务，进而提炼出行动领域，构建工作过程系统化课程体系。本书以项目任务为引领，主要包括汽车售后服务概述、售后客户接待与客户分流、售后服务接待核心流程、售后服务业务拓展、售后战略制定与售后服务管理、新能源汽车售后服务和汽车数字营销策略等七个项目。每个项目任务包括任务描述、学习目标、任务组织、知识准备、任务实施、任务评价和知识拓展等7个环节。学生在完成任务过程中可进一步巩固所学知识，从而达到理论实践一体化的目的。

本书由山东水利技师学院张峻、山东交通职业学院刘慧燕任主编；山东交通职业学院学院曹海琳，山东水利技师学院荣帅、王华云，济南职业学院薛明芳任副主编。具体编写分工如下：张峻编写项目四，并负责全书统稿工作；刘慧燕编写项目三；荣帅编写项目六、项目七；曹海琳编写项目二；薛明芳编写项目一；王华云编写项目五。山东交通职业学院于敬统审。

本书在编写过程中，北京运华科技发展有限公司和东风雪铁龙汽车销售有限公司开发并制作了配套视频、动画，在此表示衷心的感谢。

由于时间仓促，加之水平所限，书中难免存在错误和不妥之处，敬请读者提出宝贵意见。

编　者

2021年6月

目 录

项目一
汽车售后服务与数字营销概述

随着消费者对汽车的需求不断攀升，汽车市场已经从产品竞争逐渐转向服务竞争。汽车企业、汽车品牌要在汽车市场上立足，就要做好汽车售后服务，提供差异化、优质化服务，创造个性化品牌。同时，随着高科技的发展，互联网、智能化、大数据、云计算、人工智能等新技术层出不穷，在移动互联网全面普及的市场环境下，数字营销为汽车售后服务再添新彩。这对于售后服务接待人员既是机遇，也是挑战。

任务一　走进汽车售后服务

【任务描述】

作为企业新进服务顾问，你正在参加公司组织的汽车售后服务业务培训。培训师要求你们以小组为单位，收集整理我国汽车售后服务市场发展相关资料并结合资料探讨制定符合本店的汽车售后服务发展策略。

【学习目标】

素质目标

学生通过小组合作完成资料收集和整理，培养团队合作意识，提升沟通交流能力，养成爱岗敬业的工作态度。

知识目标

1. 掌握汽车售后服务的基本概念及内涵。
2. 掌握汽车售后服务的主要特征。
3. 掌握汽车售后服务现状及创新型汽车售后服务模式。

能力目标

1. 具有汽车售后服务市场总体理解学习能力。
2. 具有面向售后市场创新和优化意识。

【任务组织】

组织形式

教学组织推荐采用“任务布置—知识学习—计划决策—计划实施—课堂练习—任务评价”的教学流程，培养学生自主学习、完成工作的能力；为保证教学安全与实践效果，建议每位指导教师负责和指导 24～32 位学生，学生以小组形式开展学习，每组控制在 6～8 人。

场地设备

教学组织具体所需场地设备如表 1-1 所示。

表 1-1　教学组织所需场地设备

教学场所	场所面积	设备序号	设备名称	数量
汽车售后服务学习工作站	$50m^2$	1	汽车整车	2
		2	计算机	4
		3	办公家具	1
		4	展示白板	4

教学时间

教学时间设定为 4 学时。

【知识准备】

现场学习，独立完成下列 4 个问题：

1. 汽车服务主要包括汽车技术咨询服务、汽车广告、汽车融资与保险、汽车租赁服务、__________、__________、代缴税费及代办证件、__________等内容。

2. 汽车服务的特征主要包括无形性、__________、__________、__________和度量复杂性。

3. 汽车售后服务的特征包括__________、__________、__________。

4. 什么是服务？

____

____

____

一、售后服务概述与特征

（一）服务

服务通常是指服务提供者通过必要的手段和方法，满足接受对象需求的过程。服务是服务营销学的基础，服务质量是服务营销的核心。

汽车服务主要包括汽车技术咨询服务、汽车广告、汽车融资与保险、汽车租赁服务、汽车零备件供应、二手车交易及回收服务、代缴税费及代办证件以及汽车售后服务等内容。汽车服务具有如下特征：

1. 无形性

汽车服务的无形性表现为服务无法储存、服务没有专利保护、服务过程无法展示、服务缺乏定价依据等。具体如表 1-2 所示。

表 1-2 服务无形性的具体表现

	表现	详解
1	服务无法储存	汽车服务无法事先库存，这也导致了在客户较多时会出现供不应求的现象，客户少时会出现服务过剩、成本上升的现象
2	服务没有专利保护	服务于无形，无法申请专利保护，导致竞争对手极易模仿服务模式，亦很难保持企业的差异化服务优势
3	服务过程无法展示	服务过程中的展示沟通存在一定困难
4	服务缺乏定价依据	服务不能和有形产品一样采用成本加成定价法，其成本消耗主要是人力成本和设备成本

基于此，汽车企业经常利用汽车服务场所的装潢、公司获得的社会赞誉、汽车销售服务人员的外在形象及服务项目和质量的宣传、企业广告代言人的知名度等有形展示或有

形线索来获得客户评估与认可。

2. 不可分离性

汽车服务的不可分离性也称“同步性”或“同一性”。服务的供应者往往是以其劳动直接为购买者提供使用价值,生产过程与消费过程为同一过程,不可分离。如汽车售后接待过程对客户而言是消费过程,对接待人员而言则是生产过程。由于服务的无形性,服务提供者一定程度上成为客户评价服务体验和公司信誉的有形线索。

3. 异质性

汽车服务的异质性是指接受服务的是人,提供服务的也是人,双方在环境、心境、期望值等方面存在差异,因此几乎没有完全一样的两次服务。为了更好地实现服务的标准化和质量控制,解决异质性问题,一般可采取以下方案:

(1)利用服务异质性为客户提供定制化服务。

(2)开发标准服务交付系统和程序,让每个客户都能接收到相同类型和相同水平的服务。

4. 易逝性

服务不能像有形产品一样被存储,在一段时间内没有被利用的服务,不能被保存利用到另一段时间使用,也不能进行盘点。服务的易逝性使得服务的使用价值如果不能及时利用,就会贬值或作废。

5. 度量复杂性

汽车服务度量不能采取单一指标,服务价格必须使用复合指标,如“元/辆次”“元/工时”等。因此,对汽车服务度量时一般以定额作业时间收费,而不以实际作业时间收费。

(二)汽车售后服务

1. 售后服务概念

广义的售后服务包括与产品销售配套的包装服务、送货服务、安装服务、“三包”服务(包修、包换、包退),排除技术故障,提供技术支持,寄发产品改进或升级信息,与客户保持经常性的联系、产品使用联系及建立客户档案、收集并整理客户信息资料等。

2. 汽车售后服务概念

汽车售后服务是汽车流通领域的一个重要环节,指新车作为商品销售出去进入流通领域之后,直至车辆回收报废的各个环节中,由汽车制造企业、汽车服务企业、汽车维修企业、汽车销售企业及备件供应商等服务企业为客户及其拥有的汽车提供的全过程、全方位的各类服务,包括汽车销售、广告宣传、贷款与保险咨询等营销服务以及整车出售及后期与汽车使用相关的服务,如维修维护、车内装饰、金融服务、车辆保险、“三包”索赔、二手车交易、废车回收、事故救援和汽车文化等。汽车售后服务的直接服务对象是客户,间接服务对象是汽车。

3. 汽车售后服务参与者

(1)汽车制造企业。汽车制造企业除了制造汽车产品外,还具有为旗下品牌汽车售后服务制定相关标准、建设服务网络、提供技术支持等职责。

(2)备件供应商。备件供应商是汽车售后服务的间接参与者,它主要是为品牌车辆用户提供原厂零备件及其质量担保、索赔等业务,并及时向汽车制造企业备件部反馈零备件相关使用和质量信息。

(3)汽车服务企业。汽车服务企业是汽车售后服务中为汽车产品使用者提供最直接售后服务,解决客户问题和满足客户需求的参与者。汽车服务企业还要与汽车制造企业共同负责区域合同产品市场的充分开拓,以此提高产品市场份额和持续增长,并维护汽车生产企业的产品信誉和声誉,树立汽车生产企业产品形象和服务形象。

(4)消费者。消费者是汽车售后服务的接受者,是汽车售后服务最直接的受益者。汽车售后服务参与者构成的价值链如图 1-1 所示。

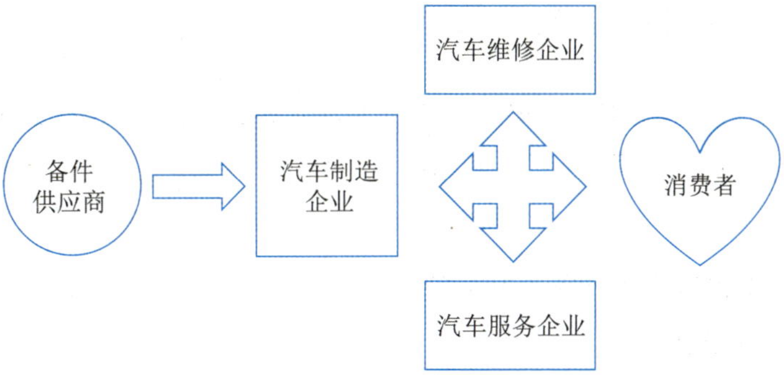

图 1-1 汽车售后服务参与者构成的价值链

4. 汽车售后服务基本内涵

(1)汽车售后服务的目标是满足客户需求,实现客户满意。

(2)汽车售后服务的精髓在于汽车售后服务系统的整合,一体化思想是现代汽车售后服务的基本思想。将从原材料采购开始,经过生产过程和仓储、运输至配送到达客户以及客户使用过程的整个汽车售后服务过程,看作一条环环相扣的汽车售后服务链,努力通过应用系统的、综合的、一体化的先进理念和先进管理技术,在错综复杂的市场关系中使汽车售后服务链不断延长,并通过市场机制使得整个社会的汽车售后服务网络实现系统总成本最小。

(3)现代汽车售后服务呈现出系统化、专业化、网络化、电子化和全球化趋势。

(4)可持续发展是现代汽车售后服务的重要内容。汽车行业的迅速发展使汽车保有量激增,造成城市交通阻塞,噪声与尾气污染加重,对环境产生了较大的负面影响,增加了环境负担。现代汽车售后服务应从节能与环保的角度对汽车售后服务体系进行改进,不断提高汽车售后服务水平,促进经济的可持续发展。

(三)汽车售后服务重要性

随着汽车制造技术的不断更新,汽车产品亦在不断更新中成熟,同档次、同价位的汽车在技术含量及整车质量上已经相差不多。汽车品牌如要在汽车市场立足,汽车售后服务就成了竞争的不二选择、王牌战略。为客户提供差异化服务是营销战略的核心内容,创造个性化品牌,以产生关联性市场效应。如今,汽车市场已从产品竞争转向服务竞争,汽车售后服务起到了至关重要的作用。汽车企业通过售后服务加强与客户的紧密关系,树立企业形象,提高产品信誉,扩大产品影响力,培养客户对产品的忠诚度。

(四)汽车售后服务的主要特征

1. 系统性

汽车售后服务所涉及的主要内容相互关联,组成一个有机的整体。它运用系统的思想和现代化的科学管理方法以及最新手段,将分散的、各自为政的局部利益巧妙地连接在一起,形成了一个各部分有机结合的系统服务工程。

2. 广泛性

汽车售后服务系统涉及因素很多,涉及学科领域也较为广泛。例如行为科学、工程学、数学、环境学、管理学和经济学等。

3. 经济性

国际汽车市场上,汽车销售和售后服务的利润水平都很高,在成熟的汽车市场下,服务占 33%,备件占 39%,零售占 7%,而制造商仅占 21%。

二、汽车售后服务市场与售后服务发展

(一)我国汽车售后服务市场面临的问题

1. 售后服务底子薄

我国汽车售后服务市场受传统计划经济体制影响,长期缺乏内部竞争和价值规律强有力的杠杆作用。近年来,汽车售后服务业虽然得到了一定程度的发展,但仍存在一些服务"盲点",许多汽车生产厂商建立的销售系统还不能与社会服务系统进行有效有机整合,其他服务类别也出现各自为政的现象。

2. 法律制度不健全

长期以来,我国汽车行业多聚焦在制造和销售的利润点上,对汽车售后服务关注不足,因而时有不规范现象发生。这需要从业人员加强自律,更需要法律保障。唯有此,汽车售后服务业才能真正走上良性发展轨道。随着相关法律法规的不断健全与完善,我国出台了许多与汽车相关的法律法规制度,加快了汽车行业的发展速度。但由于我国汽车售后服务企业数量众多,缺乏完善的法律体系,监督管理力度很难到位,售后服务市场环境相对混乱。

3. 多种机制并行

从目前的汽车售后服务方式分析,我国汽车售后服务主要有两大经营模式,即"四位一体"和"连锁经营"。汽车 4S 店是一种以"四位一体"为核心的汽车特许经营模式,包括整车销售(Sale)、零备件供应(Spare part)、售后服务(Service)和信息反馈(Survey)。"连锁经营"最早起源于美国零售业,是指经营同类商品或服务的若干个店铺以一定形式组成一个联合体,在整体规划下进行专业分工,并在分工基础上实施集中化管理。

4. 市场秩序混乱

(1)价格体系和执行混乱。在汽车流通领域、汽车维修服务领域、汽车保险领域和厂商质量维修环节普遍存在着服务透明度低、收费混乱的现象。

(2)市场竞争秩序混乱。由于汽车售后服务业门槛低,导致从业者数量众多,竞争手段单一,为达到吸引客户的目的,从业者不惜采取低价竞争的手段,这也是汽车售后服务业诸多问题的重要根源之一。

5. 品牌优势不突出

我国汽车售后服务市场显著的特点是企业规模较小，持续经营能力差，品牌优势不突出。我国汽车售后服务与国外连锁化汽车售后服务巨头相比，普遍存在缺乏较成熟的服务品牌的现象，影响了企业凭借差异化服务实现可持续发展。

6. 专业人才不充足

由于汽车行业发展相对较快，相关培训又较少，导致从业人员不能及时进行自我知识的更新，造成目前汽车售后服务业人才相对短缺。企业缺乏提高服务标准的推动力，从而不能满足消费者日益提升的汽车售后服务需求。人员知识结构的不合理制约了汽车售后服务的快速发展。

7. 服务意识淡薄

我国汽车服务行业起步发展时间较短，缺乏良好的基础，没有引入高素质汽车服务人才，服务意识淡薄，服务水平不高，与国际汽车服务行业相比还存在一定的差距。对于汽车 4S 店来说，汽车服务人员综合素养较低，工作积极性不高，容易使消费者无法享受更高质量的服务。

8. 信息反馈遭忽略

汽车 4S 店需要收集顾客基本信息与资料，并且及时进行分类存档。但目前大多数时候，汽车 4S 店对客户的回访多流于形式，并没有从根本上解决顾客反馈的问题。这导致了许多汽车品牌口碑较差，信誉度不高，良性的市场竞争没有很好的平台。

(二)汽车售后服务业发展决策

1. 树立"服务于人，信誉于己"的售后服务理念

把售后服务放在重要战略位置，作为维护品牌、提高企业形象、参与国际竞争和全球经济一体化、全面进军国际市场的有力保障。

2. 构建强有力的售后维修网络

围绕汽车品牌，打造一个有竞争力的维修网络作为售后服务的强大载体，为售后服务的高效、快速开展提高可靠保障。

3. 建设业务和技术骨干队伍

汽车售后服务既是一项商业性的工作，也是一项技术性很强的工作，需要一支强大的售后服务技术骨干队伍做支撑。具体做法为：

(1)做好相关人员的开发工作。定期开展业务技术培训，不断充实其专业技术知识，提升售后服务质量。

(2)留住高素质人才。对汽车销售人员、汽车服务人员进行服务水平调查，使售后服务队伍适应不断变化的市场形势，从提升服务质量、满足客户实际需求入手，更好地开展售后服务工作。

4. 健全完善的信息反馈系统

要创造持久服务的优势，需要获得各方面的最新、最准确的信息。为此，企业必须通过对新车准备、质量担保、专题跟踪、网点巡视、客户投诉、生产质量、新产品、网点经营管理情况等信息的收集整理，建立完善的客户信息管理系统、内部故障信息反馈和改进渠道、重大和批量客户故障反应机制系统、网点考核管理系统和产品信息系统等。

5. **提高管理层素质**

管理层的素质是关乎企业兴衰、影响企业效益的关键因素。我国汽车售后服务业迫切需要既精通外语又具有一定管理能力的高素质经营管理人员,为及时了解行业最新信息,争取市场主动权提供保障。

6. **优化售后服务流程,明确服务范围**

对汽车企业服务过程进行分析,可以发现顾客不单单是消费人员,也属于服务生产者。对于汽车维修服务来说,维修人员需注重与顾客的交流和沟通,逐步形成初级生产服务,并通过与顾客的交流,制定服务层级生产目标。在员工与顾客的互动过程中,产生准确、快速的消费,并优化售后服务基本流程。

7. **健全法律法规及监督体系**

汽车售后服务要实现长远发展,需要以法律法规、制度的监督与约束为核心。在遵循汽车售后服务法律法规以及监督体系的同时,落实售后服务法律及相关标准,遵守国家法律对汽车维修企业作出的相应规定,配备专业检测维修设备,配有质量、价格、售后水平的监督机制,并做好对从业人员职业道德培训和业务培训,让其将工作价值充分发挥出来。

(三)汽车售后服务常见经营模式

汽车服务企业按业务类型可分为:整车销售、备件销售、汽车维修、汽车租赁、汽车金融服务、汽车保险服务和汽车俱乐部等。

汽车服务企业按经营模式分为:汽车品牌专营店、多品牌经销店、旧车交易企业、汽车备件连锁/销售企业、汽车特约维修站、汽车快修店、汽车美容与装饰店、汽车租赁企业、汽车金融服务企业、汽车保险服务企业、汽车俱乐部等。

目前汽车售后服务市场上主要的几种类型企业为:

1. **汽车品牌专营店**

汽车品牌专营店即汽车品牌4S店,源于欧洲。汽车品牌4S店是遵循各汽车厂商硬件建设要求与服务标准所建立的集汽车销售、维修、备件和信息服务为一体的销售店,是一种以四位一体为核心的汽车特许经营模式,包括整车销售(Sale)、备件供应(Spare part)、售后服务(Service)和信息反馈(Survey)四项主要功能,所以俗称"4S店"。它拥有统一的外观形象、统一的标识、统一的管理标准,只经营单一品牌。汽车4S店是一种个性突出的有形市场,具有渠道一致性和统一的文化理念。4S店在提升汽车品牌、汽车制造企业形象上的优势是显而易见的。

2. **单一服务经销商**

汽车生产企业授权在指定区域内从事合同产品服务的法人实体或企业,是集售后服务、零备件供应、信息反馈于一体的现代化修理企业,没有整车销售职能。

3. **汽车快修店**

汽车快修店主要从事汽车制造企业质量保修范围以外的故障维修工作,一般包括汽车保养、换件修理等无需专业诊断与作业设备的小修业务,俗称"路边店"。汽车快修店也是汽车制造企业售后服务网络的重要补充。

4. 汽车美容与装饰店

汽车美容与装饰店指不改变汽车基本使用性能的前提下，根据客户要求对汽车进行内部装饰（更换座椅面、全包围脚垫、内饰等）、外部装饰（粘贴太阳膜、表面光洁养护、婚庆车辆外部装饰等）或局部改装（加装无钥匙进入、电动尾箱、全车影像等）。

【任务实施】

活动 1　计划决策

以小组为单位收集整理我国汽车售后服务市场发展相关资料，并结合时代发展特征，将典型资料制作成展示小卡片。

活动 2　实施计划

小组根据收集整理的我国汽车售后服务市场发展相关资料，探讨制订 4S 店汽车售后服务发展决策。

____

____

____

活动 3　课堂练习

1. 要树立“服务于人，信誉于己”的售后服务理念，以此维护________________，提高________________。

2. 汽车4S店"四位一体"为核心的汽车特许经营模式包括整车销售(Sale)、零备件供应(Spare part)、________(Service)和________(Survey)。

3. 简述汽车售后服务的概念。

____

____

____

4. 怎样理解中国汽车售后服务市场?

____

____

____

【任务评价】

自我评价

请根据自己在本次任务中的实际表现进行评价(见表1-3)。

表1-3 自我评价表

	评分标准	分值	得分
1	能够理解服务内涵	20	
2	具备汽车售后服务意识和理念	20	
3	能够分析我国汽车市场售后服务发展面临的问题	20	
4	能够理解服务特征和汽车售后服务特征	20	
5	能够正确掌握汽车售后服务各参与者间的关系	20	
合计(总分100分)			

小组评价

请小组组长对组员的学习进行评价(见表1-4)。

表1-4 小组评价表

	评分标准	分值	得分
1	学习成效	25	
2	协作精神	25	
3	工作态度	25	
4	纪律观念	25	
合计(满分100)			

教师评价

请实训指导教师对计划实施结果进行评价(见表 1-5)。

表 1-5　教师评价表

	学习目标	达成情况	
		能	不能
1	掌握汽车售后服务的基本概念及内涵		
2	掌握汽车售后服务的主要特征		
3	掌握汽车售后服务现状及创新型汽车售后服务模式		
4	具有汽车售后服务市场总体理解学习能力		
5	具有面向售后服务市场创新和优化意识		

【知识拓展】

汽车售后服务模式创新介绍

1. 汽车售后服务品牌化

针对汽车客户需要,根据企业自身能力及产品特色,给特定的服务赋予特定的内容、程序和标准并加以命名,使之形成一个个性化、符号化的服务项目。借用品牌管理思想,通过定位、包装、宣传和实施,在客户中形成预期的知名度、美誉度和认可度,最终达到促进汽车产品销售、提高市场占有率的目的。汽车产品服务品牌应该定位为一个企业的连带品牌,在汽车产品主品牌表现时,应将这一连带品牌一同列出。汽车售后服务品牌化关键在于准确定位和实现方式的选择。

2. 汽车售后服务 CI 模式实现

汽车售后服务的企业形象(Corporate Identity,CI)规范体系化关键在于以下两个方面:

(1)规划先进的服务理念。服务理念应紧跟先进销售理念变化,即汽车“产品”概念正在被需求取代,“价格”概念正在被成本取代,“渠道”概念正在被方便取代,“促销”概念正在被沟通取代。所有特约服务站应当是“四位一体”与形象统一的。

(2)制订可执行的标准。标准要将服务理念、客户精神渗透到每一项服务之中。统一的维修设备配置和集中采购、统一的维修备件标准、统一的维修技术标准、统一的维修索赔标准将从整体上体现管理的先进性。

3. 汽车俱乐部制创新模式

汽车俱乐部制是指汽车售后服务采用俱乐部形式进行。汽车俱乐部是为了满足消费者需求而建立的一个与汽车客户共同追求生活品质,分享新资源、新科技的亲情化组织。

任务二　认识汽车售后服务接待

【任务描述】

作为企业新进服务顾问，你正在参加公司组织的汽车售后服务业务培训。培训师让你结合所学知识，谈一下对服务顾问工作的认识并叙述汽车售后服务接待人员应具备哪些职业准则和职业道德规范。

【学习目标】

素质目标

学生通过叙述汽车售后服务接待人员职业准则和职业道德规范，培养细致、热情、耐心的工作态度。

知识目标

1. 掌握汽车售后服务接待人员应具备的条件。
2. 掌握汽车售后服务接待人员的主要职责及职业准则。

能力目标

1. 能够正确认识汽车售后服务接待岗位的作用。
2. 能够把汽车售后服务接待人员职业准则内化于心。

【任务组织】

组织形式

教学组织推荐采用“任务布置—知识学习—计划决策—计划实施—课堂练习—任务评价”的教学流程，培养学生自主学习、完成工作的能力；为保证教学安全与实践效果，建议每位指导教师负责和指导24～32位学生，学生以小组形式开展学习，每组6～8人。

场地设备

教学组织具体所需场地设备如表1-6所示。

表1-6　教学组织所需场地设备

教学场所	场所面积	设备序号	设备名称	数量
汽车售后服务学习工作站	50m²	1	汽车整车	2
		2	计算机	4
		3	办公家具	1
		4	展示白板	4

教学时间

教学时间设定为4学时。

【知识准备】

现场学习，独立完成下列 5 个问题。

1. 组织机构是企业围绕核心业务建立起的____________体系，机构设置必须____________明确，____________清晰，____________确定。

2. 完成汽车 4S 店行政组织框架图绘制。

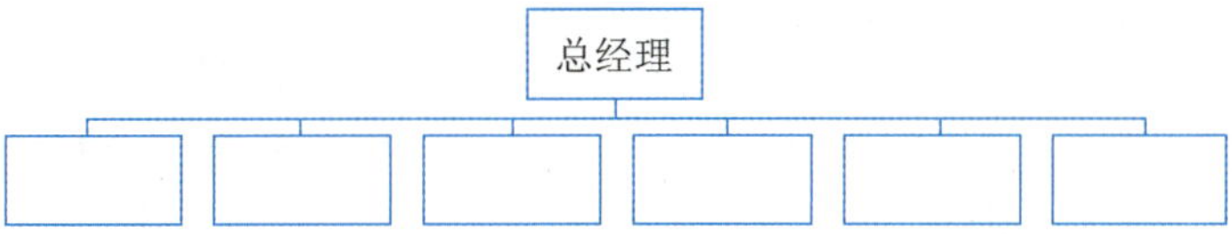

3. 汽车售后服务接待人员职业道德规范有：________、服务周到和________。

4. 汽车售后服务接待人员职业准则主要体现在哪几个方面？

____

____

____

5. 汽车售后服务接待岗位作用体现在哪些方面？

____

____

____

一、汽车售后服务接待组织机构及岗位职能

（一）组织机构设置

1. 认识组织机构

组织机构是企业围绕核心业务建立起的组织管理体系，机构设置必须目标明确，功能模块清晰，工作指派确定。合理的组织机构可以让企业员工步调一致，同心协力，向着一个目标前进；不合理的组织机构会使企业组织效率降低，内耗增加，甚至影响企业的成长和发展目标的实现。

2. 组织机构设置方法

（1）工作划分。根据分工协作和效率优先原则，将企业按工作类别进行划分。

（2）建立部门。把相近工作归在一起，在此基础上建立相应部门。根据生产规模不同，选择合并部门或分开部门。

（3）确定管理层次。确定一个上级直接指挥下级部门的数目。

（4）确定职权关系。确定各级管理者职务、责任和权力。

（二）汽车售后服务组织机构

1. 汽车 4S 店行政组织结构

汽车 4S 店行政组织结构如图 1-2 所示。

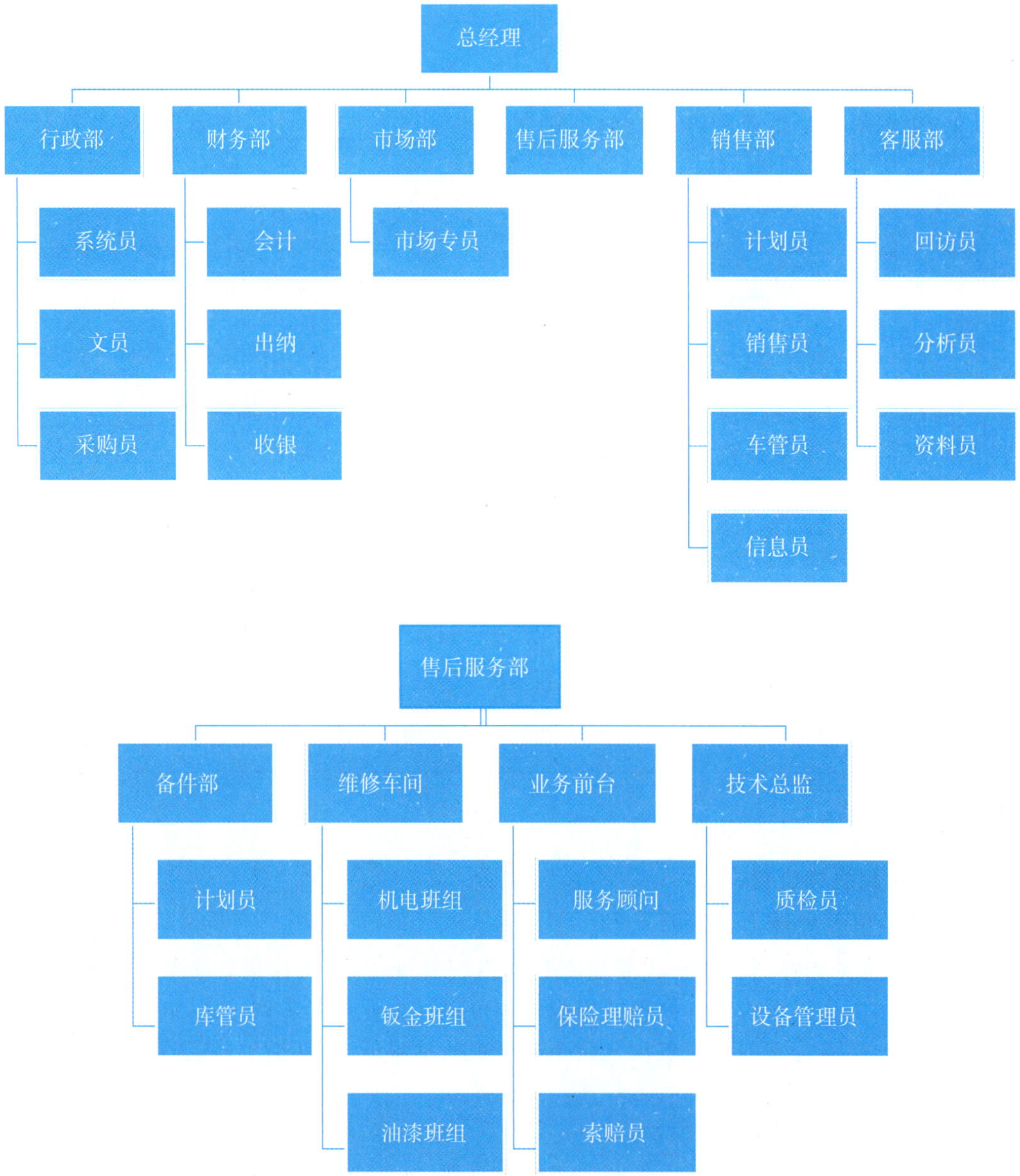

图 1-2　汽车 4S 店行政组织结构

2. 汽车售后服务质量保证系统

售后服务部是汽车服务企业售后服务支持部门，通过提供技术培训和索赔、保修等方面的业务指导，提高汽车经销商的服务质量，进而提升客户满意度。汽车售后服务质量保证系统如图 1-3 所示。

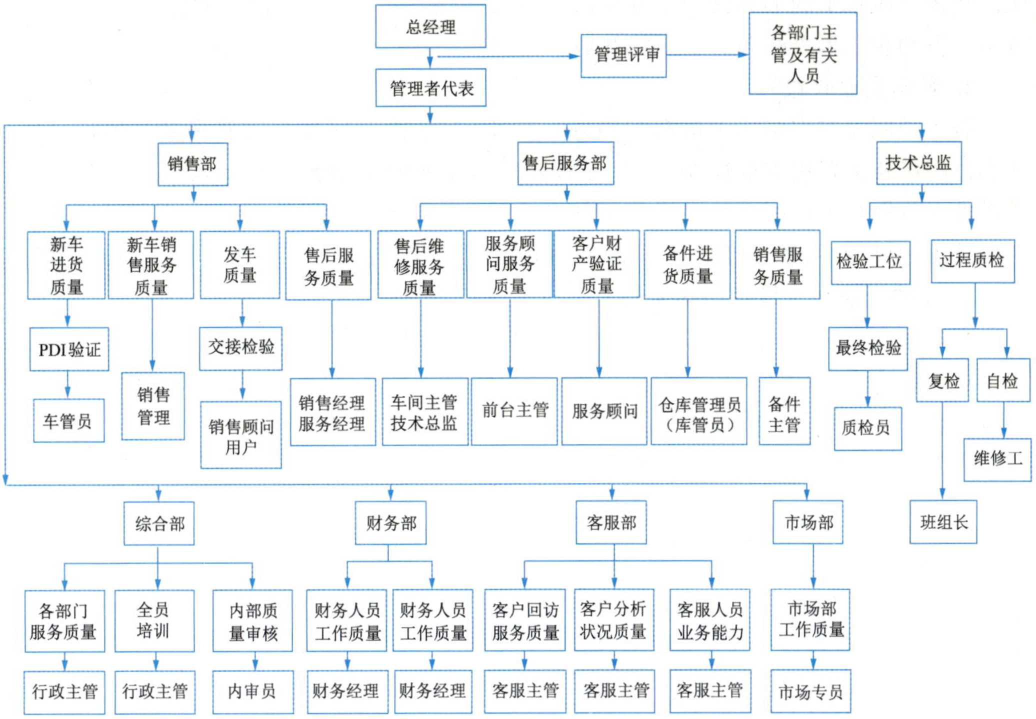

图 1-3　汽车售后服务质量保证系统

(三)汽车售后服务接待岗位的作用

很多企业的成功经验显示，只有在汽车售后服务接待这个“第一窗口”彻底改善服务，才能减少客户不满意事件的发生。汽车售后服务接待对汽车维修企业发展有着至关重要的作用。客户满意与4S店收益的关系如图1-4所示。

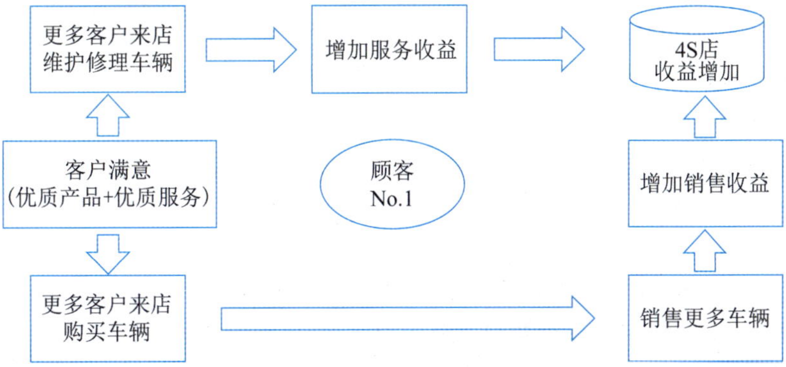

图 1-4　客户满意与4S店收益的关系

1. 代表企业形象

汽车维修企业的特征主要由企业精神、企业效率、企业信誉及经营环境等构成。良好的企业特征能让公众产生深刻的认同感和信任感，进而转化为巨大的经济效益。服务顾问在客户印象中的形象就是企业特征的直接反映,其言谈举止、待人接物、服务水平等直接关系到企业形象在客户心中的好坏。

2. 影响企业收益

服务顾问要在维修前对承修车俩进行估价,对维修过程产生的费用进行统计核实,向客户解释相关费用收取标准,以及听取客户意见并向上级部门反映,在双方完全认同的条件下收取相关费用。其维修估价的合理性、收费结算过程的流畅性、发生费用结算纠纷处理的灵活性,都直接影响着企业的信誉、收入和效益。

3. 反映企业技术管理整体素质

服务顾问在接车、估价等过程中所表现出的解决问题和处理问题的能力,直接体现了企业技术水平的高低。从接车到交车的全过程中,其工作的条理性、周密性和灵活性具体体现了企业服务和管理水平。

4. 维修企业与客户之间沟通桥梁

汽车维修企业与客户之间的业务活动主要通过服务顾问来实现。服务顾问在工作中担任双重角色:对于汽车维修企业而言,服务顾问代表客户运用企业的资源并按照客户需求实施经营;对于客户而言,服务顾问代表企业的服务品质。

二、汽车售后服务接待人员岗位要求

(一)售后接待人员岗位条件

从汽车4S店的现状调研和汽车工业的发展水平来看,合格的汽车售后服务接待人员必须具备下列条件:

1. 品貌端正,普通话标准,具有汽车维修专业大专以上文化程度或者取得中级维修职业资格证书,以及在维修岗位5年以上的工作经验。
2. 熟悉汽车维修、汽车备件及汽车保险等知识,了解工时单价、工时定额和汽车维修价格结算流程,并具有一定实践经验。
3. 有驾驶证,熟悉和汽车维修行业相关的法律、法规和政策。
4. 具有高度的责任心、良好的职业道德和心理素质。

(二)售后接待人员岗位职责

根据企业调研分析,汽车售后服务接待人员岗位职责主要有:

1. 保持维持接待区整齐、清洁。
2. 热情地接待客户,了解客户需求及期望。
3. 初步诊断车辆的问题,评估维修内容,与客户意见达成一致。
4. 向客户说明收费项目及其依据,得到客户认同后开出维修单。
5. 紧盯维修进度,增加维修项目或延迟交车时,及时取得客户同意和理解。
6. 按质完成所有维修项目,按时将状况良好的车辆交给客户。
7. 建立客户档案,善保管客户车辆资料。
8. 客户完成结账程序后目送其离开。
9. 推销新技术、新产品,解答客户提出的有关问题。
10. 听取客户的意见和建议,及时向上级汇报。

(三)汽车售后服务接待人员职业准则

1. 准点准时,言而有信

与客户打交道,准时是基本的礼节,代表着对他人的尊重。同时,还需要遵守诺言。如果不能兑现对客户的承诺,客户将对维修企业失去信任,有可能选择离开另择他处。

2. 以客户为中心

服务顾问的工作具有重复性,有时会感到厌烦,可能会将客户看作工作的干扰因素,这很容易导致客户抱怨。要改变这种态度,就要树立以客户为中心的理念,把与客户沟通看作工作中不可或缺的一部分。

3. 理解第一

无论服务顾问的服务技能多么娴熟,都难免有使客户产生不悦的情况。在这种情况下,就要站在客户的角度,对客户表示理解。可以使用以下用语来表示对客户的理解:“我理解您为什么这样想”“我了解您的想法”“您说的我都听到了”“出了这种事真对不起”等。

4. 忍让为先

无论服务顾问工作多么出色,在工作中也难免遇到吹毛求疵的客户。当这种情况出现时,必须遵守忍让为先的原则,更要以高度的涵养妥善处理好与这类客户的关系。

5. 微笑服务

服务顾问必须养成微笑服务的习惯。在与客户面对面的情况下,要做到微笑服务,接听电话时更要采用微笑服务。微笑会改变口形,使声波更流畅,声音更动听,更容易被客户接受。大多数客户在评价一个服务顾问质量好坏时,常常会以微笑服务做得怎么样来衡量。

(四)汽车售后服务接待人员职业道德规范

1. 真诚待客

要主动、热情、耐心地对待客户,认真聆听和记录客户的述说,耐心、诚实、科学地回答客户提出的每一个问题,理解客户要求,最大限度地满足客户期望并与之达成共识。

2. 服务周到

(1)修前服务。服务顾问应认真倾听客户对汽车故障的描述,初步诊断汽车故障,对维修内容、估算费用和竣工时间进行详细说明,在得到客户的认同后,还要向客户提供有关汽车维护等方面的建议和其他有关信息。

(2)修中服务。要及时与车间其他人员沟通,确保维修项目合理。需要增加维修项目时,要耐心、详细地向客户说明,同时要征得客户认可。随时了解维修进度,督促维修车间按时完工,如发现不能按时完工,要及时通知客户,说明原因,取得客户谅解。结算前,要向客户详细说明维修内容、维修费用的组成,并征得客户认可。

(3)交车服务。车辆交付时要向客户简要介绍维修过程中的一些特殊情况、汽车现在的状况及使用中的注意问题等。

(4)修后服务。应该建立健全汽车维修技术档案,并及时进行回访。回访客户时态度要诚恳,对客户提出的所有问题要认真调研,对一些疑问要耐心解释,必要时要勇于承担责任，不推诿和敷衍，对客户提出的建议要表示感谢。要处理好质量投诉，不要当着客户的面责怪维修人员。

【任务实施】

活动 1　计划决策

根据学习的汽车售后服务接待知识，制订你对服务顾问接待岗位的工作计划，特别要注意对服务顾问接待人员的要求。

____

____

____

活动 2　实施计划

1. 由学生设计情境剧本，2 名学生为一组，1 人为服务顾问，1 人为前台主管。你作为售后服务顾问，向前台主管表述自己对服务顾问工作的认识，前台主管以你的认识为引导，看你是否符合岗位条件，是否熟悉岗位职责。

____

____

____

2. 述说汽车售后服务接待人员职业准则和职业道德规范。

____

____

____

3. 当客户在售后接待过程中表现出不悦时，服务顾问应该遵循“理解第一”的职业准则，如何组织语言表达对客户的理解？

____

____

____

活动 3　课堂练习

1. 作为工作出色的服务顾问，偶遇吹毛求疵的客户可以不予理睬。这种观点是否正确？为什么？

____

____

____

2. 微笑在汽车售后服务接待过程中是否重要？应该怎样将微笑贯彻到汽车售后服务接待过程中？

____

____

____

【任务评价】

自我评价

请根据自己在本次任务中的实际表现进行评价(见表 1-7)。

表 1-7 自我评价表

	评分标准	分值	得分
1	能够掌握售后服务接待组织结构	10	
2	能够掌握并执行售后服务接待岗位职能	20	
3	能够理解售后服务接待岗位作用	20	
4	能够履行售后服务接待人员岗位职责和职业准则	20	
5	能够遵守职业道德规范	10	
6	能够应对售后服务接待人员岗位中的紧急事件	20	
合计(满分 100)			

小组评价

请小组组长对组员的学习进行评价(见表 1-8)。

表 1-8 小组评价表

	评分标准	分值	得分
1	学习成效	25	
2	协作精神	25	
3	工作态度	25	
4	纪律观念	25	
合计(满分 100)			

教师评价

请实训指导教师对计划实施结果进行评价(见表 1-9)。

表 1-9 教师评价表

	学习目标	达成情况	
		能	不能
1	能够进行有效的沟通和交流,具有团队合作意识		
2	掌握汽车售后服务接待人员应具备的条件		
3	掌握汽车售后服务接待人员的主要职责及职业准则		
4	能够正确认识汽车售后服务接待岗位的作用		
5	能够把汽车售后服务接待人员职业准则内化于心		
6	能够应对售后服务接待人员岗位中的紧急事件		

【知识拓展】

汽车售后服务主要岗位间的关系及职责如表 1-10 所示。

表 1-10 汽车售后服务主要岗位间的关系及职责

	直接上级	直接下级	岗位职责
服务经理	总经理	售后全体人员	1. 按公司的经营目标、质量目标，对售后服务各个部门进行全面管理，利用各种方法，保证经营、质量目标的完成 2. 重点对重大质量问题及服务纠纷，以及对下属不能解决的问题及时加以解决，保持与公司其他部门的良好沟通及协作 3. 定期向总经理或分公司报告站内的生产、经营和管理等工作 4. 负责组织各部门上报各种资料，对不符合要求的提出合理意见 5. 积极组织员工培训，不断提高员工技能及职业道德素质；全面学习并吸收各种知识，不断提高自身素质修养
前台主管	服务经理	服务顾问、保险理赔员、索赔员	1. 前台年度、月度工作目标和工作计划的拟订，并督导实施 2. 前台管理制度与业务流程的拟订，并督导实施和监控 3. 顾客关系管理的督导与分析报告，处理一般顾客抱怨及投诉 4. 协助售后服务部经理完成市场分析报告，处理合同单位协议的签订、维护、账款的跟踪 5. 前台 5S 监控及管理 6. 直接下属和关键岗位的绩效管理 7. 负责同车间、备件部及相关部门处理日常业务工作 8. 指定时间内负责向售后服务经理递交各种业务报表、报告、信息 9. 前台业务人员培训和会议的策划及主持 10. 协助服务顾问、索赔员、保险理赔员完成比较急的工作 11. 其他部门或人员遇到困难时，主动提出建议和策略 12. 完成上级交办的任务
服务顾问	前台主管	无	1. 及时接待顾客车辆，保持与顾客的联系，了解顾客的需求 2. 对维修车辆进行问诊并做记录 3. 负责建立、完善顾客车辆档案并及时更新 4. 通过正确诊断和填写维修工单确保对顾客车辆进行正确修理 5. 确保车间维修班组完成各项工作并及时跟踪车辆维修的进度和质量，保护顾客的利益 6. 通过服务向顾客展示公司实力和信誉，使公司赢得顾客信赖 7. 负责向顾客说明预检单、维修工单、结算单的填写及解释工作 8. 进行维修后最终交车前的检查，以满足顾客需求 9. 处理顾客抱怨 10. 利用服务中与顾客接触的机会销售车辆、备件和附件 11. 宣传公司及经销商的特色服务 12. 向顾客推荐护理品或其他产品，增加公司营业产值 13. 完成上级交办的任务

续表

	直接上级	直接下级	岗位职责
保险理赔员	前台主管	无	1. 及时接待顾客车辆;与顾客保持联系,了解顾客需求 2. 负责建立、完善顾客车辆档案,并及时更新 3. 确保车间维修班组完成各项工作并及时跟踪车辆的维修进度和质量,保护顾客利益 4. 进行维修后最终交车前的检查,以满足顾客需求 5. 处理顾客抱怨 6. 负责汽车保险业务的办理与出现保险事故时的理赔工作 7. 建立并不断完善保险理赔的业务内容与业务流程,提高保险理赔效率与顾客满意度 8. 负责向顾客解释保险理赔知识与服务流程,向顾客提供合理建议 9. 制作每月保险理赔业务分析报表 10. 利用服务中与顾客接触的机会销售车辆、备件和附件 11. 掌握车间动态,确保车间场地、硬件设施、人员的最优化利用 12. 在顾客面前宣传与公司合作保险的优势,配合续保员,增加续保产值 13. 完成上级交办的其他任务
索赔员	前台主管	无	1. 负责本公司内部索赔业务管理工作 2. 负责故障件的原因分析,做出质量鉴定,按照保修手册上的规定,判定是否在索赔范围内 3. 按照索赔要求,收集索赔相关资料 4. 按照营销分公司索赔条例办理索赔申报及相应索赔事务 5. 与顾客和相关方面进行充分沟通,以便掌握与索赔有关信息,解释厂家索赔规定及顾客应注意事项,并认真解答顾客的询问 6. 主动收集、反馈有关车辆使用质量、技术方面的信息 7. 索赔旧件存放、回运及相关工作 8. 索赔业务对账、开票工作 9. 注意索赔政策文件更新,并确保相关人员都掌握 10. 不符合索赔条件时,应充分与顾客沟通,说明情况,取得顾客谅解 11. 完成上级交办的其他任务 12. 在必要情况下,配合服务顾问工作
备件主管	服务经理	备件计划员、仓库管理员	1. 负责组织市场调查,合理调整库存结构和库存量,加快资金周转 2. 检查备件业务工作,审核订单、反馈各种信息报表及发往备件部门电函,了解备件经营状况,确保备件业务正常开展 3. 负责组织备件到货验收、入库、上货架等工作,定期进行备件部位合理调整,组织人员进行盘点 4. 供应商备件款的及时结算

续表

	直接上级	直接下级	岗位职责
			5. 配合厂家备件部门有关人员检查、巡访等工作，协助服务经理对特殊合同进行评审 6. 严格内部管理，负责管理、传达备件部发出的有关文件，对备件人员定期进行业务培训、业务考核 7. 完成公司领导交办的其他任务 8. 根据知识和能力，义务完成其他任务 9. 服务经理交办的其他临时性工作
车间主管	服务经理	班组长	1. 负责管理车间生产计划落实，进行生产调度安排(包括值班加班、外出抢修等)，做好车间现场5S管理，为顾客提供舒适的修车环境 2. 依照七步服务核心过程要求，认真落实各项优质服务举措 3. 严格抓好质量管理，检查并监督车间员工的服务质量和维修质量，对有倾向性的质量问题，必须组织现场分析，及时提出纠正与预防措施，并以书面形式报告服务经理认真贯彻实施方案 4. 严格按照安全生产操作规程工作，杜绝员工违章操作，严禁机具设备带病操作，杜绝一切安全和机损事故发生 5. 加强自身知识更新和专业知识的培训，定期对车间生产状况、人员状况及存在的问题进行分析并提出合理化建议，及时解决矛盾，营造一个良好的工作环境 6. 负责员工能力考核评价情况、员工增项的准确率、增项的实际执行率、交车及时情况、员工的服务态度情况、服务核心流程的执行情况及工作差错率等相关内容的统计与总结 7. 完成上级临时交办的工作任务，做好日常工作记录 8. 严格按照厂家管理条款及考核标准，并结合公司奖罚制度对每个员工的工作进行考核
仓库管理员	备件主管	无	1. 负责备件入库管理，入库要严格按照入库验收手续进行，认真检查并核对名称、数量、编号、价格、质量 2. 负责备件销售及出库管理，要根据维修工单上的作业项目发料，做到准确无误 3. 负责备件库存管理，库存情况要及时与备件计划员沟通，按公司要求做好各种形式的库存盘点工作，确保库存备件做到账、物一致 4. 保持库房环境卫生整洁，备件摆放整齐，符合备件管理的要求，确保先进先出，标识清晰 5. 负责旧件回收工作，原则上实行以旧领新 6. 及时向部门负责人汇报工作情况

续表

	直接上级	直接下级	岗位职责
技术总监	服务经理	质检员、设备管理员	1. 负责车辆维修、保养过程的质量控制，确保维修过程处于受控状态，并对维修质量负责 2. 主持维修站重大质量问题及倾向性问题的研讨分析，及时处理客户的一般投诉，参与质量、机损、安全事故的分析，针对存在的问题制订纠正与预防措施 3. 负责对维修站员工进行技术培训或举办专题讲座，编制年度培训计划，提高员工整体质量意识和技术水平 4. 协同服务经理制订外培人员计划，并报总经理批准 5. 协助服务经理对重大维修合同进行评审 6. 负责审核维修站《年度设备维修、保养计划》《工具和仪检员计划》 7. 负责维修站监视和测量自行验准设备的工作 8. 负责维修站的工具、设备及仪器的管理和购置，以及维修、报损的审核工作；负责维修站的质量审核工作和质量目标工作 9. 负责维修站技术鉴定；负责协调与厂家及有关部门技术支持
质检员	技术总监	无	1. 对检验不合格或出厂返修车辆进行检验确认后，报技术总监备案，开出"车辆返修处理单"，并在"车辆返修处理单"中确认返工项目及返工后的维修车辆重新检验，做好修车辆维修过程巡回检验工作 2. 负责对重大维修合同(包括大修、中修、安全件维修事故车或维修金额在 1500 元以上)的维修车辆进行最终检验，合格后签名确认，报技术总监确认后出厂 3. 与技术总监配合，针对维修站容易产生的质量问题进行专题讲座和技术培训，提高员工的质量意识和技术水平 4. 负责检验"发动机大修、变速器大修、钣金、油漆作业记录"，并对增加项目及需要更换的备件做出判定
设备管理员	技术总监	无	1. 负责制订增购、更换设备的可行性计划，论证及申请采购，签订质量保证协议 2. 负责对设备建立技术档案；受技术总监的委托，负责保管设备的原始资料 3. 负责新增设备安装，并与技术总监及有关人员对设备进行验收 4. 负责各种设备的日常使用管理，各种专用设备及公用设备必须指定由专人管理，特殊设备应指定由相应技术水平的技术人员管理，严禁设备带病运转或超负荷运转 5. 负责设备的保养及维护，监督相关人员必须做到"三好四会"，即管好、用好、修好，会保养、会检查、会使用、会排除一般故障，相关人员无法处理的故障必须立即报告

续表

	直接上级	直接下级	岗位职责
			6. 负责设备的修理，对因非正常原因而损害的设备，必须及时召开事故分析会并追究有关人员的责任，修复后的设备应会同技术总监及有关人员进行验收 7. 无法修复的设备，必须会同技术总监填写报废申请表，经总经理批准后办理报废手续 8. 负责量具、仪表等计量用具的定期检验，有合格证后方可使用
班组长	车间主管	维修工	1. 确保顾客的车辆能够得到快速、正确维修 2. 对本班组维修车辆质量负全责 3. 对班组安全生产负全责 4. 对本班组所使用设备、工具完好负责，定期进行检查与维护 5. 负责对本班组员工监督、指导按技术操作规程进行操作 6. 负责组织开好两个会：班前会和质量分析会 7. 检查本班组所有保养项目和任务委托书中的修理项目，确保正确执行
机电工、钣金工	班组长	无	1. 不得擅自变更维修项目或减少、增加维修内容；不得超越维修项目范围领取备件；领用备件时，必须以旧换新、验证并签字确认 2. 必须依据《汽车维修手册》进行维修作业，确保维修质量 3. 承修人员对已完工的维修项目，必须依据《汽车修理手册》进行自检，合格后在已维修项目右边签字（盖章）确认，交组长进行复检。对需要进行最终检验的项目，送交质量总检员进行试车检验 4. 操作中做到油、水、备件、工具不落地；发动机、变速器的解体，必须在总成修理室进行，并保证室内设施及场地整洁 5. 工具车及工具柜内不得存放任何备件及杂物 6. 遵守本站《安全生产规章制度》《站内维修车辆移动规定》及设备操作规程，杜绝违章操作，消除事故隐患，防止机损事故发生 7. 文明礼貌，热情待客，为顾客提供优质服务 8. 特殊工种操作人员需要持证上岗，并保持工作服整洁 9. 努力提高自身操作能力和维修技术水准，积极参加各项培训和考试

续表

	直接上级	直接下级	岗位职责
油漆工	班组长	无	1. 必须按照《汽车维修手册》《油漆作业指导书》进行维修作业 2. 油漆修复竣工后，承修人员必须依据《车身油漆检验标准》进行自检合格后送交检验员进行最终检验 3. 每月对烤漆房进行一次清洗，定期更换过滤棉。每三天冲洗磨灰排水槽，每天排除油水分离净化器中的水分，保持地面清洁 4. 工具车及工具柜内不得存放任何备件及杂物 5. 遵守本站《安全生产规章制度》《站内维修车辆移动规定》及有关设备操作流程，杜绝违章操作，消除事故隐患，防止机损事故发生 6. 文明礼貌，热情待客，为顾客提供优质服务 7. 重视安全生产，严格管理易燃易爆及强腐蚀等危险物品，分类存放。工段严禁烟火，严格制止闲杂人员进入 8. 特殊工种操作人员需持证上岗 9. 努力提高自身操作能力和维修技术水平，积极参与各项培训和考试
客服主管	总经理	客服部全体人员	1. 负责本部门人员、工作管理及业务水平提升 2. 合理划分顾客类型，为公司发展提供战略依据 3. 及时完成顾客回访、档案管理等日常性工作 4. 根据周、月满意度报表，对公司相关业务部门工作效果进行验证，提出相应合理化建议
回访员	客服主管	无	1. 负责售后服务部维修 3DC 电话回访 2. 能及时妥善处理回访中出现的问题
档案员	客服主管	无	1. 负责部门所有档案资料的收发、管理 2. 按流程定期对档案进行整理

任务三　汽车售后服务数字化新理念

【任务描述】

作为企业新进服务顾问，你正在参加公司组织的汽车售后服务业务培训。培训师要求你们以小组为单位，根据 5S 管理理念和企业文化相关知识，为即将推行 5S 管理活动的某汽车 4S 店制订一份 5S 活动工作计划。

【学习目标】

素质目标

学生通过制订5S管理工作计划及实施方法，强化其安全规范、爱岗敬业、团队协作、责任担当的职业素养和精益求精的工匠精神。

知识目标

1. 掌握企业文化、企业精神与企业形象的内涵。
2. 掌握数字营销概念和内涵。

能力目标

1. 能够按照5S标准开展售后服务接待工作。
2. 能够认识到数字化转型是大势所趋。

【任务组织】

组织形式

课程教学组织推荐采用"任务布置—知识学习—计划决策—计划实施—课堂练习—任务评价"的教学流程，培养学生自主学习、完成工作的能力；为保证教学安全与实践效果，建议每位指导教师负责和指导24～32位学生，学生以小组形式开展学习，每组6～8人。

场地设备

教学组织具体所需场地设备如表1-11所示。

表1-11　教学组织所需场地设备

教学场所	场所面积	设备序号	设备名称	数量
汽车售后服务学习工作站	$50m^2$	1	汽车整车	2
		2	计算机	4
		3	办公家具	1
		4	展示白板	4

教学时间

教学时间设定为4学时。

【知识准备】

现场学习，独立完成下列5个问题。

1. 企业文化是以____________为中心，以全面提高____________为基本途径，以培育____________、____________为核心内容，以塑造____________为基本手段，以提高____________为根本目的的管理理论和管理方式。

2. 如何理解企业理念？

3. 数字营销（Digital Marketing）是指借助于__________、__________技术和数字交互式媒体来实现营销目标的一种营销方式。

4. 汽车行业利用产业________化带来新的发展机遇，实现数字科技与实体经济相融合，提高研、产、供、销全产业链的____________化、____________化、__________化水平，将引领中国乃至全球汽车行业进入全新的增长阶段。

5. 随着营销创新的持续升级，数字技术将会引起深刻的社会变革，__________、5G、________的飞速发展，使数字技术与实体业务结合转型逐步深入到售后、二手车、金融、出行、____________等领域，未来终将引领中国汽车行业进入高质量发展的全新阶段。

一、企业文化与企业管理

（一）企业文化

企业文化（Corporate Culture）是指企业在长期生产经营活动中确立的、被企业全体员工普遍认可和共同遵循的价值观、信念、仪式、符号等行为规范的总称。企业文化是以人的管理为中心，以全面提高人的整体素质为基本途径，以培育企业价值观、企业精神为核心内容，以塑造企业形象为基本手段，以提高企业效益为根本目的的管理理论和管理方式。

1. 企业理念

企业文化的核心是企业理念。企业理念是指企业在持续经营和长期发展过程中，继承企业优良传统，适应时代要求，形成的代表企业信念、激发企业活力、推动企业生产经营的团体精神和行为规范。好的企业理念能指导企业内部与外部的各项工作，指导企业文化的方向，影响企业文化的形成、传播和发展。如丰田汽车公司的“丰田之路”（如图1-5）和大众公司的“客户至上”企业服务理念（如图1-6），都是企业文化，也是企业发展的理念和基础。知名汽车企业售后服务企业理念都体现各自的企业文化。知名汽车企业售后服务理念参见表1-12。

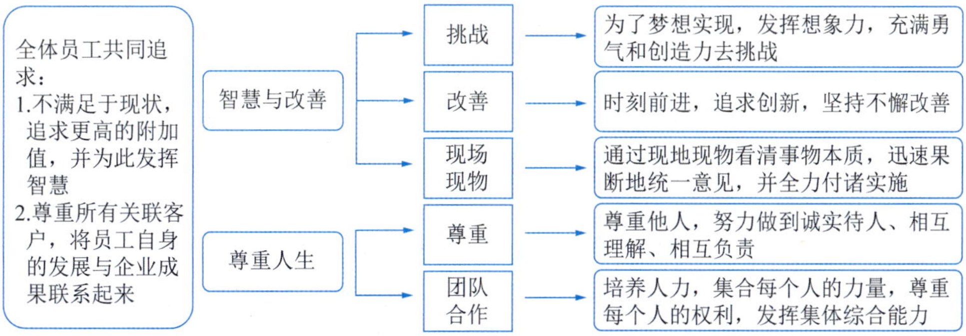

图1-5 “丰田之路”（THE TOYOTA WAY）

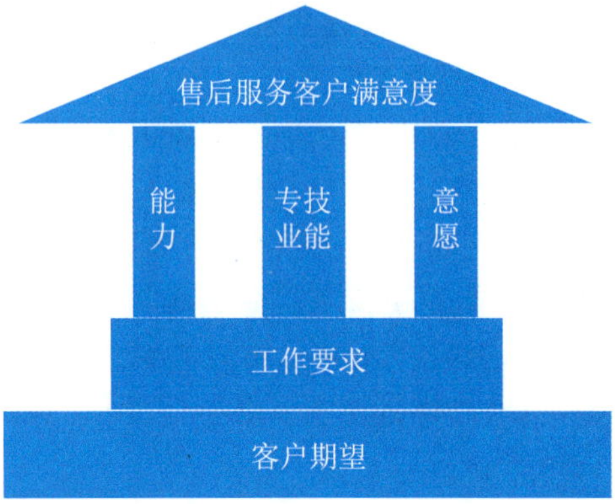

图 1-6 “客户至上”服务理念

表 1-12 知名汽车企业售后服务理念参考

汽车品牌	服务理念
一汽大众	“严谨就是关爱”
一汽轿车	“管家式服务”
奥迪	“以用户满意度为中心”
上海大众	“Techcare 大众关爱”
上海通用	“Qualitycare——精诚服务，延伸无限价值”
凯迪拉克	“尊重尊贵，省心省事”
上汽通用五菱	“专业服务，放心托付”
上汽荣威	“尊荣体验”
一汽丰田	“专业对车，诚意待人”
广汽丰田	“顾客第一，服务至上”“Personal &Premium”(个性化与尊贵感)
丰田	“CS NO. 1”(顾客满意度第一)理念
广州本田	“钻石级服务”“亲切、确实、迅速、安心”
北京奔驰—戴克	“全心全意对朋友”的 Friend 品牌
北京现代	“真心伴全程”
长安福特	“福特 Quality Care”“精准、友善、专业”

各国都有独特的文化传统，而国家竞争力的强弱取决于该国财富创造过程的价值体系。美国人善于创造新概念、善于发明，是由于其崇尚科学、鼓励创新发明的文化传统。德国人基础建设做得好，工艺精细，得益于其工作精益求精的文化传统。日本人最会改善改良，是因为其钻研磨合的团队文化。

2. 企业文化重要性

美国兰德公司、麦肯锡公司、国际管理咨询公司专家通过对全球优秀企业的研究，得出结论认为：世界 500 强胜出其他公司的根本原因就在于这些公司善于给他们的企业文化注入活力，这些一流公司的企业文化同普通公司企业文化有着显著的不同。他们最注重四点：一是团队协作精神；二是以客户为中心；三是平等对待员工；四是激励与创新。凭着这四大支柱所形成的企业文化力，这些一流公司得以保持百年不衰。

（二）企业精神

企业精神是企业宗旨、观念、目标和行为的总和，是指企业全体员工在生产经营管理活动中所具有的共同内心态度、思想境界和理想追求的基本理念，即企业价值观念的规范化和信念化，包括企业道德、企业基本信仰、企业的经营目的和经营动机以及企业经营管理指导思想等。它表达着企业的精神风貌和企业风气，是企业文化的一项重要而复杂的内容，是企业全部的精神现象和精神活力。

1. 企业精神表达方式

企业精神通常用一些既富于哲理又简洁明快的语言予以表达，便于职工铭记在心，时刻用于激励自己；也便于对外宣传，容易在人们脑海里形成印象，从而在社会上形成个性鲜明的企业形象。王府井百货大楼的“一团火”精神，就是用大楼人的光和热去照亮、温暖每一颗心，其实质是奉献服务。

2. 企业精神的作用

企业精神在塑造企业形象中的作用主要包括以下几点：

(1)导向作用。企业精神不仅是一个企业的精神支柱，而且体现着一个企业在社会中确立良好形象的战略意识，它一旦转化为企业员工的内在需要和动机，就会产生目标导向作用，企业员工就会时时以企业精神为标杆来衡量和调整自身的行为，以符合企业的基本要求。

(2)凝聚作用。企业精神为全体员工提供了共同的价值观，因此它对企业员工有着巨大的凝聚作用。

(3)教育作用。企业精神的教育作用在于形成企业员工共同信奉的价值观念，企业精神为做好新时期思想政治工作提供了新途径。调整培育健康正确的企业精神能够促进思想政治工作的实效，使企业文化更好地为企业的生产经营服务。

(4)约束作用。企业精神的核心内容是价值观，它能够衍生出严格的行为规范和道德标准，对员工的行为起到规范和约束作用。

（三）企业形象

企业形象是指公众对企业风貌及产品质量等各种标志（如产品特点、营销策略、人员风格等）在感觉上的总体印象，是企业的外部形象与行为特征，是企业文化建设的核心。企业形象对企业发展起到的作用主要有以下几点：

(1)企业形象是为客户服务的重要组成部分。

(2)良好的企业形象会让客户认为企业具有良好的组织性、高效率、专业化等特点。

(3)良好的企业形象会积极地、正面地影响全体员工，极大地鼓舞全体员工的工作积极性和自豪感，使其更加努力地完成好各项工作任务。

(4)良好的企业形象还会起到“名牌效应”的作用。

（四）客户满意理念

客户满意理念（Customer Satisfaction，CS），即企业的全部经营活动都要从满足客户的需求出发，以提供满足客户需要的产品或服务作为企业的责任和义务，以满足客户需要、使客户满意为企业的经营目的。在客户满意理念指导下的企业服务战略如表 1-13 所示。

表 1-13　企业服务战略

序号	服务战略	序号	服务战略
1	“客户第一”的观念	4	开发令客户满意的产品
2	“客户总是对的”的意识	5	提供令客户满意的服务
3	“员工也是上帝”的思想	6	科学地倾听客户意见

二、汽车售后“5S”管理

（一）认识“5S”

“5S”是日本企业率先提出并广泛采用的一种生产现场管理方法，是生产施工现场对人员、机器、材料、方法等生产要素进行有效管理，能综合提高生产企业管理水平的目视化工具。

视频 1-1　5S 介绍

5S 包括整理（Seiri）、整顿（Seiton）、清扫（Seiso）、清洁（Seiketsu）、素养（Shitsuke）等 5 个方面，因为 5 个日语词中罗马字母拼写的第一个字母都是“S”，所以简称为“5S”。开展以整理、整顿、清扫、清洁、素养为内容的活动，就称为“5S”活动。5S 活动提出的目标简单而明确，就是要为员工创造一个干净、整洁、舒适、合理的工作场所和空间环境。5S 的基础知识见表 1-14。

表 1-14　5S 项目基础知识

	定义	说明	效果	目的
整理（Seiri）	清理杂乱	分类整理，区分要与不要的物品，不要的予以撤除处理	作业现场没有放置任何妨碍工作或有碍观瞻的物品	降低作业成本
整顿（Seiton）	定位定容	规划安置，将要留用的物品加以定位和定容	物品各安其位，可以快速、正确、安全地取得所需物品	提高工作效率
清扫（Seiso）	无污无尘	清扫工作场所，把物品、设备、工具等清理干净，并去除污染源	工作场所无垃圾、无污秽、无尘垢	提高产品质量

续表

	定义	说明	效果	目的
清洁 (Seiketsu)	保持 清洁	保持工作现场无污无尘状态,并防止污染源的产生	明亮清爽的工作环境	激励员工士气
素养 (Shitsuke)	遵守 规范	培养员工养成遵守规定、自觉自发的习惯	全员主动参与,养成习惯	防治工作灾害

(二)"5S"活动推行步骤

1. 成立推行组织

企业领导必须重视此项工作,把5S管理纳入议事日程,企业领导任组长,车间主管、备件主管、服务主管任组员,可根据需要设立副组长或者秘书,成立委员会及推行办公室,确定编组及责任区划分。

2. 拟定推行方针及目标

(1)方针制定。推动5S管理时,确定方针作为导入的指导原则,推行5S管理,塑造一流形象;告别昨日,挑战自我,塑造新形象;于细微处着手,塑造公司新形象。方针的制定要结合企业具体情况,要有号召力。

(2)目标制订。先预设期望目标,作为活动努力的方向及便于活动过程中成功检查,而且,若有来宾到厂参观,就不需要事先临时做准备了。制定目标要同企业具体情况相结合。

3. 制定5S管理规范、标准和制度

制定相应的5S规范及激励措施。根据企业实际情况制定发展目标,组织基层管理人员进行调研和研讨活动,建立合理的规范和激励措施。规范现场和组织,提升人的品质。

4. 拟定工作计划及实施方法

工作计划可以让项目责任者清楚自己及其他担任者的工作是什么,何时要完成,相互配合造就一种团队作战精神。主要包括日程计划的推行及控制依据、5S活动实施办法、不要的物品区分办法、5S活动评比办法及奖惩办法、活动时间等相关规定。

5. 宣传和培训教育工作

5S活动要全员重视、参与才能取得良好效果。教育培训活动也非常重要,让全员了解5S活动能给工作及自身带来好处,从而主动去做,这与被强迫去做效果完全不同。教育培训形式要多样化,可以选择授课、视频、网络、观摩典型案例或建立宣传栏、推行学习手册等,也可以视情况而定。

6. 执行实施

(1)由最高管理层做总动员,企业正式执行5S各项规范,各办公室、车间、货仓等严格执行适用于本场所的5S规范;各部门人员都要清楚5S规范,并按照规范严格要求自身行为。

(2)此阶段为推行5S活动的实质性阶段,推行的具体办法是样板单位示范办法,即评选一个示范部门,然后逐步推广;也可以分段或分片实施(按时间分段或按位置分片);

还可以是5S区域责任和个人责任制相结合的办法。

7. 检查

(1)定期检查。包括日检、周检、月检。日检是由各部门主管负责,组织班组长利用每天下班前的10分钟对辖区进行5S检查的活动,重点是整理和清扫。

(2)非定期检查。一般是在维修工作繁忙,接到客户、员工投诉或下情上传的渠道受阻时,企业中高层领导对基层进行的5S检查。

8. 考核

(1)早会考评。利用每天上午上班前的早会时间,简明扼要地对前一天或前一周5S检查情况进行小结,表扬做得好的,指出存在的问题和改进的方法。

(2)报板考评。利用统计图表,鲜明直观地将每天、每周、每月的检查评比结果公布于众,让每个员工都知道自己所在部门、班组的5S实施情况。

(3)例会考评。利用每周或每月的生产例会,把5S检查的结果作为一个议题在会上进行讲评,重点是树立典型,推广经验,解决有普遍性或倾向性的问题,提出下周或下月5S活动的重点和目标。

(4)客户考评。利用客户问卷表、座谈会、意见箱等形式广泛收集、征求客户对本企业5S活动的意见。

(5)奖罚考评。按5S奖罚制度,对5S做得好的部门、班组或个人进行表扬和奖励,对做得差的进行批评和处罚,并把5S活动的考评结果与员工的加薪、晋升和聘用直接挂钩。

三、数字营销

(一)数字营销概念

数字营销是指借助互联网络、电脑通信技术和数字交互式媒体来实现营销目标的一种营销方式。

视频 1-2 数字营销

数字营销不仅是一种技术手段的革命,而且包含了更深层的观念革命。它是目标营销、直接营销、分散营销、客户导向营销、双向互动营销、远程或全球营销、虚拟营销、无纸化交易、客户参与式营销的综合。数字营销赋予了营销组合以新的内涵,其功能主要有信息交换、网上购买、网上出版、电子货币、网上广告、企业公关等,是数字经济时代企业的主要营销方式和发展趋势。

(二)中国汽车数字营销行业现状

随着VR展厅、线上发布会、云车展、电商直播带货等各大厂商集中数字端的蓬勃发展,汽车营销数字化转型已成为顺应社会经济发展潮流的必然选择。中国信通院发布的

《2020中国数字经济发展白皮书》显示，2019年我国数字经济规模达35.8万亿元，占GDP总量的36.2%。数字经济跃升国民经济核心增长序列，全面推进我国数字经济发展已成为政府应对经济下行的有力抓手。当前，汽车行业利用产业数字化带来新的发展机遇，实现数字科技与实体经济相融合，提高研、产、供、销全产业链的数字化、网络化、智能化水平，将引领中国乃至全球汽车行业进入全新的增长阶段。现阶段中国汽车数字营销呈现如下发展趋势：

1. 流行汽车云营销

众所周知，2020年线下到店客流大幅减少，由此催生了汽车营销新模式——云营销。很多4S店积极开展线上看车渠道，除了最后提车环节，其他环节都可以借助互联网开展。奥迪、奔驰、东风本田、东风日产、沃尔沃、比亚迪、吉利汽车、长城汽车等多个品牌都开通了线上智能展厅，为意向客户提供足不出户就能线上看车的服务。还有一些4S店，更是推出了在线直播看车营销模式。

2. 直播异军突起，场景化内容营销持续发展

现阶段，直播已成为汽车品牌保证曝光度和为线下导流的有效手段，传播价值高于实际销售效益。字节系、淘宝等平台在原有产品基础上开发留资、微聊以及轻店模块，增加了线索收集及培育功能，平台销售功能显著优化；小红书、拼多多等在发挥自身产品优势基础上嫁接销售功能，开辟汽车广告空间；品牌纷纷打造由高管、员工、经销商销售顾问、车主、地区和行业网红组成的直播达人库，将日常化直播和节点重要活动相结合，通过直播营销打通与年轻消费人群的有效交流通道，品牌和经销商的直播团队的专业化能力正在逐步形成。

3. 注重平台引流，增加用户黏性，优化体验管理

有别于门户网站、垂直平台、搜索引擎，汽车品牌近年来更着重打造官网、App、微信公众号、小程序以及电商旗舰店等自有线上平台，构建自有流量池。由于公共平台流量越来越贵又缺少话语权，车企更加注重自有平台的引流，通过运营，游客变成粉丝，成为品牌忠实客户。品牌根据私有线上平台定位，设计人设、策划活动甚至出台专属政策维系与用户的关系，加深彼此了解，培养使用习惯，这些用户会成为品牌成长的参与者。如蔚来线上以App为核心平台，线下组织NIO House、NIO Space等粉丝和用户活动，吸引用户参与品牌建设，实现与用户的共创。随着越来越多的用户沉淀，使活跃用户更了解品牌，推荐品牌，以品牌为荣。这些用户将成为品牌的重要资产和发展动力。

汽车经销商在原有服务基础上，打通线上线下场景，为用户提供更加流畅的消费体验。语音转文字、数据标签热度分级、线索培育模型等诸多数字技术应用让用户在每次与品牌接触时产生老友重逢的愉悦。

4. 数据成为企业的核心竞争力

营销行动的数字化带来数据井喷式增长，数据的标准化采集，结构化分析应用及与AI的结合将加深车企对用户的了解。很多碎片化存在的数据由唯一识别码联通整合，运营业务中台、营销自动化、第三方大数据应用等将成倍提升车企的营销效率。未来，数据的规模、质量、处理能力将决定企业核心竞争力大小。营销场景数字化建设和智能网联的发展可以实现车企全时在线。车辆行驶数据、用户行为数据等大容量存储，一定程度上增加了车企在未来智慧出行、智慧城市工程建设中的参与度和贡献度。

车企以自身数字营销体系能力赋能经销商网络，为传统4S店创造全新营销场景和新的利润增长点。品牌汇总各渠道获客数据，分析对比，为经销商提供参照和改进方向；品牌通过VR展厅、邀请试驾、预约维修保养、一键救援等小程序为线下经销商导流，并通过数据反馈分析，有针对性地改进流程；根据数据模型推荐服务，保有客户流失挽回等。汇集海量数据，在应用中重塑模型，调优反馈逻辑，并与第三方大数据融合应用，数据在保证安全的前提下，作为生产资料，将在更广、更深的维度上提升精准营销能力，真正成为企业核心资产。

5. 数字化推动整个企业运营模式的转型

当前，腾讯、阿里、甲骨文、腾云科技、数策等诸多数字化转型解决方案供应商兴起，助力车企形成多维度、全方位的用户洞察，实现精准高效的销售信息触达。在供应商的协助下，车企通过建设自己的数据中台，将原有的销售、售后、用户运营、二手车销售等多个系统的数据高效整合管理，快速实现连贯、高效的用户沟通服务。

在车企数字化转型过程中，建立与数字化升级相匹配的组织架构至关重要。战略和人力部门将会重新梳理各个业务流程及工作逻辑，深度变革企业运营模式，甚至颠覆长期不变的管理模式，这也对车企中各业务部门的工作提出了更高的挑战。

(三)中国汽车数字营销行业发展方向

汽车品牌数字化转型无先例可循，仍在不断摸索中前行，大部分应用集中在销售端。随着营销创新的持续升级，数字技术将会引起深刻的社会变革，云计算、5G、自动驾驶的飞速发展，使数字技术与实体业务结合转型逐步深入到售后、二手车、金融、出行、智慧城市等领域，未来终将引领中国汽车行业进入高质量发展的全新阶段。鉴于移动互联网的蓬勃发展、消费者良好的使用习惯、开放的实验环境及借鉴其他行业经验等方面的优势，数字化转型将成为中国汽车行业领先他国同行的又一契机。

【任务实施】

活动1　计划决策

根据5S管理理念和企业文化相关知识，为即将推行5S管理活动的某汽车4S店制订一份5S活动工作计划。

____

____

____

活动2　实施计划

1. 在4S店成立5S活动推行管理小组的前提下，对照5S要素，拟定体现4S店企业文化和企业精神的推行方针和目标。

____

____

____

2. 在制定5S管理规范、制度基础上，为4S店拟定工作计划及实施方法。

____

____

____

3. 为发动全员参与5S活动，4S店应该怎样做好宣传和培训工作？

____

____

____

4. 通过对汽车售后维修车间进行5S标准下的现场诊断，你发现了哪些问题？

____

____

____

5. 对发现的现场诊断问题进行整改，提出整改思路和解决方案。

____

____

____

活动3　课堂练习

1. 企业文化是以________为中心，以全面提高________为基本途径，以培育________、________为核心内容，以塑造________为基本手段，以提高________为根本目的的管理理论和管理方式。

2. 5S包括整理、________、________、________和素养。

3. 数字营销是使用________渠道来推广产品和服务的实践活动和营销方式。

4. 客户满意理念指导下的企业服务战略坚持“________”的观念。

5. 简述中国汽车数字营销行业发展趋势。

____

____

【任务评价】

自我评价

请根据自己在本次任务中的实际表现进行评价(见表1-15)。

表1-15　自我评价表

	评分标准	分值	得分
1	理解企业文化、企业精神内涵及企业理念对企业发展的重要作用	10	
2	能够掌握5S管理含义	10	

续表

	评分标准	分值	得分
3	能够阐述 5S 管理推行的目的和作用	20	
4	熟悉 5S 管理推行步骤并能很好地制订工作计划	20	
5	能够做出针对 4S 店的 5S 管理的宣传培训方法	10	
6	能够找出现场诊断问题	10	
7	能够在 5S 问题诊断后提出问题整改、解决的方案	20	
合计(总分 100 分)			

小组评价

请小组组长对组员的学习进行评价(见表 1-16)。

表 1-16　小组评价表

	评分标准	分值	得分
1	学习成效	25	
2	协作精神	25	
3	工作态度	25	
4	纪律观念	25	
合计(满分 100)			

教师评价

请实训指导教师根据教学目标进行量化考核(见表 1-17)。

表 1-17　教师评价表

	学习目标	达成情况	
		能	不能
1	掌握企业文化、企业精神与企业形象的内涵		
2	掌握数字营销概念和内涵		
3	能够按照 5S 标准开展售后服务接待工作		
4	熟悉 5S 管理推行步骤		
5	能够认识到数字化转型是大势所趋		

【知识拓展】

一、5W2H 企业管理方法

1. 5W2H 企业管理法概念

5W2H 方法简单、方便,易于理解与使用,目前被广泛应用于企业管理和技术活动中。它对于决策和执行性的活动措施也非常有帮助,还有助于弥补考虑问题的疏漏。5W2H 方法的含义见表 1-18。

表 1-18　5W2H 方法的含义

	含义	具体内容
What	内容	做什么?目的是什么?做什么工作?
Why	原因	为什么?为什么要这么做?理由、原因是什么?
When	时间	何时?什么时间进行、完成?什么时间最合适?
Where	地点	在哪里?在哪里做?从哪里入手?在哪里进行?
Who	人物	哪些人?谁来承担?谁来完成?和谁合作?谁负责?谁监督控制?
How	方法	怎么样?怎样提高效率?怎么实施?用什么方法进行、完成?
How Much	数量	多少?数量多少?做到什么程度了?质量水平怎么样?多少费用?

2. 案例解析

案例:“张秘书,请你将这份调研报告复印 2 份,下班前送到总经理室交给总经理,请留意复印的质量,总经理要带给客户参考。”

根据 5W2H 方法对该案例进行任务分解,见表 1-19。

可以看出,用该方法所传递的信息非常准确,且简明扼要说明了理由和过程。

表 1-19　运用 5W2H 方法对案例任务的分解

	含义	具体内容
What	做什么	复印调研报告
Why	为什么	要带给客户参考
When	时间	下班前
Where	地点	总经理室
Who	执行者	张秘书
How	怎么做	复印质量要好
How Much	工作量	2 份

二、PDCA 循环

PDCA 循环反映了质量管理活动的规律,是提高产品质量、改善企业经营管理的重要方法,是质量保证体系运转的基本方式。

1. PDCA 循环的四个环节

(1)计划(Plan)。制订质量目标、活动计划、管理项目和实施方案。

(2)执行(Do)。根据预定计划和措施要求,努力贯彻、实现计划目标和任务。

(3)检查(Check)。对执行结果和预定目标进行检查,检查计划执行情况是否达到预期的效果,其中哪些措施有效,哪些措施效果不好,成功的经验是什么,失败的教训又是什么，原因在哪里……所有这些问题都要在检查阶段调研清楚。

（4）处理（Action）。包括两个步骤，根据上阶段检查结果，肯定成功经验并制订为标准，用以指导实践，对失败教训也要加以总结整理，记录在案，以供借鉴；把没有解决的遗留问题转入下一个 PDCA 循环，作为下一个阶段的计划目标。

2. PDCA 循环的八个步骤

PDCA 循环的八个步骤如表 1-20 所示。

表 1-20　PDCA 循环八个步骤

步骤	内容	步骤	内容
1	分析现状，发现问题	5	按措施计划的要求执行
2	分析发生问题的各种原因和影响因素	6	把执行结果与要求达到的目标进行对比
3	找出问题的主要原因	7	总结成功经验，制订相应标准
4	针对主要原因，采取解决措施	8	未解决或新问题转入下一个 PDCA 循环

3. PDCA 循环的特点

（1）大环套小环。一环扣一环，小环保大环，推动大循环（见图 1-7）。如果将整个汽车维修企业的工作比喻为一个大的 PDCA 循环，那么不同职能部门都有各自的小 PDCA 循环。

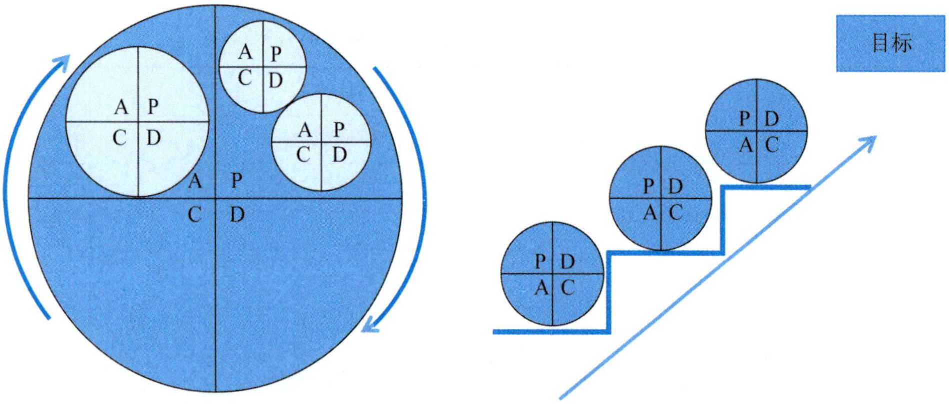

图 1-7　PDCA 循环

（2）阶梯式上升。PDCA 循环不是停滞在一个水平上的循环，每循环一次，就解决一部分问题，取得一部分成果，水平就上升一个台阶，到下一循环，就有了新目标和内容（见图 1-7）。

（3）统计工具。PDCA 循环应用了科学统计观念和处理方法，是推动工作、发现问题和解决问题的有效工具。

项目二
售后客户接待与客户分流

汽车售后服务的经营目的是为社会大众服务，为客户服务，不断满足各个层次车主的需求。企业者都以企求经济效益为最终目的，如何才能实现自己的利润目标？从根本上讲必须满足客户的需求、愿望和利益，才能获得企业自身所需的利润。"客户满意"可以为企业创造价值，企业经营活动的每一个环节都必须眼里有客户，心中有客户，全心全意为客户服务，最大限度让客户满意。这样才能在激烈的市场竞争中获得持久的发展。

任务一　售后前台电话业务受理

【任务描述】

经过培训，你作为一名实习生被正式派到服务前台工作，负责客户来电接听和转接以及进店客户的接待工作。一早你就接到了一个转接服务经理的电话，请按照电话转接流程完成电话转接任务。

【学习目标】

素质目标

学生按照电话转接流程完成电话转接任务，培养语言表达和沟通能力，培育客户至上的职业理念。

知识目标

1. 掌握接听和拨打电话的流程。
2. 掌握来电客户登记表填写的知识。
3. 掌握接听电话的礼仪。

能力目标

1. 能够有效地记录客户电话访问信息。
2. 能够及时准确地进行电话转接。
3. 能够解决来电客户的疑问。

【任务组织】

组织形式

教学组织推荐采用“任务布置—知识学习—计划决策—计划实施—课堂练习—任务评价”的教学流程，培养学生自主学习、完成工作的能力；为保证教学安全与实践效果，建议每位指导教师负责和指导24～32位学生，学生以小组形式开展学习，每组控制在6～8人。

场地设备

教学组织具体所需场地设备如表2-1所示。

表2-1　教学组织所需场地设备

教学场所	场所面积	设备序号	设备名称	数量
汽车售后服务学习工作站	$50m^2$	1	服务前台	1
		2	电话	1
		3	产品资料（价格、资料、活动）	1
		4	整车	1
		5	试乘试驾资料	1

教学时间

教学时间设定为 4 学时。

【知识准备】

现场学习，独立完成下列 4 个问题。

1. 服务前台接听电话最好在铃响________声之内接听。

2. 受话人在通话时不宜____________通话的要求，若有特殊原因不得不中止，可向对方表示__________说明原因，届时由自己主动致电并再约一个具体时间。

3. 记录内容应包括对方______、联系方式、__________、__________、是否要求回电话、回电话时间等。

4. 客服专员通过电话与客户进行交流沟通，认真记录每一个客户回访结果并填入“______________”，最后分析结果并写“回访总结报告”，进行最终资料归档。

一、接听电话业务

(一)接听电话要点

(1)认真做好记录。

(2)使用礼貌语言。

(3)讲电话时要简洁、明了。

(4)注意听取时间、地点、事由和数字等重要词语。

(5)电话中应避免使用对方不能理解的专业术语或简略语。

(6)注意讲话语速不宜过快。

(7)打错电话要有礼貌地回答，让对方重新确认电话号码。

(二)接听电话一般流程

接听电话的一般流程如表 2-2 所示。

表 2-2 接听电话流程

	内容	基本用语	注意事项
1	拿起电话听筒，告知自己的姓名	“您好，××公司，有什么可以帮您！”(直线)“您好，××部，我是×××”(内线)；如上午 10 点以前可使用“早上好”回答；电话铃响三声以上时“让您久等了，我是××部×××”	电话铃响三声之内接起 在电话机旁准备好记录用的纸笔 接电话时，不使用“喂……” 音量适度，不要过高 语速适中，不要过快 告知对方自己的姓名
2	确认对方	“×先生，您好！” “感谢您的关照”等	必须对对方进行确认 如是客户要表达感谢之意
3	听取对方来电用意	“是”“好的”“清楚”“明白”等回答	必要时应进行记录 谈话时不要离题

续表

	内容	基本用语	注意事项
4	进行确认	“请您再重复一遍”“那么明天 9 点钟我在公司等您了”等等	确认时间、地点、对象和事由 如是传言必须记录下电话时间和留言人
5	结束语	“清楚了”“请放心……”“我一定转达”“谢谢”“再见”等	
6	放回电话听筒		等对方放下电话后再把听筒轻轻放回电话机上

(三)接听电话关键要素

1. 本人受话

本人受话是指由本人亲自接听他人打给自己的电话。需要正确把握以下几个要求:

(1)接听及时,认真做好记录。

(2)听到电话铃声后,服务顾问应准确迅速地拿起听筒,最好在铃响三声之内接听。若因特殊原因许久才接电话,须在通话后马上向发话人表示歉意,如“对不起,刚才比较忙,让您久等了”等。要注意听取时间、地点、事由和数字等重要词语并认真做好记录。

(3)谦和应对,使用礼貌语言。首先,拿起话筒后向发话人问好,自报家门,如:“您好! ×店服务部、您请讲。”其次,要保持良好的心情仔细接听、态度亲切热情、友好谦恭,即使不是面对面,也会从语调中给对方留下美好的印象。再次,受话人在通话时不宜率先提出中止通话的要求,若有特殊原因不得不中止,可向对方表示歉意说明原因,届时由自己主动致电并再约一个具体时间。最后,应遵守约定向对方致电;约好下次通话时间后,勿忘再次向对方致歉。

(4)讲电话时要简洁明了。电话中应避免使用对方不能理解的专业术语或简略语,注意讲话语速不宜过快。

(5)兼顾主次。接听电话时,恰逢另一个来电,可先对通话对象说明原因,切忌置之不理。应随后立即接听另一个电话。接通之后,先请对方稍候或稍后再来电,再继续方才的通话。中间间隔的时间不宜过长,否则两方可能会产生不愉快。

(6)一视同仁。在接听电话时,务必给予对方同等的待遇,不卑不亢。遇到打错电话要有礼貌地回答,让对方重新确认电话号码。

2. 代接电话

(1)尊重隐私。在代接电话时,切忌询问无关话题,如向发话人询对方与其所找之人的关系等。当发话人有求于己,要求转达某事给某人时,要严守口风,切勿随意扩散,广而告之。

(2)记录准确。记录内容应包括对方姓名、联系方式、通话时间、通话要点、是否要求回电话、回电话时间等。在发话人说完之后,对发话人要求转达的具体内容,应认真做好记录。还应把要点重复一下,以验证自己的记录是否准确。

(3)及时传达。代接电话的内容应当尽快转。勿把自己代人转达的内容再托他人转告。

(四)电话转接流程

如果客户找某售后服务顾问,重复一遍以确认转接给哪一位,如“某售后服务顾问对吗?这就为您转接,请稍等”。接听客户电话,初步了解客户需求并记录好客户信息;确定转接电话有人接听,如有多名同姓员工,一定要用全名来确认。在告诉该售后服务顾问是谁来电后再转接,如果对方正在通话,不要让来电客户一直等,而要告知并询问“真不巧,他正在接听他人的电话,我能为您做些什么呢”。如果客户找的某售后服务顾问不在,要说“对不起,某售后服务顾问出去了”,并告知大概回来时间,然后再问“您着急吗?”“让他给您回电吗?”

(五)来电客户信息统计

来电客户信息统计事项如表 2-3 所示。

表 2-3 来电客户登记表

以下由预约人员填写					
预约登记日期		服务助理		预约维修时间	
客户姓名		车牌号		车型	
联系电话		行驶里程		预定服务顾问	
客户描述					
预约维修内容		工时费用		价格	
		所需配件		备件状态	
与客户提前一天确认预约	是	否			
预约所需备件是否已准备	是	否			
预约时间是否改变	是	否	新预约时间		
以下由预定服务顾问填写					
预约所需维修技工是否已到位	是	否			
预约所需备件是否已准备	是	否			
与客户提前一小时确认预约	是	否			
填写预约欢迎板	是	否			
预约时间是否已改变	是	否	新预约时间		
客户主动取消预约					
4S 店未能执行预约原因					

二、拨打电话业务

(一)拨打电话要点

(1)要考虑打电话的时间(对方此时是否有时间或者方便通话)。

(2)注意确认对方的电话号码、单位、姓名,以避免打错电话。

(3)准备好需要用到的资料、文件等。

(4)讲话的内容要有次序、简洁、明了,注意通话时间不宜过长。

(5)要使用礼貌语言,避免私人电话。

(6)外界的杂音或私语不能传入电话内。

(二)拨打电话一般流程

拨打电话的一般流程如表 2-4 所示。

表 2-4　拨打电话一般流程

	内容	基本用语	注意事项
1	准备		确认拨打电话对方的姓名、电话号码 准备好要讲的内容、说话的顺序和所需要的资料、文件等;明确通话所要达到的目的
2	问候,告知自己姓名	"您好! 我是××公司的服务顾问×××"	自我介绍 依序为公司名称、部门名称及自己的名字 讲话时要有礼貌
3	确认电话对象	"请问×××先生在吗?""麻烦您,我要找一下×××先生"	必须要确认电话的对方 如与要找的人接通电话后,应重新问候
4	电话内容	"今天打电话,想向您了解一下您的车辆使用情况……。"	应先将想要说的结果告诉对方 如果是比较复杂的事情,请对方做记录 对时间、地点、数字等进行准确的传达 说完后可总结所说内容的要点
5	结束语	"谢谢""麻烦您了""那就拜托您了"等等	语气诚恳,态度和蔼
6	放回电话听筒		等对方放下电话后再轻轻把听筒放回电话机上

(三)回访电话关键要素

1. 回访流程

客服专员通过电话与客户进行交流沟通,认真记录每一个客户回访结果并填入"回访记录表",最后分析结果并写"回访总结报告",进行最终资料归档。

2. 回访内容

(1)询问客户对本汽车 4S 店的评价,对产品和服务的建议与意见。

(2)特定时期内可进行特色回访(如节日、店庆日、促销活动期)。

(3)友情提醒客户续卡或升级为其他消费卡。

3. 回访规范及用语

避免在客户休息时打扰客户;必须保证会员客户100%的回访;必须保证回访信息完整记录;必须保证在三天之内回访。

【任务实施】

活动1　计划决策

根据所学,制订服务前台受理电话业务的工作计划。

____

____

____

活动2　实施计划

1. 设计剧本

根据所学知识,设计电话转接常见情境剧本,由2~3名学生完成,时间为15分钟。

____

____

____

2. 按照要求,认真填写来电客户登记表(见表2-5)。

表2-5　来电客户登记表

日期	时间	客户姓名	客户电话	来电内容	接听人	备注
27	9	李亮	187××××3457	预约保养	小王	

活动3　课堂练习

1. 服务前台接听电话最好在铃响(　　)声之内接听。

A. 三　　B. 四　　C. 五　　D. 六

2. 服务前台接听电话时需合乎礼仪,需要注意(　　)。

A. 拿起话筒,先自报家门　　B. 仔细接听,态度热情、亲切、谦恭

C. 通话中不率先终止通话

D. 若对方是长途,别让对方再打过来,约好下次通话时间打回去

3. 通话中如遇特殊情况不得不中止电话,以下哪一说法(或做法)是比较合适的?(　　)

A. 直接挂掉电话,先处理紧急事宜

B. “先这样吧,我现在有事,您过会儿再打来吧!”

C. “不好意思,我现在没时间解答您的问题”

D. “不好意思,我现在有急事,我9点钟再打给您好吗?”

4. 服务前台代接电话的时候应该注意哪些问题？（　　）
   A. 尊重对方隐私　　B. 代接内容记录准确
   C. 及时向被代接人传达　　D. 替被代接人办理相关事宜
5. 以下哪项不属于来电客户登记表的内容？（　　）
   A. 预约维修内容　　B. 车牌号　　C. 来电人姓名　　D. 车架号

【任务评价】

自我评价

请根据自己在本次任务中的实际表现进行评价（见表 2-6）。

表 2-6　自我评价表

	评分标准	评分分值	得分
1	明确工作任务，理解任务在企业工作中的重要程度	25	
2	能够运用接听电话的礼仪，解决来电客户的疑问	25	
3	能够及时准确的进行电话转接	25	
4	能够有效地记录客户电话访问信息	25	
合计（总分 100 分）			

小组评价

请小组组长对组员的学习进行评价（见表 2-7）。

表 2-7　小组评价表

	评分标准	分值	得分
1	学习成效	25	
2	协作精神	25	
3	工作态度	25	
4	纪律观念	25	
合计（总分 100 分）			

教师评价

请实训指导教师对计划实施结果进行评价（见表 2-8）。

表 2-8　教师评价表

	学习目标	达成情况	
		能	不能
1	能够做到 5S 管理落实到位：物品摆放整齐、场所清洁、不存在安全隐患、准备好接待用的笔纸等		

续表

	学习目标	达成情况	
		能	不能
2	能够在铃响三声前接听或超时后接听表示歉意		
3	能够分时问候(早上好/上午好/下午好/晚上好),问候时面带微笑		
4	能够完整地进行自我介绍,内容应包括经销店名称、职务、姓名、自己的简称		
5	请教顾客的称呼,能够在随后的沟通中注意带姓称呼		
6	询问对方来电事项并确认,能够倾听委托的事并做记录		
7	能给予明确答复或帮助		
8	能够对交谈约定内容进行确认,询问顾客是否还有其他要求		
9	能够留下顾客信息及联系方式		
10	在与顾客通电话时,要感谢顾客来电;等顾客挂断电话后再挂电话		
11	能够及时整理顾客资料		
12	能够符合电话接听、代接和转接的话术要求		

【知识拓展】

与客户沟通交流时的“七何”原则

1. 有何要求(What)
2. 何人来实施(Who)
3. 何时完成(When)
4. 何处去做(Where)
5. 为何要做(Why)
6. 如何去做(How Do)
7. 何价(How Much)

任务二 到店客户识别与分流

【任务描述】

经过培训，你作为一名实习生被正式派到服务前台工作，负责客户来电接听和转接以及进店客户的接待工作。快下班时，一对年轻夫妇来到售后前台，请你根据所学知识，完成对客户的识别和分流引导，并运用提高客户满意度的技巧提升客户满意度。

【学习目标】

素质目标

学生根据规范完成对客户的识别和分流引导任务，培养语言表达和沟通能力，培育客户至上的职业理念。

知识目标

1. 掌握客户识别及分流引导的内容。
2. 掌握来店客户登记表填写的知识。

能力目标

1. 能够有效记录客户来店访问信息。
2. 能对没有指定服务顾问的客户进行分流。

【任务组织】

组织形式

教学组织推荐采用“任务布置—知识学习—计划决策—计划实施—课堂练习—任务评价”的教学流程，培养学生自主学习，完成工作的能力；为保证教学安全与实践效果，建议每位指导教师负责和指导 24～32 位学生，学生以小组形式开展学习，每组控制在 6～8 人。

场地设备

教学组织具体所需场地设备如表 2-9 所示。

表 2-9 教学组织所需场地设备

教学场所	场所面积	设备序号	设备名称	数量
汽车售后服务学习工作站	$50m^2$	1	服务前台	1
		2	电话	1
		3	客户来电记录表	1
		4	车辆资料	1
		5	客户数据库资料	1

教学时间

教学时间设定为 4 学时。

【知识准备】

现场学习，独立完成下列 5 个问题。

1. 客户来店进行故障车辆维修的心理状态一般是怎样的？

____

____

____

2. 客户来店进行故障车辆维修一般具有哪些期望？（　　）

A. 服务可靠，能够兑现在服务各个环节的承诺

B. 礼貌、友好、平等地对待客户

C. 能够对故障车辆提出专业性的维修建议，并中肯地推荐服务项目，维修价格合理

D. 服务全面优质，服务氛围友好

3. 初步了解客户需求的目的是（　　）。

A. 尽快对客户做出相应安排　　B. 建立客户关系

C. 登记客户信息　　D. 准备维修工位

4. 服务前台在进行客户需求初步了解时需要注意哪些问题？

____

____

____

5. 要在顾客心目中留下好的第一印象，问候和欢迎顾客是必须的。假如您是××经销商中一名优秀的服务专员，某日下午，李先生带着爱车来到经销商店（事先已预约过了）。以下哪项问候方式是最标准的？（　　）

A. 李先生下午好。我叫×××，是您今天的服务专员。我知道您今天带车来这里是做 3000 千米的检查，对吗？

B. 李先生下午好，感谢您准时到这里来做售后服务。我叫×××，是您今天的服务专员。我知道您今天带车来这里是做 3000 千米的检查，对吗？

C. 李先生下午好。感谢您准时到这里来做售后服务。我叫×××，是您今天的服务专员。

D. 先生下午好。感谢您准时到这里来做售后服务。我叫×××，我知道您今天带车来这里是做 3000 千米的检查并且车辆在高速行驶时右前轮有异响，是这样吗？

一、客户识别

（一）认识客户识别

1. 客户识别定义

客户识别就是通过一系列技术手段，根据大量客户的特征、购买记录等可得数据，找

出谁是企业的潜在客户、客户的需求是什么、哪类客户最有价值等，并把这些客户作为企业客户关系管理(Customer Relationship Management，CRM)的实施对象，从而为企业成功实施CRM提供保障。

2. 客户识别内容

(1)识别潜在客户。潜在客户是指存在于消费者中间，可能需要产品或接受服务的人。也可以理解为潜在客户是经营性组织机构的产品或服务的可能购买者。

客户大致分为两类：交易型客户和关系型客户。交易型客户只关心价格，没有忠诚度可言。关系型客户更关注商品的质量和服务，愿意与供应商建立长期友好的合作关系，客户忠诚度高。交易型客户带来的利润非常有限，结果往往是关系型客户在给交易型客户的购买进行补贴。

(2)识别价值客户。首先，分离出交易型客户。以免他们干扰你的销售计划。其次，分析关系型客户。对于给公司带来最大利润的客户和带来可观利润并且有可能成为最大利润来源的客户，最好进行客户关系管理营销，目标是留住这些客户。你也许已经从这些客户手中得到所有的生意，但是与这些客户进行客户关系管理能保证你不把任何有价值的客户遗留给你的竞争对手。

(3)识别客户需求。"需要"是我们生活中不可缺少的东西，"需求"则是我们想要得到满足的方面。过去人们往往认为必须满足客户的"需要"，但在今天竞争的社会里，满足"需要"是不够的——为了留住客户，我们应该让他们感到愉悦。因此，我们必须了解他们的"需求"，找出满足客户"需求"的方法。

(二)客户心理和期望分析

1. 客户的心理

(1)某些客户来店后产生疑虑，因为他们对服务站并不了解，不知道服务水平、维修水平如何，会不会发生欺骗消费者等现象。

(2)绝大多数客户当车辆发生故障时因不清楚问题所在，找不到故障的原因，十分烦躁。

(3)很多客户十分在意能否按照约定的时间交车。

(4)由于车辆某些故障不得不来服务站维修而客户由于工作较忙等原因，心里很着急。

(5)极少数车辆在路上行驶时出现问题，会给客户带来安全困扰，客户会很不高兴。

2. 客户的期望

(1)售后服务顾问应具备车辆维护方面的专业知识，并能够对故障车辆提出专业性的维修建议及推荐服务项目。

(2)不会因为客户初次到来就有所轻慢，售后服务顾问能够礼貌、友好、平等地对待每一位客户。

(3)售后服务顾问能够兑现在各个服务环节的承诺，服务可靠。

(4)维修的价格要合理，提供全面的服务和优质的修理，服务氛围良好。

二、客户分流引导

1. 客户分流

客户来到店内，初步了解客户需求，并记录好客户信息，如果客户没有指定服务顾问，需要对客户及时进行分流，并礼貌地说："您稍等，我马上安排服务顾问接待您。"

如果客户点名找×××售后服务顾问，需重复一遍确认其找的服务顾问："×××服务顾问是吗？我这就带您去，请随我来。"如果×××售后服务顾问正在服务其他客户，要说："真不巧，他(她)正在接待别的客户，我能为您做些什么吗？"

2. 来店客户信息统计

来店客户信息统计如表 2-10 所示。

表 2-10　来店客户信息统计表

以下由预约人员填写					
预约登记日期		服务助理		预约维修时间	
客户姓名		车牌号		车型	
联系电话		行驶里程		预约服务顾问	
客户描述					
与客户提前一天确认预约	是	否			
预约所需备件是否已准备	是	否			
预约时间是否改变	是	否	新预约时间		
以下由预定服务顾问填写					
预约所需维修技工是否已到位	是	否			
预约所需备件是否已准备	是	否			
与客户提前一小时确认预约	是	否			
填写预约欢迎板	是	否			
预约时间是否已改变	是	否	新预约时间		
客户主动取消预约					
4S 店未能执行预约原因					

来店客户登记表填写说明：

1. 客户描述：填写服务顾问陪同客户确认的故障现象，避免维修人员发生误解。
2. 联系电话：最好有移动电话和固定电话，以便再次确认时能够联系到客户。
3. "与客户提前一天确认预约""预约所需备件否已准备""预约时间是否改变"等内容，在"是""否"上画"√"。
4. 预约维修内容：应按项目顺序排列多个项目，以对应"所需配件""价格""配件状态""工时费用"等内容。

【任务实施】

活动1　计划决策

根据展厅不同购车客户人群，你作为服务前台按照客户识别与分流的工作流程制订工作方案，并运用提高客户满意度的技巧制订最佳的客户维护方案。

____

____

活动2　实施计划

1. 设计剧本

根据所学，自编剧本，设计到店客户识别与分流常见情境剧本，由2～3名学生写作完成，时间为15分钟。

____

____

2. 按照要求，认真填写客户来电记录表（见表2-11）

表2-11　客户来电记录表

以下由预约人员填写					
预约登记日期		服务助理		预约维修时间	
客户姓名		车牌号		车型	
联系电话		行驶里程		预定服务顾问	
客户描述					
预约维修内容		工时费用		价格	
		所需配件		备件状态	
与客户提前一天确认预约	是	否			
预约所需备件是否已准备	是	否			
预约时间是否改变	是	否	新预约时间		
以下由预定服务顾问填写					
预约所需维修技工是否已到位	是	否			
预约所需备件是否已准备	是	否			
与客户提前一小时确认预约	是	否			
填写预约欢迎板	是	否			
预约时间是否已改变	是	否	新预约时间		
客户主动取消预约	是	否			
取消预约分析					
特约商未能执行预约原因					

活动 3　课堂练习

1. 客户识别包含________、__________、__________。

2. 客户的期望受许多因素的影响，主要包括______________、______________和______________。

3. 客户忠诚度的影响因素中，最重要的三个是：____________、____________和______________。

4. 客户满意度的概念可以分为______________和______________两个方面。

5. 根据客户的价值将客户进行细分，可分为__________、__________、__________。

6. 依据企业对客户的不同反应，我们可以将客户分为___________、___________。

【任务评价】

自我评价

请根据自己在本次任务中的实际表现进行评价（见表 2-12）。

表 2-12　自我评价表

序号	评分标准	评分分值	得分
1	明确工作任务，理解任务在企业工作中的重要程度	10	
2	能够运用接待礼仪规范接待到店客户	10	
3	能够初步了解客户需求	20	
4	能够有效完成客户分流引导	30	
5	能运用沟通技巧，完成顾客基本信息与来访意向收集，并进行记录	30	
合计（总分 100 分）			

小组评价

请小组组长对组员的学习进行评价（见表 2-13）。

表 2-13　小组评价表

序号	评分标准	分值	得分
1	学习成效	25	
2	协作精神	25	
3	工作态度	25	
4	纪律观念	25	
合计（满分 100）			

教师评价

请实训指导教师对计划实施结果进行评价(见表 2-14)。

表 2-14　教师评价表

序号	学习目标	达成情况	
		能	不能
1	能够 5S 管理落实到位:物品摆放整齐、场所清洁、不存在安全隐患、准备好接待用的笔纸等		
2	能够分时问候(早上好/上午好/下午好/晚上好),问候时面带微笑		
3	自我介绍内容应包括经销店名称、职务、姓名、自己的简称		
4	请教顾客的称呼,能够在随后的沟通中注意带姓称呼		
5	能给予明确答复或帮助		
6	能够对交谈约定内容进行确认,询问顾客是否还有其他要求		
7	能够将客户带领至相关服务顾问,或进行合理分配		
8	能够留下顾客信息及联系方式		
9	能够及时整理顾客资料		

【知识拓展】

六条展厅集客妙招　让你客流源源不断

导语:初秋,时间上已经步入汽车行业传统的"金九银十",但是摆在我们面前的是在展厅集客方面并未达到我们的预期数量。

展厅集客难以达到我们的预期,客观来讲,是由于互联网特别是移动互联网的发展,分流了需要到展厅看车的客户进行了分流,大大降低了客户到店数量以及频次。主观来讲,由于店内针对线下广告投放费用的缩减,导致传播影响力减弱,店内新车型以及新产品难以及时传播到用户端。如何在缩减市场费用的情况下提升我们展厅的集客能力呢?

1. 做好到店客户的信息分析

针对到店客户,首先需要完成客户属性的分流工作,包括是否看车客户、客户到店次数以及是否有预约好的销售顾问。

针对首次到店未预约的客户,我们需要对客户的信息进行收集整理,需要了解到客户的信息,包括客户所属区域(区/县、街道/乡镇),获取店内信息来源(线下广告、线上广告、朋友介绍等)。结合客户的信息进行月度的数据统计分析,通过分析结果找到店内现阶段在本市区影响力较强/较弱的区域。

2. 做好店面周围重要路段的标识布置

在过往的培训以及辅导中,我们去过很多地理位置较为偏僻而且开业时间较短的经销商,店面位置是一个很大的弱项。所以,我们需要在店面周围重要的路段进行路标的设置。

当然,随着每个区域对于城市化建设的不断投入,针对广告路牌的打击也十分严厉,这就需要我们与相关人员进行交涉,积极洽谈,或者投入一定资金,扩大路牌的推广展示。

3. 做好展厅外部的布置展示

展厅外部往往可以进行对应的包装宣传。例如,展厅顶部可以安装店名进行展示,展厅门口可以作为我们的第二展厅,针对重点车型进行个性化的包装展示,包括地毯、车贴、车顶牌、横幅等,增加宣传力度。展厅院落周围可以布置刀旗及横幅进行展示。

4. 用好到店客户以及成交客户的微信

针对到店的新增潜客,特别是成交客户,可以利用客户的微信进行店内信息的宣传推广,提前由市场部门准备好引导语以及宣传图片,利用客户的微信朋友圈进行推广展示,增加店面的宣传力度。

5. 定期开展外拓扫街推广

线下广告投入的费用虽然减少了,但是我们的宣传不能间断。就像麦当劳或可口可乐,目前的知名度已经很高了,但依然还在做广告,一个重要的原因就是有新的产品需要推送给用户。所以,我们店内的信息也是如此,利用外拓人员结合本市、本区范围内人群较为集中的区域进行外拓扫街,增加店面宣传力度。

6. 做好异业商家的合作推广

现阶段流行抱团取暖,组团开展,所以我们也需要结合本市/本区的合作商家主动开展联盟活动,利用合作商家的微信群、门店结合展架、宣传单页进行线上线下推广。

任务三　售后服务接待礼仪

【任务描述】

今天你顺利通过实习期考核,正式成为一名员工开展工作。请你按照售后服务接待礼仪规范,检视自己的仪容仪表。客户到店后,按照规范的礼仪接待客户,发放名片,解决客户问题。

【学习目标】

素质目标

学生按照礼仪规范完成接待客户任务,培养好的生活习惯和文化修养,践行社会道德风尚。

知识目标

1. 掌握服务礼仪的定义和作用。
2. 掌握仪容仪表和基本仪态的操作要点。
3. 掌握基本礼仪规范。

能力目标

1. 能规范操作日常礼仪。
2. 能规范接待客户。

【任务组织】

教学组织推荐采用“任务布置—知识学习—计划决策—计划实施—课堂练习—任务评价”的教学流程，培养学生自主学习，完成工作的能力；为保证教学安全与实践效果，建议每位指导教师负责和指导 24～32 位学生，学生以小组形式开展学习，每组 6～8 人。

场地设备

教学组织具体所需场地设备如表 2-15 所示。

表 2-15　教学组织所需场地设备

教学场所	场所面积	设备序号	设备名称	数量
汽车售后服务学习工作站	$50m^2$	1	正装（男、女）	各 4 套
		2	化妆间	2 间
		3	领带	4
		4	丝巾	4
		5	桌椅	各 4 套

教学时间

教学时间设定为 6 学时。

【知识准备】

现场学习，独立完成下列问题：

填写下图中男性和女性服务接待各个部位仪容仪表的注意要点。

一、礼仪概述

1. 礼仪的定义

礼仪是人类为维系社会正常生活而要求人们共同遵守的最起码的道德规范，它是人们在长期共同生活和相互交往中逐渐形成，并且以风俗、习惯和传统等方式固定下来的行为规范。对一个人来说，礼仪是一个人的思想道德水平、文化修养、交际能力的外在表现，对一个社会来说，礼仪是一个国家社会文明程序、道德风尚和生活习惯的反映。

2. 礼仪的作用

(1)尊重。礼仪可表示对对方的尊敬、敬意，同时对方也还之以礼。礼尚往来，有礼仪的交往行为蕴含着对彼此的尊重。

(2)约束。礼仪作为行为规范，对人们的社会行为具有很强的约束作用。任何一个生活在某种礼仪习俗和规范环境中的人，都会自觉或不自觉地受到该礼仪的约束。

(3)教化。礼仪作为一种道德习俗，它对社会的每个人都有教化作用，都在施行教化。礼仪的形成、完备和凝固会成为一定社会传统文化的重要组成部分，世代相继、世代相传。

(4)调节。礼仪具有调节人际关系的作用。一方面，礼仪作为一种规范、一种文化传统，对人们起着规范、约束和及时调整的作用；另一方面，某些礼仪形式、礼仪活动可以化解矛盾，建立新关系模式。

3. 礼仪是员工的基本要求

"客户至上，服务至上"，作为任何一家汽车售后服务企业的服务宗旨，它充分反映了企业对每位员工的期望。作为一名汽车售后服务企业的员工，一言一行都代表着企业的形象，对客户能否进行优质服务直接影响到企业的声誉。即使企业有再好的商品和维修质量，如果对客户服务不周、态度不佳，也会导致企业的信誉下降、业绩不振。总之，讲求礼仪是任何一家企业对每位员工的基本要求，也是践行企业服务宗旨的具体表现。

二、仪容仪表

仪容通常是指人的外观、外貌。在人际交往中，每个人的仪容都会引起交往对象的特别关注，并将影响到对方对自己的整体评价。

仪表指人的外表，它包括形体、容貌、姿态、举止、服饰相风度等方面。风度是构成仪表的核心要素，它是指待人接物时，一个人德才学识等各方面内在修养的外在表现。

1. 仪容的修饰

为了维护自我形象，有必要修饰仪容。在仪容的修饰方面应注意以下事项：

(1)干净。要勤洗澡、勤洗脸，脖颈、双手都应干干净净，并经常注意去除眼角、嘴角及鼻孔的分泌物。要勤换衣服，消除身体异味。

(2)整洁。整洁即整齐洁净、清爽。要使仪容整洁，重在持之以恒。

(3)卫生。讲究卫生是公民的义务。应注意口腔卫生早晚刷牙饭后漱口，不能当着客户的面嚼口香糖；指甲要常剪，头发按时理，不得蓬头垢面、体味熏人。

(4)简约。仪容既要修饰，又忌讳标新立异，以简练、朴素为佳。

(5)端庄。仪容庄重大方、斯文儒雅，不仅会给人以美感，还易于赢得他人的信任。

2. 仪表的修饰

（1）适体性原则。要求仪表修饰与个体自身的性别、年龄、容貌、肤色、身材、体型个性、气质及职业身份等相适宜，相协调。

（2）TPO 原则。时间（Time）、地点（Place）、场合（Occasion）原则（简称 TPO 原则），即要求仪表修饰因时间、地点、场合的变化而相应变化，使仪表与时间、环境氛围、特定场合相协调。

（3）整体性原则。要求仪表修饰先着眼于整体，再考虑各个局部的修饰，促成修饰与人自身的诸多因素之间协调一致，使之浑然一体，营造出整体风采。

（4）适度性原则。要求仪表修饰无论在修饰程度还是在饰品数量和修饰技巧上，都应把握分寸，自然适度，追求虽刻意雕琢但又不露痕迹的效果。

3. 仪容仪表规范

仪容仪表各环节规范要求见表 2-16 所示。

表 2-16　仪容仪表各环节规范表

性别	规范要求
男性	（1）头发洁净、整齐，无头屑，不染发，不做奇异发型，不留长发 （2）脸部洁净；无明显粉刺 （3）胡子刮干净或修整齐，不留长胡子，不留八字胡或其他奇形怪状的胡子 （4）手保持洁净；指甲整齐，不留长指甲，不戴结婚戒指以外的戒指 （5）西装整洁笔挺，背部无头发和头屑；不打皱，不过分华丽；与衬衣、领带和西裤匹配；与人谈话或打招呼时，将第一个纽扣扣上 （6）领口与袖口保持洁净；扣上风纪扣，不要挽袖子 （7）上口袋不要插笔，所有口袋不要因放置钱包、名片、香烟、打火机等物品而鼓起来 （8）胸卡、徽章佩戴端正，不要佩戴与工作无关的胸饰 （9）领带端正整洁，不歪不皱；质地、款式与颜色与其他服饰匹配，符合自己的年龄、身份和公司的个性，不宜过分华丽和耀眼 （10）鞋袜搭配得当；系好鞋带；鞋面洁净亮泽，无尘土和污物，不宜钉铁掌，鞋跟不宜过高、过厚和怪异
女性	（1）不留披肩发，也不用华丽头饰 （2）施粉适度，不留痕迹 （3）服装整洁无皱；穿职业化服装，不穿时装、艳装、晚装、休闲装、透明装、无袖装和超短裙 （4）手部洁净；指甲整齐，不留长指甲；不涂指甲油，不戴结婚戒指以外的戒指 （5）鞋袜搭配得当；系好鞋带；鞋面洁净亮泽，无尘土和污物，不宜钉铁掌，鞋跟不宜过高、过厚和怪异 （6）袜子干净无异味，不露出腿毛；女性穿肉色短袜或长筒袜，袜子不要褪落和脱丝

三、基本仪态

仪态泛指人们的身体所呈现出来的各种姿势，包括表情、站姿、坐姿、蹲姿、行姿等，以及身体展示的各种日常行为动作。用优美的仪态表现礼仪，比用语言更让受礼者感到真实、美好和生动。工作中应注意自己的仪态，这不但是自我尊重和尊重他人的表现，也能反映出自身的工作态度和责任感。

（一）微笑

微笑是人们对某种事物给予肯定以后的内在心理历程的外化，是人们对美好事物表达愉悦情感的心灵外露和积极情绪的展现。微笑可以表现出对他人的理解、关心和爱，是礼貌与修养的外在表现和谦恭、友善、含蓄、自信的反映。人们的微笑是其心理健康的标志。微笑是一种“情绪语言”，它来自心理健康者。

微笑的美在于文雅、适度，亲切自然，符合礼貌规范。微笑要诚恳和发自内心，做到“诚于中而形于外”，切不可故作笑颜，假意奉承，做出“职业性的笑”。更不要狂笑、浪笑、奸笑、傻笑、冷笑。发自内心的笑像扑面春风，能温暖人心，化除冷漠，获得理解和支持。面部的表情如何绝不仅仅是天生的因素，后天的气质、风度也必然会反映在脸上，关键是内心的真诚，它与行为主体的道德修养、学识水平有着密切的关系。

（二）眼神

1. 注视时间

与他人交谈时，不可长时间地凝视对方。一般情况下，眼睛有50%的时间注视对方，另外50%的时间注视对方脸部以外的5～10厘米处。对东方人也可只保持1/3时间注视对方，自始至终地注视对方是不礼貌的。在社交场合，无意与别人的目光相遇不要马上移开，应自然对视1～2秒，然后慢慢离开。与异性目光对视时，不可超过2秒，否则可能会引起对方无端的猜测。必须根据所观看的对象和场合灵活把握好注视时间。

2. 注视位置

注视对方，应自然、稳重、柔和，而不能死盯住对方某部位或不停地在对方身上上下打量，这是极失礼的表现。注视对方什么位置，要依据传达什么信息、造成什么气氛而异；要依据不同场合、不同对象而选择具体目光所及之处和注视的区间。

人们在普通的社交场合采用的注视区间是社交注视区间。这一区间的范围是以两眼上线，以下颌额为顶点所连接成的倒三角区域，注视这一区域最容易形成平等感，容易营造良好的社交氛围。注视谈话者这一区域，能让谈话者轻松、自然，能比较自由地把他们的观点、见解发表出来。

3. 敢于正视对方

在交谈中敢于礼貌地正视对方，是一种坦荡、自信的表现，也是对他人尊重的体现。谈话时眼睛往上、往下、眯眼、斜视、闭眼，游离不定、目光涣散，漫不经心等，都是交际中所忌讳的。当别人难堪时，不要去看他；交谈休息时或停止谈话时，不要正视对方。

（三）站姿

1. 站姿要求

站姿的基本要求是挺直、舒展、线条优美、精神焕发。站立时，上下看要有直立感，即以鼻子、肚脐为中线的人体大致垂直于地面；左右看要有开阔感，即肢体和身段给人舒展的感觉；侧面看也要有直立感，即从耳朵到脚踝骨所形成的直线也大致垂直于地面。

2. 具体站姿

男士站立时，要表现出刚健、强壮、英武、潇洒的风采。具体要求是：下颌微收，双目平视，身体立直，挺胸抬头，挺髋立腰，吸腹收臀，双膝并严，双脚靠紧，双手置于身体两侧，自然下垂；也可以脚跟靠近，脚掌分开呈“V”字形；或者双腿分开，双脚平行，但不可超过肩宽，双手叠放于身后，掌心向外，但背手有时会给人盛气凌人的感觉，在正式场合或者有领导和长辈在场时要慎用。男士站姿如图2-1所示。

女士站立时，要表现出轻盈、娴静、典雅、优美的韵味。具体要求是：身体立直，挺胸收腹，双手自然下垂（也可相叠或相握放腹前），双膝并严，双脚并拢；也可以脚跟并拢，脚尖微微张开，两脚尖之间大致相距10厘米，其张角约为45度，形成“V”字形；或者双脚一前一后，前脚脚跟紧靠后脚内侧足弓，形成“丁”字形。女士站姿如图2-2所示。

图2-1 男士站姿

图2-2 女士站姿

3. 站姿的调整

（1）同他人站着交谈时，如果空着手，男士可以手相握或叠放于身后，女士可以双手相握或叠放于腹前。

（2）身上背着背包时，可利用背包摆出高雅的姿势，如用手轻扶背包或夹着背包的肩带。

（3）身着礼服或旗袍时，绝对不要双脚并列站立，而要一前一后，相距5厘米左右，以一只脚为重心。

（4）向他人问候、介绍、握手、鞠躬时，双脚要并立，相距约10厘米，膝盖要挺直。

（5）等待时，双脚的位置可以一前一后，保持45度，肌肉放松而自然，但仍保持身体的挺直。

（6）站立过久时，可以把脚后撤一小步，后脚脚跟可以稍微抬起，身体的重心置于前脚上。站立时的禁忌姿势具体如表2-17所示。

表 2-17　站立时的禁忌姿势

	姿势	解释
1	手部错位	站立时双手可以做一些适当的动作来配合谈话内容，帮助对方理解，但双手的动作宜少不宜多，宜小不宜大，切不可做一些乱指乱点、乱动乱摸、乱举乱扶、将手插入裤袋、左右交叉抓住胳膊压在胸前、摆弄小东西、咬手指甲等不合礼仪要求的动作
2	脚部错位	站累时可以把身体的重心从双脚挪到任何一只脚上，但不可弯曲膝盖或把双脚摆成外八字
3	腿部错位	站立时双腿不可分开过宽，不可交叉形成别腿，不可使腿部错位，更不可抖动腿部
4	上身错位	上身不可自由散漫，东倒西歪，随意倚靠或肩斜、胸凹、腹凸、背驼、臀撅，显得无精打采，萎靡不振
5	头部错位	脖子没有伸直，使得头部向左或向右歪斜，头仰得过高或压得过低，目光斜视或盯视，表情僵硬等

男士不雅站姿如图 2-3 所示，女士不雅站姿如图 2-4 所示。

图 2-3　男士不雅站姿　　　图 2-4　女士不雅站姿

(三)坐姿

坐姿是指就座之后所呈现的姿势。“坐如钟”是指人在就座之后要像钟一样稳重，不偏不倚，它也是一种静态美。坐姿是人们在生活工作中采用得最多的一种姿势。

1. 入座要求

入座时讲究先后顺序礼让尊长，切勿争抢；一般从左侧走到自己的座位前，转身后把右脚向后撤半步，轻稳坐下，然后把左脚与右脚并齐；穿裙装的女士入座，通常应先用双手平摆，再坐下；在较为正式的场合，或者有尊长在座的情况下，一般坐下之后不应坐满座位，大约占据三分之二的座位即可。

2. 坐定要求

(1)头部端正。坐定时要求头部端正,可以扭动脖子,但不能歪头;眼睛正视交谈对方,或者目视前方,目光柔和,表情自然亲切。

(2)上半身伸直。上半身自然伸直,双肩平正放松,双臂自然弯曲,双手既可以放在大腿上,也可以放在椅子或沙发扶手上,掌心一定要向下。

(3)下半身稳重。双腿自然弯曲,双脚平落地面,在极正规的场合,上身与大腿、大腿与小腿,均应为直角,即所谓"正襟危坐"。

3. 坐定姿势

(1)男士坐姿。男士坐定后,头部和上半身的要求与站姿一样,双腿、双脚并拢,形成"正襟危坐";双腿、双脚也可以张开些,但是不能宽于肩部,如图 2-5 所示。

(2)女士坐姿。女士坐定后,头部和上半身的要求也与站姿一样,但更强调要双腿并拢,双膝可向左或向右略微倾斜,如图 2-6 所示。

图 2-5　男士的坐姿

图 2-6　女士标准坐姿

4. 坐定时禁忌的姿势

坐定时禁忌的姿势如表 2-18 所示。

表 2-18　坐定时禁忌姿势

	姿势	解释
1	身体歪斜	如前倾、后仰、歪向一侧等
2	头部不正	如左顾右盼、摇头晃脑等
3	手部错位	如双手端臂,双手抱于脑后,双手抱住膝盖,用手浑身乱摸、到处乱敲,双手夹在大腿间等
4	腿部失态	如双腿开过大、抖动不止、架在其他地方、高翘"4"字形腿(一只脚放在另一条腿的膝盖上,脚骨接触膝盖,鞋底朝向身体外侧)、直伸开去等
5	脚部失态	如坐定后脱下鞋袜,用脚尖指人或脚尖朝上使别人能看见鞋底,把脚架在高处,双脚摆成内八字,双脚不停抖动等

(四)蹲姿

1. 蹲姿要求

高低式蹲姿。下蹲时一只脚在前,另一只脚稍后(不重叠),双腿靠紧向下蹲。前脚全脚掌着地,后脚脚跟抬起,脚掌着地。后膝低于前膝,后膝内侧靠于前小腿内侧,臀部向下,基本上以后腿支撑身体,如图 2-7 所示。男士选用这种蹲姿时,两腿之间可有适当距离,如图 2-8 所示。

男女蹲姿的不同。男士一般采用高低式蹲姿,女士可采用高低式蹲姿或者交叉式蹲姿。

2. 蹲姿禁忌

采用高低式蹲姿时,双腿不应分开过大,尤其是着裙装的女士,如图 2-9 所示;双腿分开过大且双腿一样高也十分不雅。

图 2-7 女士标准蹲姿

图 2-8 男士标准蹲姿

图 2-9 蹲姿禁忌

(五)行姿

行姿,也称走姿,指人们在行走的过程中所形成的姿势。标准行姿如图 2-10 所示。

1. 行姿要求

(1)重心落前。在起步行走时,身体应稍向前倾,身体的重心应落在反复交替移动的前脚脚掌之上。要注意的是,当前脚落地、后脚离地时,膝盖一定要伸直,踏下脚时再稍微松弛并即刻使重心前移,这样行走时步态才会好看。

(2)全身协调。行走过程中,要面朝前方,双眼平视,头部端正,胸部挺起,背部、腰部、膝部尤其要避免弯曲,使全身形成一条直线。

(3)摆动双臂。行走时,双肩、双臂都不可过于僵硬呆板,双肩应当平稳,双臂则应自然地、有节奏地一前一后摆动。在摆动时,手腕要进行配合,掌心向内,手腕自然直,摆动的幅度以 30 度左右为佳。

(4)脚尖前伸。行走时,应保持脚尖向前,不要向内或向外,同时还应保证步幅(行进中一步的长度)大小适中。通常情况下,步幅应为一脚之长,即行走时前脚脚跟与后脚脚尖之间的距离。

(5)协调匀速。行走时,在某一阶段中速度要均匀,要有节奏感。另外,全身各个部位要相互协调、配合,要表现得轻松、自然。

(6)直线前进。女士的行走轨迹应呈一条直线,男士的行走轨迹应呈两条平行线。与此同时,要克服身体在行走时的左右摇摆。

图 2-10 标准行姿

2. 行姿禁忌

行走时的姿势禁忌，如表 2-19 所示。

表 2-19 行姿禁忌

	姿势	解释
1	瞻前顾后	行走时，要目视前方，不应左顾右盼，尤其不应反复回头注视身后
2	双肩乱晃	行走时，应避免双肩左右摇晃而使身体也随之乱晃
3	八字步态	行走时，不要使双脚脚尖向内或向外呈八字步
4	速度多变	行走时，切勿忽快忽慢
5	声响过大	行走时用力过猛，脚步会妨碍他人或惊吓他人
6	方向不定	行走时，方向明确，切勿变化多端，显得心神不定
7	不讲秩序	行走时，要遵守交通规则，靠右行走，礼让他人
8	人群中穿行	行走时，如果想超过他人，可从其左侧通过；如果迎面有人，应各自靠右行走，不可从迎面人群中间穿行
9	边走边吃	行走时，不要吃东西。一边走，一边吃，既不卫生，又不雅观

四、基本礼仪规范

1. 敬语与谦语

有客户来访或遇到陌生人时，应使用文明礼貌语言。具体规范见表 2-20。

表 2-20 礼貌用语规范

情景	规范
问候语	早上好、您早、晚上好、您好、大家好……
致谢语	谢谢、非常感谢、谢谢您、十分感谢……
拜托语	请多关照、承蒙关照、麻烦您了、拜托了……
慰问语	辛苦了、受累了……

续表

情景	规范
赞赏语	很好、太好了、真棒……
谢罪语	对不起、劳驾、实在抱歉……
挂念语	身体好吗？近来怎样……
祝贺语	祝您成功、身体健康、一帆风顺……
理解语	只能如此、深有同感……
迎送语	欢迎光临、见到您很高兴、再见、慢走、走好、欢迎再来……
征询语	我能为您做什么？需要帮助吗？你觉得这车怎么样？您是不是很喜欢这种颜色？
应答语	是的、我会尽量按照您的要求去做、没关系、不必客气……
婉辞语	很遗憾，不能帮您的忙……

2. 人际距离

人际距离指交往对象彼此之间在空间上所成的间隔，即交往对象相距的远近。人际距离规范见表 2-21。

表 2-21　人际距离规范

场景	规范
服务距离	一般情况下，服务距离以 0.5～1.5 米为宜
展示距离	进行展示时，既要使客户看清自己的操作示范，又要防止对方对自己的操作示范有所妨碍，展示距离在 1～3 米为宜
引导距离	在行进客户左前方 1.5 米左右最为适当
待命距离	方便随时为客户提供服务，正常情况下应在 3 米之内
信任距离	服务顾问不能离开客户的视线
交谈距离	个人交谈的最佳距离为 1～1.5 米，两人可斜站对方侧面，以 30 度角为宜，避免面对面。这个距离和角度，既无疏远之感，又文明卫生。另外，在交谈中，如偶然咳嗽要用手帕遮住口鼻。不能直对前面，更不能随地吐痰

3. 介绍礼仪

(1)自我介绍。自我介绍的基本程序是先向对方点头致意，得到回应后再向对方介绍自己的姓名、身份和单位，同时递上准备好的名片。自我介绍时，表情要坦然、亲切，注视对方，举止庄重大方，态度镇定而充满信心，表现出渴望认识对方的热情。

(2)介绍他人。介绍他人是经第三者为彼此不相识的双方引见、介绍的一种介绍方式。介绍他人通常是双向的，即将被介绍者向双方均做一番介绍。做介绍的人一般是主人、朋友或公关人员。

介绍他人时，必须按“尊者优先”的原则。把年轻者介绍给年长者，把职务低者介绍给职务高者，如果双方年龄、职务相当，则把男士介绍给女士，把家人介绍给同事、朋友，把未婚者介绍给已婚者，把后来者介绍给先到者。介绍规范见表 2-22 所示。

表 2-22　介绍规范

	相应内容	示例
自我介绍	公司名称、职位、姓名	您好，我是某某公司的服务顾问，我叫××
	给对方一个自我介绍的机会	请问，我应该怎样称呼您呢？
介绍他人	顺序：把职位低者、晚辈、男士、未婚者分别介绍给职位高者、长辈、女士和已婚者	王总，这是我公司的服务顾问××
	国际惯例敬语（姓名和职位）	王总，请允许我向您介绍
	被介绍者应面向对方，介绍完毕后与对方握手问候	您好！很高兴认识您！

4. 握手礼仪

握手是日常工作中最常使用的手势礼仪，是交际的一个重要部分。握手的力量、姿势和时间长短往往能够表达出对握手对象的不同礼遇和态度，显露自己的个性，给人留下不同的印象，也可通过握手了解对方的个性，从而赢得交际的主动。

（1）握手的要求。通常与人初次见面、熟人久别重逢、告辞或送行时，都可以握手表示自己的善意。有些特殊场合，如向人表示祝贺、感谢或慰问时，双方交谈中出现了令人满意的共同点时，双方原先的矛盾出现了某种良好的转机或彻底和解时，习惯上也以握手为礼。

握手时，距对方约一步远，上身稍向前倾，双脚立正，伸出右手，四指并拢，虎口相交，拇指张开下滑，向受礼者握手。由于掌心向下握住对方的手，显示着个人强烈的支配欲，无声地告诉别人他处于高人一等的地位，所以应尽量避免这种傲慢无礼的握手方式。平等而自然的握手姿态是双方的手掌都处于垂直状态，这是一种最普通也最稳妥的握手方式（见图 2-11）。

图 2-11　握手方式

握手时应按一定的先后顺序伸手，一般顺序为上在先、主人在先、长者在先、女性在先。握手时间一般控制在 3～5 秒之间为宜。握手力度不宜过大或毫无力度，要注视对方并面带微笑。一人面对多人，不方便一一握手时，可以用点头礼、注目礼、招手礼代替。

（2）握手禁忌。握手时常见的几种错误有交叉握手、与第三者说话、摆动幅度太大、戴手套或手不清洁等。如图 2-12 所示。

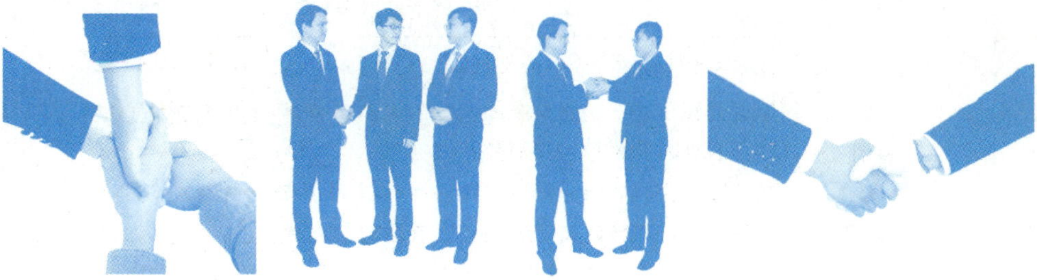

图 2-12 握手禁忌

5. **鞠躬礼仪**

鞠躬是表达敬意、尊重、感谢的常用礼仪。鞠躬时,应从心底对对方表示感谢、尊重,从而体现于行动,给对方留下诚恳、真实的印象。

鞠躬要在优雅站立的基础上实现。行鞠躬礼应停步,两臂自然下垂,躬身 15～30 度头跟随向下,并致问候语;与客户交错而过时,应面带笑容,可行 15 度鞠躬礼,以示打招呼;迎送客户时,可行 30 度鞠躬礼;感谢客户或初次见到客户时,可行 45 度鞠躬礼(见图 2-13)。

鞠躬时不可采用以下方式:边工作边鞠躬;戴着帽子鞠躬;点头式鞠躬;看着对方鞠躬;边摇身体边鞠躬;双腿没有并齐;后背未挺直;鞠躬速度快;上身不动,只弯曲膝盖、歪歪头的"丫鬟式"鞠躬;起身过快。

15度鞠躬　30度鞠躬　45度鞠躬

图 2-13 鞠躬礼仪

6. **名片礼仪**

名片是重要的社交工具之一。交换名片时也应注重礼节。我们使用的名片通常包含两个方面的意义,一是标明你所在的单位,另一个是标明你的职务,姓名及承担的责任。如表 2-23 所示。

表 2-23　名片礼仪规范

	名片的使用	注意事项
1	名片准备	名片不要和钱包、笔记本等放在一起，原则上应该使用名片夹 名片可放在衬衣左侧口袋或西装的内侧口袋，但不可放在裤兜里 口袋不要因为放置名片而鼓起来 要保持名片的清洁、平整；养成一个基本的习惯 会客前检查和确认名片夹内是否有足够的名片
2	接收名片	必须起身接收名片；应用双手接收 接收的名片不要在上面作标记或写字 接收的名片不可来回摆弄 接收名片时，要认真地看一遍 不要将对方的名片遗忘在座位上或存放时不注意落在地上 不把对方名片放入裤兜里
3	递送名片	递名片时应右手的拇指、食指和中指合拢，夹着名片的右下部分，便于对方接拿，以弧状的方式递交于对方的胸前 递名片的次序是由下级或访问方先递名片，如是介绍人时，应由先被介绍方递名片；递名片时，应说些“请多关照”“请多指教”之类的寒暄语 互换名片时，应用右手拿着自己的名片，用左手接对方的名片后，用双手托住；互换名片时，也要看一遍对方职务、姓名等 遇到难认字，应事先询问 在会议室如遇到多数人相互交换名片时，可按对方座次排列交换名片

7. 拜访礼仪

拜访客户礼仪规范见表 2-24。

表 2-24　拜访客户礼仪规范

步骤	规范
约定时间和地点	事先致电说明拜访的目的，并约定拜访的时间和地点；不要在客户刚上班、快下班、异常繁忙、正在开重要会议时拜访，也不要在客户休息和用餐时间去拜访
准备工作	准备拜访时可能用到的资料；注意仪容仪表；检查各项携带物是否齐备，如名片、笔和记录本、合同等；明确谈话主题、思路
出发前	最好与客户通电话确认，以防临时发生变化；选好交通路线，算好出发时间，确保提前 5～10 分钟到
见到拜访客户	如拜访客户所在地关着门，应先敲门，待客户允许后再进入；问候客户，待客户安排后落座；客户请人奉上茶水或咖啡时，应表示谢意
会谈	注意称呼、遣词用语、语速、语气、语调；会谈过程中，如无急事，不打电话或接电话

续表

步骤	规范
告辞	根据客户的反应和态度来确定告辞的时间和时机；说完告辞就应起身离开座位，不要久说久坐不走；感谢客户的接待；握手告辞；如门原来是关闭的，出门后应轻轻把门关上；客户若要相送，应礼貌地请客户留步

8. **办公礼仪**

在办公场所接待客人、洽谈业务时，有许多场合需要用到下列礼仪，掌握这些礼仪规范将使服务顾问的工作更加自如顺利，客户也会有宾至如归的感觉。常见办公礼仪规范见表 2-25。

表 2-25　常见办公礼仪规范

情景		注意事项
引导		应走在客户左前方约 1.5 米处，让客户走在中央；与客户的步伐保持一致，引导时要注意客户，适当地做些介绍；转弯或有楼梯台阶的地方应使用手势，并提醒客户“这边请”或“注意楼梯”等
开门次序	向外开门时	先敲门，打开门后把住门把手，站在门旁，对客户说“请进”并施礼；进入房间后，用右手将门轻轻关上；请客户入座，安静退出，此时可用“请稍候”等语言
	向内开门时	开门后，自己先进入房间；侧身，把住门把手，对客户说“请进”并施礼；轻轻关上门，请客户入座后，安静退出
搭乘电梯	电梯内没有其他人时	在客户之前进入电梯，按住“开”的按钮，再请客户进入电梯；到大厅时，按住“开”的按钮，请客户先下
	电梯内有人	无论上下，都应客户、领导优先
	电梯内	先上电梯的人应靠后面站，以免妨碍他人乘电梯；电梯内不可大声喧哗或嬉笑吵闹；电梯内已有很多人时，后进的人应面向电梯门站立
办公室	进入他人办公室	必须先敲门，再进入；已开门或没有门的情况下，应先打招呼，如“您好”“打扰一下”等，再进入
	传话	传话时不可交头接耳，应使用记事便签传话
	会谈中途有上司到来时	必须起立，将上司介绍给客户；向上司简单汇报一下会谈的内容，然后重新开始会谈

【任务实施】

活动 1　计划制订

根据所学，制订服务前台在进行客户接待工作前中后执行礼仪规范的工作计划。

1. 晨会结束后，服务接待检查自身的仪容仪表，在接待台前，等候客户到来。

2. 看到客户进店时，主动迎接客户，进行自我介绍，并询问客户来意。

3. 客户表示找服务顾问时，通知服务顾问，引导到休息区就座，递送饮品，引荐服务顾问并离开。

4. 客户表示想要离开，引导客户出店，目送客户离开。

5. 客户离去后，回到工位，整理客户信息。

活动 2　实施计划

1. 针对以下情境，按照礼仪规范相关要求进行训练。

(1)晨会结束后，服务顾问检查自身的仪容仪表，在接待前台等候客户到来。

(2)看到客户进店时，主动迎接客户，进行自我介绍并询问客户来意。

(3)客户表示找某服务顾问时，通知该服务顾问，引导客户到休息区就座，递送饮品，引荐该服务顾问并离开。

(4)客户表示想要离开，引导客户出店，目送客户离开。

(5)客户离去后，回到工位，整理客户信息。

2. 请客户填写售后服务满意度调查表(见表 2-26)

表 2-26　售后服务满意度调查表

客户名称							
联系电话							
调查项目	内容	A	B	C	D	E	意见
产品使用性能	产品质量						
	产品维修效果						
	产品维修费用						
工程质量	交付后是否整洁						
	交付及时性						
服务	服务及时性						
	服务人员工作态度						
	服务人员专业素质						
客户意见栏							
备注	1. 请在 A—E 栏中打“√”，并敬赐您的宝贵意见。						
	A 非常满意　B 比较满意　C 基本满意　D 不太满意　E 不满意						

活动 3　课堂练习

查阅资料，参考图例信息，完成下面问题。

表 2-27　顾客接待日常礼仪

	图例	作业
接待引导手势		查阅资料，参考图例信息，写出引导客户时的标准手势要求： ______ ______ ______ ______ ______
走姿		查阅资料，参考图例信息，写出行走时的要求： ______ ______ ______ ______ ______
站姿		查阅资料，参考图例信息，写出行站立时的要求： ______ ______ ______ ______ ______

续表

	图例	作业
坐姿		查阅资料，参考图例信息，写出行坐姿时的要求：
蹲姿	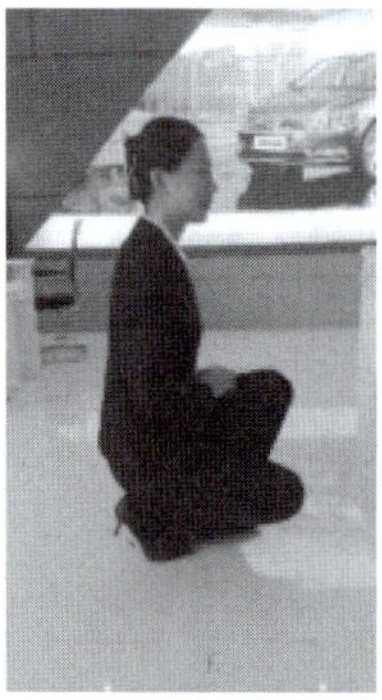	查阅资料，参考图例信息，写出蹲下拿东西或捡东西时的要求：

【任务评价】

自我评价

请根据自己在本次任务中的实际表现进行评价(见表 2-28)。

表 2-28　自我评价表

	评分标准	评分分值	得分
1	明确工作任务，理解任务在企业工作中的重要程度	10	
2	能够做到仪容仪表规范	10	
3	能够做到日常行为动作规范	20	
4	能够运用职场礼仪开展工作	30	
5	能够运用接待礼仪规范接待到店客户	30	
合计(总分 100 分)			

小组评价

请小组组长对组员的学习进行评价(见表 2-29)。

表 2-29　小组评价表

	评分标准	分值	得分
1	学习成效	25	
2	协作精神	25	
3	工作态度	25	
4	纪律观念	25	
合计(总分 100 分)			

教师评价

请实训指导教师根据教学目标进行量化考核(见表 2-30)。

表 2-30　教师评价表

	学习目标	达成情况	
		能	不能
1	能够在穿衣镜前自检仪容及着装、佩戴工作牌、检查工具夹、等候来店客户		
2	表情到位、站姿标准;客户到店时,能够问候、鞠躬、自我介绍、递名片、询问客户尊称、询问客户来意		
3	能够对客户进行正确的引导,走姿标准		
4	能够掌握握手礼仪规范,正确运用礼貌用语		
5	能够填写客户信息登记表、确定邀约时间		

【知识拓展】

礼仪的自我检查见表 2-31。

表 2-31　礼仪的自我检查

项目	检查内容
办公室	头发是否干净整齐?
	衬衫、外套是否清洁?
	指甲是否过长,经常修剪?
	皮鞋是否光亮、无灰尘?
	清晨上班时是否相互打招呼?
	上班 5 分钟前是否已到座位上?

续表

项目	检查内容
办公室	在走廊内有无奔跑？
	是否佩戴胸牌？
	办公时有无窃窃私语？
	对办公用品和公共物品是否爱护？
	离开座位外出时，有无留言告知去处？
	午休或下班时，有无整理好办公台面？
	在茶水间、洗手间、走廊内有无站着闲谈？
	有无在办公室进食？
	有无向正在计算或写字的人发问？
	有无在办公室吸烟？
	公共物品有无“谁使用谁整理”？
	发现垃圾等杂物有无主动拾起？
	有无按《职员手册》的规定着装？
	下班时有无相互打招呼后才离开公司？
电话	电话机旁有无准备记录用纸笔？
	有无在电话铃响三声之内接起电话？
	是否在接听电话时做记录？
	接起电话有无说“您好”或“您好，××××”？
	客户来电时，有无表示谢意？
	对客户有无使用专业术语、简略语言？
	对外部来电是否使用敬语？
	是否让客户等候 30 秒以上？
	是否打电话时，让对方猜测你是何人？
	是否正确听取了对方打电话的意图？
	是否重复了电话中的重要事项？
	要转达或留言时，是否告知对方自己的姓名？
	接到投诉电话时，有无表示歉意？
	接到打错电话时，有无礼貌回绝？
	拨打电话时，有无选择对方不忙的时间？
	拨打电话时，有无准备好手头所需要的资料？
	拨打电话时，有无事先告知对方结果、原委？

续表

项目	检查内容
电话	说话是否清晰、有条理？
	是否拨打私人电话？
	电话听筒是否轻轻放下？
接待	对所有的客人是否都是面带微笑？
	在走廊遇到客人时，有无让路？
	遇到客人后，是否马上接待或引导？
	是否用双手接收名片？
	接收名片时，是否认真看过一遍？
	接待客人时，能否将客人姓名、公司名称、事件正确传达给他人？
	引路时是否照顾到客人的感受？
	转弯时是否提醒客人注意？
	是否了解在电梯内如何引导客人？
	在电梯内是否告知客人所要去的地方和楼层？
	进入会客室时是否敲门？
	是否了解开门、引导客人的顺序？
	是否保持会客室的清洁？
	是否了解会客室主座的位子？
	是否让客人入主座？
	使用的茶具是否清洁？
	客人久等时，是否中途出来向客人表达歉意？
	给正在接待客人的人传话时是否使用便条？
	进行介绍时是否先由下级开始？
	送客人时，是否等到看不见客人背影后才离开？

项目三

售后服务接待核心流程

售后服务接待核心流程是企业经营管理过程中非常重要的部分，企业的任何策略都要通过售后服务接待核心流程来完成，从而满足客户需求，最终使客户满意且信任。售后服务接待核心流程的每一个环节都有一套服务标准，能够明确服务顾问的服务规范及职责，使维修作业趋于标准化，预防服务差距，利于树立企业的专业化形象，提高企业的运作效率及经济收益。

任务一　日常维护业务接待流程

【任务描述】

经前期预约，车主李先生今天开车来到店里做日常维护保养。据车主反映，该车已行驶 50000 千米，行驶过程未出现其他故障。服务经理安排你完成该车的日常维护业务接待工作。

【学习目标】

素质目标

学生根据日常维护业务流程完成 50000 千米车辆维护业务接待任务，强化学生安全规范、爱岗敬业、责任担当的职业素养和精益求精的工匠精神。

知识目标

1. 掌握日常维护业务接待流程。
2. 掌握日常维护业务接待流程各个流程的规范操作步骤。

能力目标

1. 能够根据日常维护业务接待流程为来店做日常维护的客户提供满意的服务。
2. 能够正确填写日常维护业务中的相应工单。

【任务组织】

组织形式

教学组织推荐采用“任务布置—知识学习—计划决策—计划实施—课堂练习—任务评价”的教学流程，培养学生自主学习，完成工作的能力；为保证教学安全与实践效果，建议每位指导教师负责和指导 24～32 位学生，学生以小组形式开展学习，每组控制在 6～8 人。

场地设备

教学组织具体所需场地设备如表 3-1 所示。

表 3-1　教学组织所需场地设备

教学场所	场所面积	设备序号	设备名称	数量
汽车售后服务学习工作站	$50m^2$	1	汽车整车	2
		2	计算机	2
		3	办公家具	2
		4	业务单据	4

教学时间

教学时间设定为 8 学时。

【知识准备】

现场学习，独立完成下列 8 个问题。

1. 根据企业与客户之间的主动或被动的情况，把预约分为________预约和________预约。

2. 需求分析的方法主要有________和________。

3. 对车辆进行维护派工前的预检有何意义？

____

____

4. 维修委托书中包含哪些信息？为什么要使用维修委托书？

____

____

5. 服务顾问应该如何跟踪车辆维护进度？

____

____

6. 请说明车辆交付前需要交给客户的资料有哪些。

____

____

7. 请分析车辆交付时要给客户做哪些解释。

____

____

8. 请分析对客户回访的内容应该包括哪些方面。

____

____

一、客户预约

（一）客户预约的优点

预约既能让客户免受等待之苦，又可以让 4S 店根据实际情况分流高峰期，使一天中的维护流程相对均衡，从而提高服务质量和客户满意度，更能缩短维护工时和客户的等待时间。

（二）客户预约的工作流程及要素

1. 维护提醒

服务顾问通过使用客户管理卡和计算机中存储的客户档案信息，在合适的时间向客户提供按期维护提醒服务。

视频 3-1 维保预约

维护提醒的步骤:

(1)查看客户管理卡和计算中存储的客户档案,根据客户车辆上次维护日期和行驶里程,计算出下次维护日期。

(2)在下次维护日前 13 日,确认需要致电提醒车辆需要做维护的客户。

(3)使用客户管理卡,在下次维护日前 13 日,通过微信、手机短信、电子邮件等形式对客户进行提醒。

(4)客户收到邮件和手机短信后,在下次维护日前 11 日,致电提醒客户下次到店维护。

致电前,服务顾问需确认客户车辆之前维修维护的记录;及时联系客户,提醒客户其车辆下次的维护日期及维护内容;询问客户最新的行驶里程并输入系统;记录客户其他特殊需求。如果客户有到店维护的需求,服务顾问需对客户进行临时预约,确认客户到店时间,确认维护内容及客户的其他需求。

2. 预约准备

(1)致电。对在第一次致电提醒客户车辆维护时,还没有做出决定的客户致电;再次提醒客户车辆进行下一次维护的日期,同时向客户确认是否有预约到店的意向。如果客户有意向,服务顾问应立即进行临时预约,确认客户到店时间,确认维护内容及客户的其他需求。

如果第一次致电客户时,客户明确表示不需要进行下一次维护或预约,则不需要进行第二次致电;第二次致电应保证在零件备货期前进行,以保证零件部门有充足的时间准备零件,当预约所需的零件需要订货时,服务顾问应及时协商调整预约时间,保证能在客户预约的到店日前将零件准备好。

(2)准备。预约准备是针对达成临时预约的客户需要进行的准备工作。预约准备的内容:制作、打印维修委托书、估算单和零件出库单;确认零件库存,当零件库存不足时,需要进行零件订货;向零件部门确认零件到货时间,若不能在客户预约日期前到货,则需向客户重新预约时间。

(3)零件准备。零件准备是指服务顾问将维修委托书、估算单、零件出库单递交技术总监,进行零件准备。

(4)移交维修技师。移交维修技师是指服务顾问根据维修委托书,确认客户车辆预约到店日期及预约工位、维修技师,将维修委托书和零件出库单递交相应的维修技师;同时,将估算单插入维修车辆治理板的“维修准备”槽中。估算单在维修车辆治理板的“维修准备”槽中的排列顺序应根据预约日期的先后顺序和预约准备的紧急程度,按重要性从上至下依次排列。

(5)维修准备。维修准备是指维修技师根据维修委托书及零件出库单确认维修项目及所需零件;向零件部门领取所需零件,放置在预约准备货架的零件准备小筐内;根据预约车辆车牌号码、预约到店日期、负责维修技师等制作标签，张贴于零件准备小筐上；根据领取零件在零件出库单上对零件出库状态进行确认，将维修委托书、零件出库单递交至技术总监。

(6)完成准备。技术总监收到维修委托书、零件出库单，确认零件准备完成后，将估算单从“维修准备”槽中抽出一起递交给服务顾问，并告知预约准备已经完成。在当天工作开始时，技术总监应检查确认之前的预约准备已经完成，检查需要进行准备的代步车辆等。

3. 预约确认

(1)零件准备确认。收到技术总监递交的维修委托书、估算单、零件出库单后，服务顾问应根据零件出库单的库存确认零件是否已准备齐全。

(2)预约准备确认。服务顾问将已经打印好的预约车辆的维修单分别用透明文件夹分单收集，将已经做好预约准备的文件夹按不同预约到店日期进行分类存放。在客户预约到店日之前两日，服务顾问应对所有预约准备好的文件夹进行核对确认。若有车辆预约准备未完成，应向技术总监确认能够按时完成准备。

(3)客户预约确认。确认预约准备完成后，服务顾问应在预约到店日前两日对已临时预约的客户再次致电，进行预约确认：当客户能按预约时间到店时，确认正式预约；当客户要求更改预约时间时，重新进行预约。如果客户要求重新预约的时间不能安排，则应向客户提供能够预约的时间。服务顾问在进行客户预约确认时应注意：尽可能将预约安排在空闲时间，避开上午的繁忙时段及傍晚；留出20%的车间容量应付简易修理、紧急修理、前一天遗留下来的修理及不可预见的延误；将预约间断(如间隔15分钟)，防止重叠；与安全有关的、返修客户及投诉客户的预约应予以优先安排；当订货零件不能在预约到店日到货时，应及时通知客户，建议客户更改预约时间。

客户预约流程如图3-1所示。

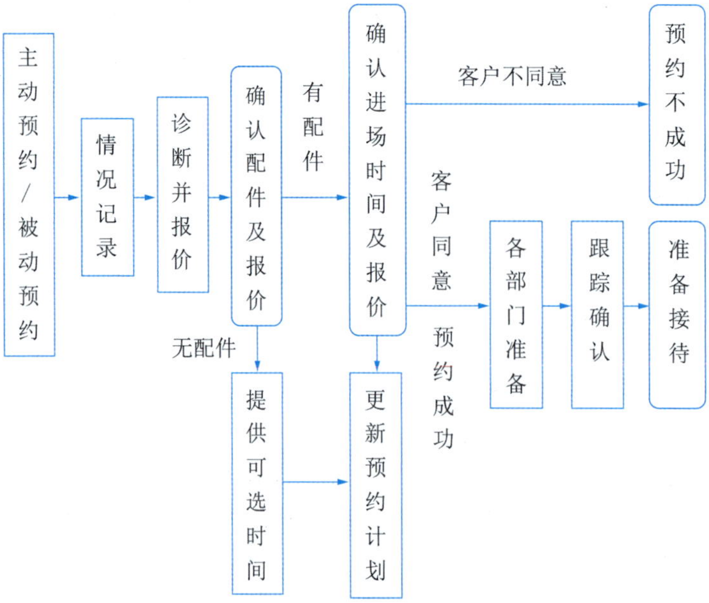

图3-1 客户预约流程

(三)预约登记表的填写

大多数维修企业都有其专用的预约登记表,服务顾问需要在客户允许的情况下,准确详细地填写好预约登记表。某维修企业预约登记表见表 3-2。

表 3-2 预约登记表

服务顾问: 年 月 日

客户基本情况			
客户姓名:		联系电话:	
车型:		行驶里程:	
车牌号码:		上次进站日期:	
预约情况			
预约进站时间	年 月 日 时 分	预约交车时间	年 月 日 时 分
预约内容			
客户描述:			
故障初步诊断:			
所需配件(零件号)、工时:			
维修费用估价:			
客户其他需求:			
预约上门取车时间	年 月 日 时 分		
预约上门交车时间	年 月 日 时 分		
取车人/交车人签名:		客户或交接人签名:	
备注:			

二、接车与客户接待

(一)客户接待准备

1. 仪容仪表准备

接车环节是服务顾问与客户的首次接触,接触时服务态度的好坏直接关系到客户对企业服务的满意度。在准备迎接客户到来前,服务顾问需要首先对自身仪容仪表进行规范检查。检查项目与要点见表 3-3。

表 3-3 仪容仪表检查项目与要点

	检查要点	检查结果及评价
姿态	站姿标准	
面部	干净、精神,面带笑容	
手	指甲干净	

续表

	检查要点	检查结果及评价
服装	穿着工装，整齐、干净	
鞋子	鞋面干净、鞋带系好	
工作牌	佩戴端正	
其他		

2. 文件和工具准备

(1)按工作流程要求检查所有工作单据(预约登记表、问诊预检单、维修委托书、维护表单等)是否齐全。

(2)检查接待前台电脑及打印机的工作状况。

(3)检查对讲机和电话。

(4)察看、整理客户预约登记表，并及时更新客户“预约欢迎板”内容。

(5)提前与预约当日来店的客户进行电话联系，确认客户具体到店时间。如果确认预约客户能够如期而来，可提前准备好问诊预检单，以节省接待洽谈时间。

(6)整理三件套。

3. 工作环境的清洁和整理

(1)每天开始营业前，检查维修出入口、服务顾问区、接待前台、客户休息室和洗手间的卫生。

(2)整理客户休息室，检查并打开音响、影像设备，保证电脑能够正常使用。

(3)报纸、杂志摆放整齐并及时更新，检查并保证饮水机处有水和水杯。

(4)保证客户接待大厅、客户休息室温度适宜，灯光适宜。

(5)全部检查完毕后，各就各位，等待客户光临。

4. 出迎准备

(1)在指定位置站好，准备迎接客户。

(2)带好需要的资料，面带微笑。

(3)在客户到达的第一时间迎接客户。

视频 3-2　接待准备

(二)初步了解客户需求

在主动问候客户后，服务顾问应马上询问客户的需求。这样做的目的是根据客户的需求尽快进行相应安排。了解客户需求的过程称为需求分析。需求分析是顾问式服务过程中非常重要的一环。通过分析客户的需求和期望，可以发掘需求和期望背后的感性和理性购买动机，了解符合客户潜在需求的产品和服务。

1. 需求分析的方法

需求分析的方法主要有提问和积极式倾听。

(1)提问。通过提问可以引出话题，给出对话方向，鼓励客户参与；可以建立客户的信任，使客户有一种被重视、被认同的感觉；可以表示出兴趣与同情，使合作关系更合理。提问分为开放式提问和封闭式提问两种。

开放式提问往往用来收集信息，有助于服务顾问更好地评估客户的需求。问题中可使用下列词语：什么、哪里、何时、怎么样、为什么、谁。例如：您要“什么”样的座椅套？您“何时”取车？“为什么”不想解决减振器异响？异响具体是在“哪里”？

封闭式提问用来询问特定的回答或信息，对理解、确认、阐明主题十分有用。例如：我们“是否”清洗一下节气门？您“今天”取车还是“明天”取车？您“可不可以”告诉我您的联系方式？

(2)积极式倾听。积极式倾听主要指听话不要听一半，不要把自己的意思投射到别人所说的话上；要理解客户的意思，帮助客户找出他们自己的需求。积极式倾听中的技巧主要有探查和复述。

探查是对谈话者所说的话题或听者所关心的话题进行进一步提问，是为了获得更多的信息。

复述主要是将听到的信息反馈给谈话者并表达理解和接受对方的意思。

2. 正确的对话技巧

在需求分析环节，服务顾问要学会运用正确的对话技巧，这样可以有效、快速地沟通，以准确把握客户的需求。

视频 3-3　用户接待

3. 需求分析的关键环节

需求分析的关键环节主要包括：服务顾问是否运用了提问与倾听的技巧，了解客户需求；服务顾问是否向客户建议了服务项目；服务顾问是否说明了维护与维修的好处；当配件库存不足时，服务顾问是否能及时告知客户本企业将以最短时间来订购配件；服务顾问是否想方设法快速而准确地制作报价单；价格是否合理，是否物超所值；服务顾问是否对报价进行了详细的分析，以备应对客户；服务顾问是否对维修进行了估价、估时，并事先提示客户，如有不明白的地方请客户一定问清楚；为了使客户清楚价格以及经营的服务内容，在接待处是否加以明确表示；在受理维修时，服务顾问是否确认了客户的联系方式；报价单有变化时，服务顾问是否事先征得了客户的认可。

4. 需求分析的任务

需求分析的任务是尽可能迅速了解客户此行的目的并做出对应的安排或指引。

5. 需求分析操作步骤与要点

客户到维修站的目的可能是维修、维护、购买精品、购买保险、参加活动、咨询中的一种或几种，了解到客户明确的需求后，服务顾问才能够有效快速地进行指引和安排。询问时应注意聆听，不要强加自己的主观意识，分清客户的主要目的和次要目的，避免思维定式、主次不分。客户有时会忘记不分需求，服务顾问可进行主动提示。

三、车辆问诊和预检

（一）车辆问诊和预检概述

服务顾问在制订维修方案之前需要对客户的车辆进行问诊和预检，通过问诊和预检环节，服务顾问可以更好地获取客户的车辆信息，为正确制订维修方案奠定基础。

1. 问诊和预检的目的

通过问诊和预检可以明确客户的需求，有针对性地制订方案、实施客户关怀，同时有针对性地实施服务营销，还可以为车间的维修技师提供更多、更详细的客户需求及车辆信息，以便更好地完成客户的要求。

2. 问诊和预检的工作要素

问诊和预检的工作要素主要包括将要提供给客户的服务项目进行解释、诚实、履行承诺、倾听要求等。

（1）服务项目的解释。通过问诊和预检，服务顾问要向客户详细地解释相关的服务项目，这样可以消除客户的疑虑和担心。

（2）诚实。在问诊和预检环节，服务顾问要诚实，不要向客户隐瞒或夸大事实。

（3）履行承诺。服务顾问要积极履行在问诊和预检环节给客户的承诺，通过诚信赢得客户的信任。

（4）倾听要求。在问诊和遇见环节，服务顾问要积极倾听客户的要求，同时确认客户的要求。

（二）问诊和预检的基础环节

在问诊和预检时，服务顾问首先要对客户进行快速分析，了解客户的类型、对车辆的了解、驾驶习惯、消费水平等，这样服务顾问才能有针对性地制订方案。

1. 拉近客户关系，收集更有用的信息，便于深入沟通

（1）分析客户的驾驶习惯。如客户是否进行车辆预热、车辆的极限驾驶条件、车辆的日常检查、驾驶人在车辆高速行驶时的驾驶习惯、车辆日常的驾驶人是否确定等。获得故障的背景信息对准确制订方案和保证客户满意十分关键。

（2）对客户车辆的使用条件进行分析。如车辆使用时的路况、车辆用途、日常负荷状况、经常在哪里维护、使用何种零件和机油等。询问和分析车辆的状况对准确找出故障原因是很有帮助的，服务顾问要在问诊和预检环节积极实施分析工作。

2. 展示服务顾问的专业知识和技能，建立客户信心

（1）故障预检。首先对车辆进行环车检查，记录车辆以前的损伤情况，记录所有已经遗失或损坏的部件，发现额外需要完成的工作，提醒客户存放/带走车内的贵重物品，并将检查内容填写到问诊预检单中。

环车检查的顺序如图 3-2 所示。

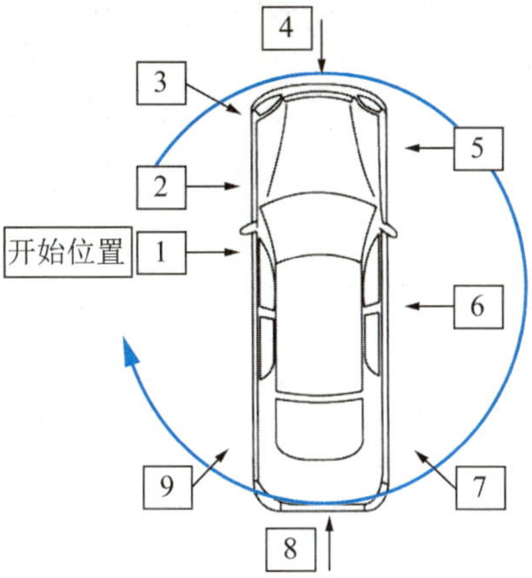

图 3-2 环车检查的顺序

环车检查时，应首先请客户提供维修手册，在征得客户允许后将座椅防护套、脚垫、转向盘防护套等装入车内，然后进入驾驶室内进行检查，检查的具体位置和内容如下：

车内检查。检查杂物箱(注意：杂物箱是客户的私密空间，在打开之前一定要先征求客户的同意)；核实里程数，记录燃油量；检查仪表板和电气设备的工作状况；检查转向盘工作状况；检查前排座椅、仪表台等处是否有客户遗留的贵重物品；检查风窗玻璃的损伤情况；从车里出来之前，释放发动机舱盖拉锁和所有门锁。

车辆左侧车门。检查左前门锁及外观状况；记录左前门、后视镜有无损伤；核实车架号；检查左侧刮水器是否硬化或有裂纹。

车辆左前侧。检查左前翼子板、发动机舱盖有无损伤；检查风窗玻璃的损伤情况；检查左前轮是否有不均匀磨损、裂纹；检查左前轮毂是否有损伤，轮毂盖是否遗失。

车辆正前方。检查前照灯、前雾灯、前保险杠、发动机舱盖、进气格栅及车标；确认车牌；检查发动机舱内的部件(如风扇传动带是否老化，所有油液的存量和质量，机油或冷却液是否泄漏，橡胶软管是否老化，电线是否有磨损、脱落，蓄电池电解液高度等)；若需要进行路试或故障诊断，可请车间主任或维修技师来完成。

车辆右前侧。检查右前翼子板、发动机舱盖、后视镜有无损伤；检查风窗玻璃的损伤情况；检查右前轮是否有不均匀磨损、裂纹；检查右前轮毂是否有损伤，轮毂盖是否遗失。

车辆右侧车门。检查右侧车身的损坏情况；检查右侧前后门的开关锁止状况；检查右侧前后门内饰板、地毯、座椅等是否损坏；检查是否有贵重物品被遗忘在车后座或地板上。

车辆右后侧。检查右后轮胎是否有不均匀磨损、裂纹；检查右后轮毂是否有损伤，轮毂盖是否遗失；检查后风窗玻璃的损伤情况。

车辆正后方。检查行李舱盖、后保险杠是否有损伤；确认车牌；检查尾灯外观；检查后风窗玻璃的损伤情况；检查左后轮是否有不均匀磨损、裂纹；检查左后轮毂是否有损伤，轮毂盖是否遗失；检查车顶。

(2)预检结论和深度检查的建议。根据检查结果可以提出以下三个层面的建议：

重要维修建议。发动机进行大修以恢复性能，更换三元催化转换器。

一般维修建议。保守修复发动机配合间隙和密封状况，清洗被机油污染和造成积碳的相关系统，更换三元催化转换器。

潜在维修建议。使用高品质的机油和性能良好的点火系统。

3. 随时关注客户的动态和心理行为暗示，抓住营销机会

(1)营销沟通。将车辆预检的准确结果如实告知客户，为客户提供不同维修方案，阐明不同维修方案的性价比与社会作用，根据客户的消费倾向选择推荐对客户最有利的维修方案。

(2)营销促进。重点针对某套维修方案向客户进行解释说明，特别是费用关系与利益关系。

(3)客户表态应对。如果客户对服务顾问的描述进行了表态，服务顾问必须及时对客户的选择做出回应。

(4)客户接受营销。如果客户接受了服务顾问的营销，服务顾问要及时进行准确报价、报时，并进行深度预检。在客户接受报价后，服务顾问应努力保证最终价格和最终完工时间都要有利于客户，如有变化要第一时间通知并征得客户同意和认可。

(5)关怀和跟进服务。解决客户问题后，服务顾问应主动向客户介绍适合的驾驶技巧和注意事项。

(6)客户选择再考虑。如果客户选择再考虑，服务顾问要努力帮助客户组合更优惠的方案，并与客户沟通，在保证完好技术条件下建议客户保守维修，保证车辆的正常使用、正常环保排放和正常燃油经济性。

(7)客户选择继续使用。如果客户选择继续使用，服务顾问则应采取关怀跟进，定期跟踪并告知客户对机油量的检查时刻和技巧，避免客户更大损失，同时告知客户处理危机的正确方式。

(三)填写问诊预检单

问诊预检单是客户与企业之间的重要文件，确立了企业与客户之间的契约关系。服务顾问必须认真填写，填写完成后由服务顾问与客户签字认可方为有效文件。某维修企业问诊预检单见表 3-4。

表 3-4　问诊预检单

客户姓名：________　电话：________　车型：________　车辆识别号：____________

车牌：____________　里程(km)：______　来店时间：________　____年____月____日____时____分

客户陈述及故障发生时的状况：   故障发生状况提示：行驶速度、发动机工况状态、发生频率、发生时间、部位、天气、路面状况、声音描述等。

续表

<table>
<tr><td colspan="3">初步检测结果及维修建议：

服务顾问：　　　　技术员：</td></tr>
<tr><td colspan="3">维修维护项目及更换零部件：

确认人：
预计交车时间：　/　/　　预计材料费用：　　工费：　　合计：</td></tr>
<tr><td>外观确认：
</td><td>备注</td><td>功能确认：（工作确认√ 不正常×）
□音响系统　□点烟器　□中央门锁　□防盗器
□后视镜　□天窗　□四门玻璃升降
物品确认：(有√　无×)
□贵重物品提示　□灭火器
□工具　□千斤顶　□备胎
□其他(　　　)
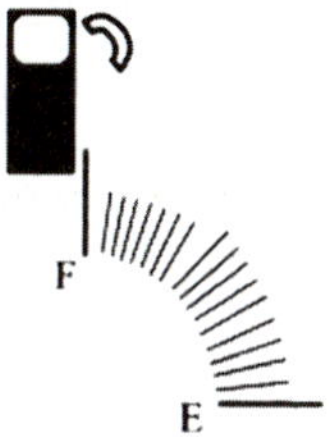
旧件交还客户　□是　□否
洗车□是　□否</td></tr>
<tr><td colspan="3">检查费用说明：本次检查出的故障如客户在本店维修，检查费用包含在维修费用内；如不在本店维修，请支付检查费，本次检查费：　元。预计费含检查费、工费、材料费。结账时按实际发生额计算。
贵重物品：在将车辆交给本店检查修理前，已提示将车内贵重物品自行收起保存好，如有遗失，本店不负责。
服务顾问：________　维修工组：________　客户确认：________</td></tr>
</table>

1. 问诊预检单的重要性

问诊预检单记录了服务顾问与客户之间的沟通情况，可以避免可能出现的误解；将客户的要求进行了详细而清楚的说明，可以有效地帮助维修技师提高修复率；记录了企业和客户在维修时间和预期费用方面达成的协议，有助于后期双方发生争议的解决；还可作为企业保修费用和零部件存货的审计依据。

2. 问诊预检单的主要内容与信息填写

车辆牌照号、客户姓名及联系方式、车型、车辆识别号、行驶里程、准确记录油表刻度位置、受理日期及接受时间、修理种类、故障描述等，环车检查时要把车辆所有严重明显的损伤记录到问诊预检单中。

（四）维护种类及内容

车辆销售给客户以后，由于每个人的驾驶方式和每辆车的行驶条件各不相同，因此，4S 店根据客户的车辆特性、使用年限、行驶里程、配置和使用条件制订了专门的维护规范。

各汽车品牌一般有其授权的服务站进行车辆维护，客户可以借此得到高水平的专业化服务，从而保证车辆正常运行，延长使用寿命，同时减少维修次数并降低使用成本。车辆的维护包括首次维护和定期维护。

1. 首次维护

首次维护是客户购车后按规定的里程或使用时间第一次到授权服务站对车辆进行检查和调整，是为了保证汽车正常顺利运行而强制性实行的维护。首次维护将对车辆的各种液位进行检查，同时还要检查车辆运行是否正常。根据新车质量担保规定，首次维护是车主享受质量担保的必要条件，在质量担保期内的任何担保，车主必须出示新车质量担保证明和首次维护证明。

（1）首次维护的时间和里程

车辆的首次维护是根据车辆的使用时间和行驶里程确定的，不同的品牌或者同一品牌装配不同发动机车辆首次维护的时间和里程不同。

（2）首次维护的内容。首次维护的内容见表 3-5。

表 3-5　首次维护的内容

	检查的内容	要点
液面检查	1. 发动机机油液面检查 2. 冷却液液面检查 3. 动力转向油液面检查 4. 制动液液面检查 5. 风窗玻璃清洗液液面检查	检查液面的高度，在确保无异常泄漏的情况下，对液面高度不符的油液进行适量的添加
故障码读取和重新初始化	使用诊断仪检查车上各系统电脑的故障记录并进行故障排除	1. 读取电脑记录（依装备而定） 2. 排除故障后删除记录 3. 检查记录删除结果
检查和调整	1. 各防尘罩的状况 2. 管路、发动机与变速器壳体的密封性和状况（发动机舱和车辆底部） 3. 轮胎状况（磨损状况，气压和拧紧力矩）	1. 检查管路时必要的操作：管路应做适当清洁；摇动接头处，检查是否松旷 2. 有问题的地方应立即通过服务顾问向客户指出 3. 给压力不足的轮胎充气或给压力过高的轮胎放气 4. 按规定的拧紧力矩拧紧车轮螺栓

2. 定期维护

定期维护是指客户车辆按一定的行驶间隔里程或使用间隔时间，定期到授权服务站对车辆进行检查和维护。定期维护包括更换发动机机油和机油滤清器等项目。

(1)定期维护的意义

车辆的技术性能随着行驶里程的增加以及各种环境因素的影响而发生变化，技术性能变差会导致车辆的动力性、经济性和可靠性逐渐变差。客户定期回到授权服务站，服务站按标准的规范对车辆进行维护和检查，可以及时更换易损、易耗件，发现和消除早期的故障隐患，防止故障的发生或损坏的扩大，恢复车辆的性能指标，提高车辆的完好率，有效地延长汽车的使用寿命。

(2)定期维护的时间和里程

在正常使用条件下，新车行驶了规定的里程或时间后，应当进行定期维护；在非正常使用条件下，建议定期维护里程或时间减少50%，以先达到者为限。非正常使用条件是指：用于租赁等营运性质活动，或用于比赛竞技、表演娱乐、军事行动、被征用等用途；在炎热的地区行驶(温度经常超过30℃的地区)；在寒冷的地区行驶(温度经常低于－15℃的地区)；在充满尘土的道路或地区行驶(如施工工地、沙漠等)；经常短距离行驶(发动机温度常达不到90℃)；使用不符合本品牌所建议的润滑油或使用质量差的燃油(含硫量超过500mg/L)。

定期维护的里程以里程表的读数为准(包含首次维护的里程)。例如，某车辆首次维护里程为7500千米，定期维护间隔里程为15000千米时，当车辆行驶7500千米进行首次维护后，再行驶7500千米，即里程表读数为15000千米时，进行第一次定期维护，以后每行驶15000进行一次定期维护。

(3)定期维护的规范

在定期维护中，所有车型使用统一的质量担保和维护手册，维护操作提倡两个维修工配合检查。

(4)定期维护的内容。定期维护相关项目见表3-6。

表3-6　定期维护相关项目

一、车辆在举升机底部			
左侧		右侧	
1	引导车辆就位	1	接受服务顾问的单据后进入车内
2	外部灯光、喇叭检查(检查指示)	2	外部灯光、喇叭检查(开关的操作)
3	刮水器检查(前后刮片检查、喷嘴调整)	3	刮水器检查(开关的操作)
4	铺挂前翼子板防护罩	4	维护提示初始化
5	离合器踏板行程检查(依据车型)	5	离合器踏板行程检查(依据车型)
6	蓄电池检查(发动机舱)	6	蓄电池检查(内部操作)
7	检查机油液位后，拧松或拆下机油滤清器	7	内部灯光、仪表检查，电气设备功能键检查
8	冷却液检查	8	用诊断仪读取、删除故障码

续表

9	制动液检查	9	检查转向盘高度，座椅固定及功能调节检查
10	助力转向液检查	10	检查车门开关和安全带，润滑车门铰链
11	补充风窗玻璃清洗液	11	拧松车轮螺栓(着地时)
12	空气滤清器清洁或更换	12	驻车制动检查(着地时)
13	通风管、油气分离器清洁(依据车型)	13	拆下前/后轮胎
14	座舱空气滤清器清洁或更换	14	拆下(拿出)备胎
15	上部管路和发动机、变速器密封检查	15	记录检查项目
二、车辆在举升机中部			
16	检查前减振器密封	16	检查前减振器密封
17	检查制动器附近防尘套密封	17	检查制动器附近防尘套密封
18	检查制动器附近球铰间隙(依据里程)	18	检查制动器附近球铰间隙(依据里程)
19	检查制动器附近制动管路	19	检查制动器附近制动管路
20	检查制动盘(鼓)、制动片(蹄)	20	检查前后轮胎和备胎
21	检查前后轮胎	21	记录检查项目
三、车辆在举升机顶部			
左侧		右侧	
22	拆卸下护板、机油滤清器，排除发动机机油	22	排气管检查
23	下部管路和发动机、变速器密封检查	23	中后部管路检查
24	下部防尘套(包括转向齿条)检查	24	检查后减振器
25	下部球铰间隙检查(依据里程)	25	检查后桥轴承及密封状况
26	安装拧紧机油滤清器(依据车型)	26	修理或更换轮胎
27	安装拧紧放油螺塞	27	可协助 A 检查
28	检查调整附件、传动带	28	协助 A 检查
29	安装下护板	29	记录检查项目
四、车辆在举升机底部			
30	安装车轮(左侧)		安装车轮(右侧)
31	安装拧紧机油滤清器(依据车型)		拧紧车轮螺栓(着地，拧紧全部)
32	更换火花塞(依据里程)		检查调整轮胎气压(着地)
33	检查调整气门间隙(依据车型和里程)		—
34	加注检查发动机机油		发动机车辆配合检查
35	检查发动机舱油液泄漏情况		—
36	清洁发动机舱		填写检查记录

续表

五、车辆保持在举升机上
检验员抽检 3 项
六、车辆离开工位
检验员路试并检查仪表动态

注：维护操作一般由 A、B 两个维修人员配合。

四、制单及派工

(一)作业流程

制单及派工的作业流程如图 3-3 所示。

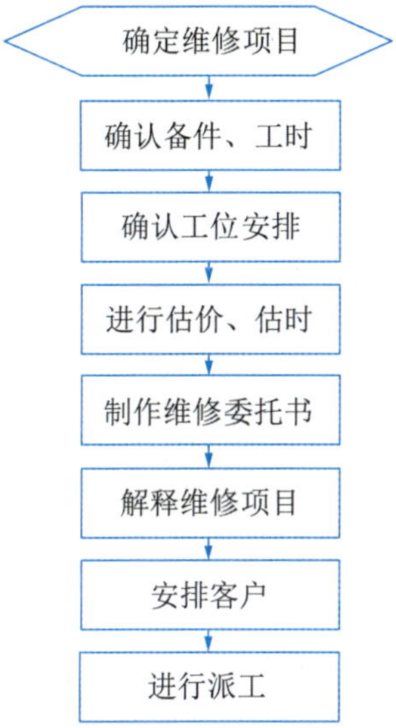

图 3-3　制单及派工的作业流程

1. 确定维修项目

根据问诊预检单所记录的车辆故障，确定大致的维修项目，并登记到维修委托书上。

2. 确认备件、工时价格

根据维修项目，与库房沟通确认备件是否有库存，价格是否有变化，如果没有库存最短的补货期是多长时间等。

3. 确认工位安排

与车间主管进行沟通，确认工位，并预计维修时间。

4. 估计与估时

服务顾问根据已了解到的信息，对维修项目进行估价与估时。

5. 制作维修委托书

根据所获得的信息，利用计算机售后服务管理系统制作维修委托书。

6. 解释维修项目

向客户解释维修项目的必要性，为下一步维修服务的开展奠定基础。

7. 安排客户

根据客户的意愿安排好客户，并告知对方大致的维修竣工时间。

8. 进行派工

将车辆与维修车间进行交接，并填写好维修作业管理看板。

（二）估价与估时

对即将维修的车辆进行估价、估时是服务顾问的重要工作任务之一，做好这项工作需要对材料费用、工时费用、维修作业标准时间、备件供应时间等情况有清楚的了解，并且能够根据客户类型采用适当的方法进行解释和说明。

1. 估价

车辆维修的费用通常有材料费用、工时费用及其他费用。

（1）材料费用估算。材料费用是指在车辆维修过程中更换、修理零配件以及使用耗材所产生的费用。零配件和原材料的价格取决于实际购入价格和合理的进销差率。进销差率由维修企业自行确定，并按规定告知客户。

（2）工时费用估算。工时费用是指维修工人在维修时需要的时间和费用。在实际工作中，汽车维修企业对外多以工时定额及单价向客户计费，对内则多将完成的定额工时作为班组或技工个人计核其提成收入的依据。

工时费用的计算公式是：工时费用＝工时定额×工时单价×该车型的技术复杂系数（车型技术复杂系数有的地区未采用）

（3）外加工费用。外加工是指受本企业有关技术条件限制，在维修过程中需委托其他企业进行加工或制造的零配件，如在维修中进行喷镀、电镀、热处理、安装生活电器（如音响、电视、冰箱）以及实施特殊加工工艺等，其费用按外加工单位发票金额为准。凡属于规定的维修项目的，一律不得以外加工形式重复收费。

2. 估时

维修作业时间不仅与客户所感受到的服务质量有关，而且与企业的业务额成比例。因此，能否准确地估算时间是服务顾问的专业技能之一。

维修作业时间与工时不同，维修作业时间是客户车辆维修的时间，而工时则是车辆维修劳动量的测定方式。维修作业时间由主体作业时间和准备时间组成，如图 3-4 所示。

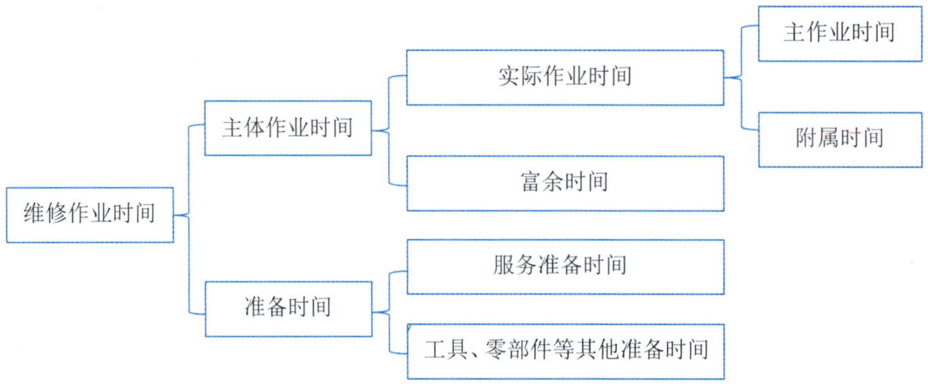

图 3-4 维修作业时间的组成

在实际工作中，维修作业时间的估算与企业的作业流程控制水平、服务顾问的接待能力、维修技师的技术、备件供应的及时性有关，上述因素的不确定性会给服务顾问估算维修作业时间带来极大的难度。因此，在估算时间时，服务顾问首先要告知客户预估的时间并不是确定值；其次要综合考虑企业确定的维修作业标准时间、备件供应时间、洗车所需时间以及维修作业排队等候时间等。

(三)制作维修委托书

服务顾问进行完估价、估时环节的内部作业后，就需要打印维修委托书并向客户解释维修服务项目，同时需要确认维修项目。

1. 维修委托书的主要内容

维修委托书样式见表 3-7。

表 3-7　维修委托书

服务顾问		开单时间		约定取车时间	
客户姓名		VIN			
联系电话		牌照号		车型	
电子邮箱		发动机号			
联系地址					

<table>
<tr><td rowspan="3">功能确认：(正常√　不正常×)
□音响系统　□点烟器　□中央门锁
□防盗器　□后视镜　□天窗
□四门玻璃升降　□其他(　　)
物品确认：(有√　无×)
□贵重物品提示　□灭火器　□工具
□千斤顶　□备胎　□其他(　　)</td><td rowspan="3">客户签字</td><td>维修授权</td></tr>
<tr><td></td></tr>
<tr><td>结算取车</td></tr>
</table>

序号	维修技师	工时	维修内容	工费(保修)	工费(客户)
1					
2					
工时费用小计(元)					

序号	配件和辅料名称或代码	类别	材料费用(保修)	材料费用(客户)
1				
2				
材料费用小计(元)				
其他				

<table>
<tr><td rowspan="2">结算</td><td rowspan="2"></td><td rowspan="2">费用总计(元)</td><td>保修</td><td>客户</td></tr>
<tr><td></td><td></td></tr>
</table>

2. 维修委托书的作用

（1）维修委托书是客户与企业之间在维修和预期费用方面达成的协议，它明确了双方在维修服务过程中的权益，如果双方发生争议，维修委托书是具有法律效力的重要文件之一。

（2）维修委托书记录了维修企业对客户车辆故障处理的详细说明，是维修技师对车辆进行维修的依据。

（3）维修委托书是企业内部的重要管理文件，通过维修委托书可以对维修技师的工作进行考核，从而有助于确定维修技师的薪资。

（4）维修委托书是企业的维修费用和零部件存货的审计依据。

视频 3-4　维修确认

3. 确认维修委托书

维修委托书打印完成后，服务顾问要向客户逐项解释维修项目，并告知客户预计费用。

（1）如果客户对维修项目及费用提出异议，服务顾问要向客户解释维修的必要性，但是否维修的决定权在客户。如果客户不予维修，则服务顾问应在维修委托书上注明不予维修。

（2）如果备件不能准时供应，则服务顾问要向客户解释，告知备件所需的供货周期，并将客户转为预约作业客户进行管理。如果备件价格较贵，则服务顾问应向客户收取押金，再将客户转为预约客户。如果客户要求时间紧急，则可考虑从关系较好的企业调货或加急。

（3）服务顾问要告知客户预计维修时间，预计维修时间包括排队等候时间、维修作业时间与洗车时间。在进行维修时间的解释时，三个时间段应逐一介绍。其中排队等候时间为可控时段，如果客户不愿等，则服务顾问可与客户协商，将其转为预约客户。维修作业时间为不可控时段，服务顾问要告知客户如果维修项目出现变更，则时间也随之变化。洗车时间为可控时段，服务顾问要征求客户意见确定其是否洗车。

（4）服务顾问要告知客户此时的费用和时间均为预计，维修过程中如果有变化，会与客户及时进行协商。

（5）服务顾问要询问客户付款方式，服务顾问要告知客户有关付款方式的规定，以免作业完成后由于付款方式的问题产生争议。

（6）维修委托书一式三联，客户与服务顾问均签字方可生效。

（四）派工流程

在派工过程中要确保维修任务分配均衡，合理利用维修时间，不应出现同工种不同班组工作量差异过大等现象；对于某些车辆要考虑优先安排；要了解维修工作类别、工作复杂程度及标准作业时间。派工的流程如图 3-5 所示。

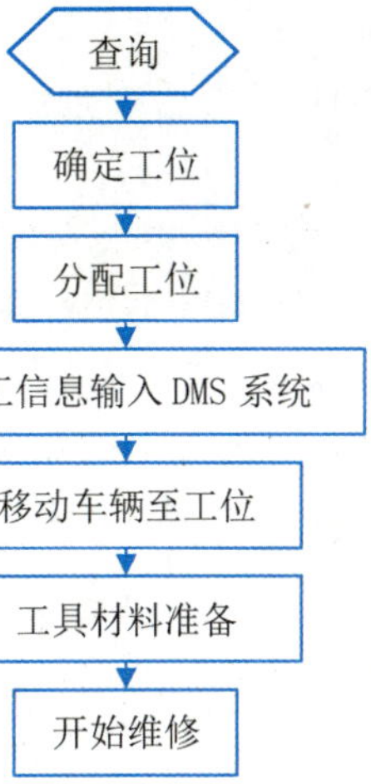

图 3-5　派工流程

五、跟踪服务及完工检查

服务顾问要准确掌握维修作业状态，对维修进度进行监控，以保证维修作业能按时完成。维修进度监控主要从维修作业流程、维修作业管理看板和及时沟通三个方面着手。维修作业结束后，应进行维修竣工检验，竣工检验合格后再进行一系列交车前的准备工作，包括车辆清洁、整理旧件、完工审查和通知客户取车等。

（一）维修作业流程

维修作业流程如图 3-6 所示。

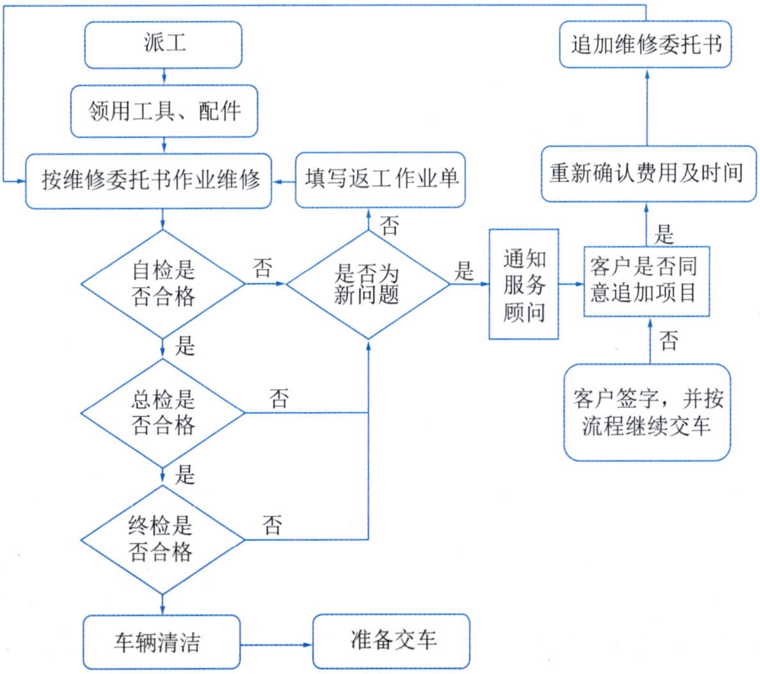

图 3-6　维修作业流程

在跟踪作业时要注意三个时间段。

(1)开工半小时左右服务顾问要注意检查进度,因为维修技师检查出新的问题,或者备件供应出现意外均在这一时段。

(2)预计时间过半时要确认维修是否进入自检环节,观察并询问维修技师是否有意外情况发生。因为这一时段就能大概判断是否能够按时交车。

(3)接近预计时间要进行跟踪,因为此时多数车辆已进入竣工检验期,服务顾问此时进行跟踪有利于在接下来的交车环节占据主动地位。

(二)有效利用维修作业管理看板

维修作业管理看板是企业现场管理的重要手段之一。多数采取现代化管理方式的维修服务企业设有维修作业管理看板(表 3-8)。车间主管、维修技师、服务顾问可通过维修作业管理看板实现可视化沟通,从而减少可能出现的生产组织混乱。

表 3-8 维修作业管理看板

序号	维修技师	维修委托书编号	接车时间	车牌号	维修状态	预计交车时间	服务顾问	备注

(1)服务顾问在将维修委托书交给车间主管指定的维修小组后,随即将相关信息登记到维修作业管理看板上。

(2)维修作业管理看板由服务顾问填写,有条件的企业可以采用电子显示屏。

(3)维修作业管理看板的作用在于实时管理,因此,如果作业有变化,一定要及时予以更新。

(4)同一组作业时间在衔接安排上要留有 15 分钟左右,以避免意外状况的发生。

(三)定时巡查,及时与车间沟通

服务顾问通过巡查的方式,了解维修进度,并主动与车间主管、维修技师和索赔员进行沟通。

1. 定时巡查

通常服务顾问每隔一小时到车间巡查一次,巡查的主要目的是:

(1)了解所派业务车辆维修进度如何;

(2)与维修技师沟通,了解故障排除情况以及有无增加的服务项目;

(3)与车间主管沟通,了解排队客户的派工情况,是否可以承受增加的维修任务等;

(4)及时将客户增加的服务项目告知维修技师,以免发生服务漏项;

(5)及时将在巡查过程中发现的维修技师不符合要求的维修操作方式反馈给车间主管,以免发生意外;

(6)如果客户的故障车辆在保修期内,服务顾问还需与索赔员进行沟通,了解客户车辆的索赔情况。

2. 必须巡查的两个阶段

如果服务顾问工作较为繁忙，那么最少在下面的两个时段到车间巡查。

(1)上午 11:00。此时车辆维修情况比较明朗，早上进来维修的车辆，有些已经基本修好，有些可能仍在等待零件，因此可以大体了解车辆维修作业的情况。

(2)下午 2:00～3:00。此时大部分工作都应该完成了，与车间沟通可以知道是否能够正点交车。如果不能正点交车或者出现意外情况，可以在这个时候及时通知客户。如果通知客户太迟，将会影响客户的满意度。

(四)服务增项的处理

服务增项的作业流程如图 3-7 所示。

1. 维修过程控制

在维修服务过程中，服务顾问要随时查看维修进度，了解客户需求，以便为客户提供相应的服务。

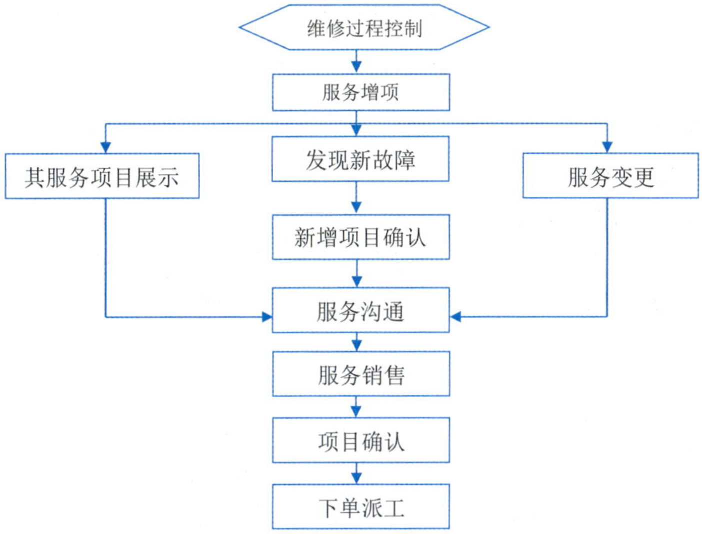

图 3-7　服务增项

2. 服务增项

在客户等待期间，如果维修技师发现有新增的维修项目，或者客户在等待过程中有了新的需求或变化，相关工作人员要及时告知服务顾问。

3. 新增项目确认

服务顾问要对新增的维修项目或关联服务进行核实，如备件是否有货、维修时间是否变更、新增的项目是否必需。新增的维修费用有多少、关联服务是否能够准确提供等，确认相关问题后，服务顾问方可与客户沟通。

4. 服务沟通

服务顾问要运用恰当的沟通技巧，将需要与客户沟通的信息传递给客户。咨询客户时，要礼貌；说明增加项目时，要从技术上做好解释工作，事关安全时要特别强调利害关系；要冷静对待客户此时的抱怨，不可强求客户，应当尊重客户选择。

5. **服务销售**

服务顾问在服务沟通过程中，要准确把握客户的需求心理，说明服务项目的必要性以及增加的项目费用，从而为实现销售奠定基础。

6. **项目确认**

无论是哪一类服务项目，服务顾问只能向客户推荐，而决定权在客户，服务项目只有通过客户的确认并在相关单据签字后才能实施。

7. **下单派工**

客户进行项目确认后，服务顾问可向相关服务提供部门下达维修委托书。

视频 3-5　车辆维修

（五）竣工检验

1. **竣工检验的内容**

竣工检验包括质量检查、车辆清洁、整理旧件以及完工审查 4 个方面。

（1）质量检查。质量检查有助于发现维修过程中的失误和验证维修的效果。质量检查也可对维修人员的考核提供基础依据。质量检查是维修服务流程中的关键环节。

（2）车辆清洁。维修结束之后，应该对车辆进行必要的清洁，以保证车辆交付给客户时维修完好、内外清洁、符合客户要求。

（3）整理旧件。如果维修委托书中显示客户需要将旧件带走，则维修人员应将旧件擦拭干净，包装好，放在车上或放在客户指定的位置，并通知服务顾问。

（4）完工审查。承修车辆的所有维修项目结束并经过检验合格之后，服务顾问应进行完工审查。完工审查的主要工作是核对维修项目、工时费用、配件材料数量，材料费用是否与估算的相符，完工时间是否与预计的相符，故障是否完全排除，车辆是否清洁，旧件是否整理好。审查合格后通知客户交车。

2. **竣工检验的实施规范**

（1）所有维护或维修的车辆出厂时，都必须由总检验员进行总检（专职检验），检验合格后，车辆方可出厂。

（2）按照维修委托书中的项目逐项检查，确保所有的项目均已完成。

（3）按照客户描述的情况进行检查，必要时进行路试，确保故障现象消除。

（4）依据维修委托书上关于车辆状况的记录，检查作业过程中外观。内饰、物品等有无损伤和遗失等。

（5）总检验员应在维修委托书上记录不合格情况，如可以当时采取措施纠正，则就地解决，解决后签名确认；否则签名后将维修委托书交与车间主管重新派工，计入内部返修车辆。

（6）对于由技术水平导致的内部返修车辆，车间主管应将工作安排给技术更高的班组。

视频 3-6　维修质检

(7)总检验员应将检验结果反馈给班组，以提高班组的技术水平，防止再次出现同样的问题。

(8)只有质检合格，总检验员在维修委托书上标注并签字后，车辆才可以驶出车间。

(9)返修车辆对客户满意度的负面影响非常大，因此必须严格控制质检环节，一般车辆返修率应控制在5%以内。

3. 竣工检验的流程

竣工检验的流程如图3-8所示。

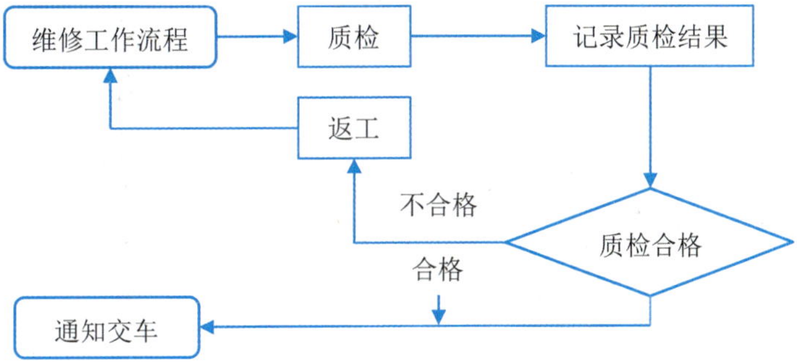

图3-8　竣工检验的流程

六、结算及车辆交付

结算是在承修车辆竣工交付时，由承修方对车辆维修所发生的工时费、材料费、外加工费以及其他费用进行统计计算，并向托修方收取全部费用的过程。在交车时，客户希望服务顾问能够清楚地解释费用组成，并将完好的车辆交到自己手中。可见，维修完成后的费用结算、维修内容解释和完善的交车服务同样重要。

视频 3-7　维修结算

(一)结算及车辆交付工作流程

结算及车辆交付工作流程如图3-9所示。

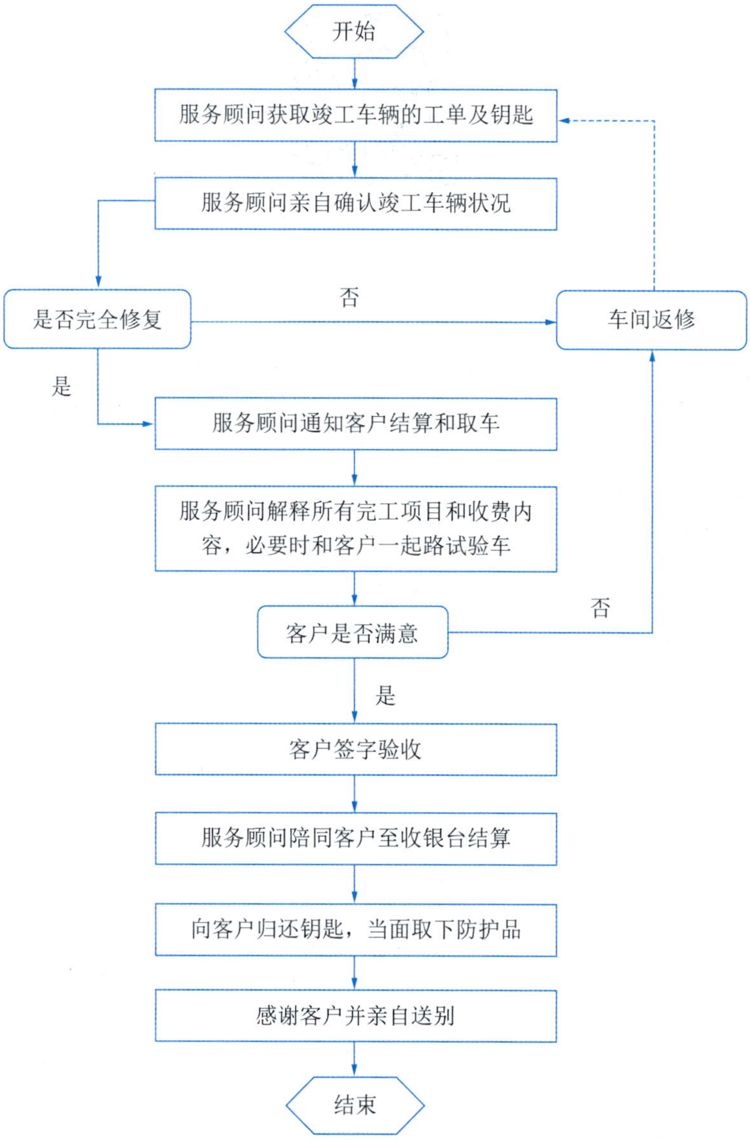

图 3-9　结算及车辆交付工作流程

(二)结算及车辆交付注意事项

1. 在服务过程中,制作结账清单就是确定收费的过程。良好的计费应达到以下三个目标：

(1)精确。服务顾问应在估价范围内计算费用;服务顾问和结算项目不得超出经营范围;统计准确,计算方法正确,不错收、漏收和重复收。

(2)迅速。当车辆修好后,收款单也应马上准备好。

(3)清楚。客户能够从结账清单中很容易地了解维修服务企业做了哪些工作,用了什么零件,这些工作和零件收费多少。

2. 服务顾问应在客户交款前与其沟通，如果做不到，那么至少要在客户离开之前与其交流。

3. 服务顾问应对维修项目和维修费用进行解释。

4. 服务顾问应回答客户的任何问题，并对客户在维修或费用方面所存在的不满立即做出相应的解释。

5. 服务顾问应把必要的附加服务通知客户。

6. 服务顾问应对客户来店进行车辆维修或维护等表示感谢。

7. 整个服务过程，服务顾问应有礼貌、乐于助人、友好热情。

8. 送别客户，陪同客户到停车场。

视频 3-8 车辆交付

七、维护客户回访

（一）回访的目的

1. 汽车维护服务属于频次消费，一次维护的结束并不代表服务的终止。通过回访，请客户评价企业的服务情况，表达企业对客户的关心，从而加强客户对企业的印象，增进服务顾问与客户之间的关系。

2. 通过回访，及时发现服务过程中存在的不足，及时与客户沟通其不满意之处，消除分歧，避免客户将不满传播或不再惠顾，提升客户对企业服务的满意度。

3. 通过回访，解答客户在车辆使用过程中的疑难问题，从而使企业具有主动性，有利于企业培养稳定的忠诚客户群。

4. 通过回访，可以发现新的服务机会，进行新的服务预约，完成企业的闭环服务作业。

（二）回访的流程

当客户取车离店后，维修企业应在三日之内进行回访。回访是维修服务流程中的最后一个环节，属于与客户接触、沟通和交流的环节，一般通过电话访问的方式进行。如果通过电话无法联系到客户，应在第四天向客户发出信函进行回访。服务顾问应严格按照电话礼仪的要求，正确问候及称呼客户，询问客户是否有时间接受回访，并告知回访所需的大致时间；要回避客户休息时间、会议及活动高峰期，可在 9:00～11:00 或 16:00～18:30进行回访；语言表达要清楚明了，语速不要太快，一方面给没有准备的客户时间和机会回忆细节，另一方面避免客户觉得服务顾问很着急；如果与客户约定了回访时间，要严格遵守，否则效果将适得其反。回访的流程如图 3-10 所示。

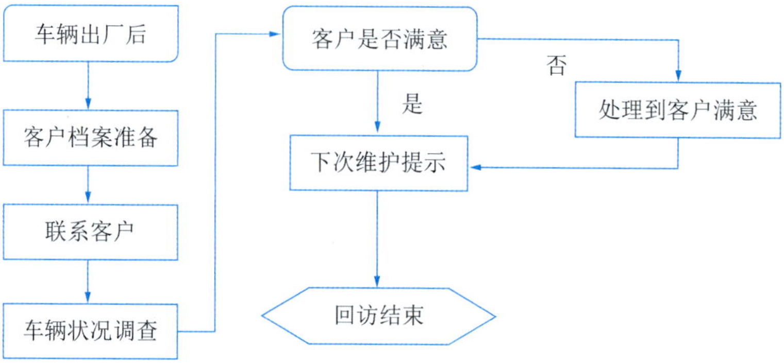

图 3-10　回访的流程

(三)回访的主要内容

1. 满意度调研

(1)服务顾问请客户对企业的服务进行评价,包括整体服务情况、维修维护情况,服务顾问的服务水平、客休区服务、维修费用等问题,并注意做好回访记录。

(2)了解车辆使用情况,解答客户疑问。对不能解答的问题,要做好记录,并与客户约定反馈时间。

客户满意度回访单见表 3-9。

表 3-9　客户满意度回访单

	提　问	回答	
		是	否
1	是否当面检查车辆		
2	是否按约定时间交车		
3	是否通知交车延误		
4	所做工作与要求是否一致		
5	是否因什么原因没有支付费用		
6	是否预估了费用		
7	是否认可预估费用		
8	是否已解释工作内容		
9	是否希望得到工作解释		
10	是否提供车辆维护方面的建议		
11	是否因为同一问题进行返修		
12	是否在交车前对车辆进行清洗		

2. 投诉处理

服务顾问如果遇到客户投诉，首先要真诚地道歉，然后认真地将客户的投诉内容如实记录到投诉处理单上，表示对客户的同情，告知客户会立即联系相关人员进行处理，并告知客户反馈时间。

3. 主动邀约

(1)服务顾问根据客户档案对近期内车辆需要维护的客户进行服务提醒，邀请客户来店维护。

(2)如果企业近期内有促销活动，服务顾问可以根据客户档案对符合参加促销活动条件的客户进行主动邀约。

视频 3-9　用户回访

4. 关爱问候

服务顾问根据客户档案，在节假日或对客户而言很重要的日期(如生日、结婚纪念日等)对客户进行关爱问候，以体现企业对客户的重视及关爱。

服务顾问应做好回访记录，作为质量分析和客户满意度分析的依据(回访记录表见表 3-10)。回访中如果发现客户有强烈的抱怨和不满，应耐心地向客户解释，说明原因并及时向服务经理汇报，在一天内调研清楚情况，给客户一个合理的答复，以平息客户抱怨，使客户满意，不可漠然处之。

表 3-10　回访记录表

日期：______________　　　　　　　　　　　　　　　　　　　(保存期一年)

序号	客户姓名	车牌号	联系电话	维修单号	出厂时间	车辆使用情况	工作人员态度	工作人员效率	工作人员业务水平	满意度

【任务实施】

活动 1　计划制订

客户李先生的车已经行驶 50000 千米，需要到店进行车辆定期维护。请根据日常维护业务接待流程要点，制订客户预约、客户接待与接车、车辆问诊和预检、制单及派工、跟踪服务及完工检查、财务结算及车辆交付、维护客户回访等工作计划。

____

____

____

活动 2　实施计划

1. 客户预约

某 4S 店服务顾问小张通过查询店内系统发现客户李先生距上次来店进行车辆维护已经 3 个月了，预计其车辆至今已经行驶了 50000 千米。于是小张致电李先生，提醒其按期来店维护。李先生预约周天下午 3 点到店。

(1)请根据材料的内容，设计预约致电话术，完成下表(见表 3-11)。

表 3-11　预约致电话术

小张：	李先生：
小张：	李先生：
小张：	李先生：
小张：	李先生：
小张：	李先生：
小张：	李先生：

(2)请根据材料的信息，填写预约登记表(见表 3-12)。

表 3-12　预约登记表

服务顾问：__________　　　　　　　　　　　　________年________月________日

<table>
<tr><td colspan="4">客户基本情况</td></tr>
<tr><td colspan="2">客户姓名：</td><td colspan="2">联系电话：</td></tr>
<tr><td colspan="2">车型：</td><td colspan="2">行驶里程：</td></tr>
<tr><td colspan="2">车牌号码：</td><td colspan="2">上次进站日期：</td></tr>
<tr><td colspan="4">预约情况</td></tr>
<tr><td>预约进站时间</td><td>年　月　日　时　分</td><td>预约交车时间</td><td>年　月　日　时　分</td></tr>
</table>

续表

预约内容	
客户描述：	
故障初步诊断：	
所需配件(零件号)、工时：	
维修费用估价：	
客户其他需求：	
预约上门取车时间	年 月 日 时 分
预约上门交车时间	年 月 日 时 分
取车人/交车人签名：	客户或交接人签名：
备注	

(3)根据预约登记表与客户确认预约情况，如果服务顾问小张使用的是短信确认的方式，请写出预约短信的内容。

2. 客户接待与接车

周天下午3点客户李先生准时到达4S店，服务顾问小张在接待李先生之前需要做哪些准备？

3. 车辆问诊和预检

(1)客户李先生预约后，周天下午3点带着维护手册如期到达4S店进行车辆维护，车型为一汽大众迈腾，车辆里程表显示数值为50000千米，服务顾问小张接待了李先生，准备进行车辆问诊工作。

请设计出小张和李先生沟通的完整话术，完成下表(见表3-13)。

表3-13 问诊话术及注意事项

客户期望	问诊话术	注意事项
1. 如果含备件费在内的费用低于500元，则李先生接受这项服务 2. 李先生希望3小时后取车 3. 李先生想用会员卡支付，这样可以享受工时费8.8折的优惠 4. 李先生没有其他担心问题		

(2)环车检查过程中,小张对李先生的车辆进行了详细的检查。请总结出小张与李先生对车辆进行互动检查时的检查内容,并设计出检车情况说明的话术,完成下表(见表3-14)。

表 3-14　互动检查

	位置	检查内容	话术
1	车内		
2	左侧车门		
3	左前侧		
4	正前方		
5	右前侧		
6	右侧车门		
7	右后侧		
8	正后方		
9	左后侧		

(3)将小张和李先生环车检查的相关信息记入问诊预检单(见表 3-15)。

表 3-15　问诊预检单

客户姓名:__________　电话:__________　车型:__________　车辆识别号:__________________
车牌:______________　里程(km):______　来店时间:________　____年____月____日____时____分

客户陈述及故障发生时的状况:

故障发生状况提示:行驶速度、发动机工况状态、发生频率、发生时间、部位、天气、路面状况、声音描述等。

初步检测结果及维修建议:

服务顾问:　　　　　　技术员:

续表

维修维护项目及更换零部件：

确认人：

预计交车时间：　/　/　　　　预计材料费用：　　　　工费：　　　　合计：

外观确认：

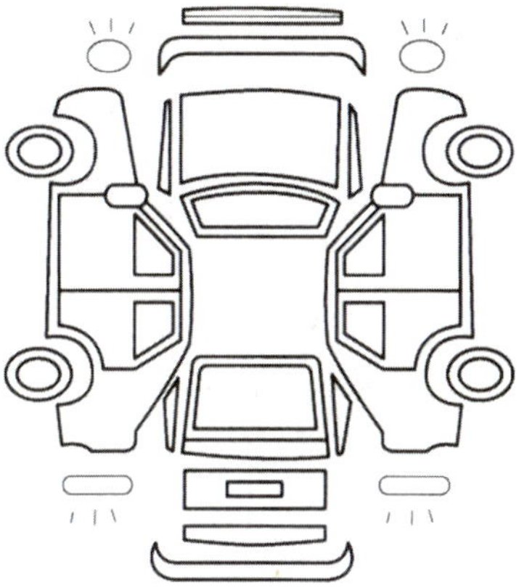

备注

功能确认：（工作确认√ 不正常×）

□音响系统　□点烟器　□中央门锁　□防盗器

□后视镜　□天窗　□四门玻璃升降

物品确认：(有√　无×)

□贵重物品提示　□灭火器

□工具　□千斤顶　□备胎

□其他（　　　　）

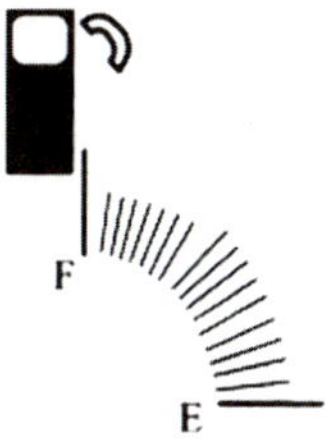

旧件交还客户　□是　□否

洗　　　车　□是　□否

检查费用说明：本次检查出的故障如客户在本店维修，检查费用包含在维修费用内；如不在本店维修，请支付检查费，本次检查费：　　元。预计费含检查费、工费、材料费。结账时按实际发生额计算。

贵重物品：在将车辆交给本店检查修理前，已提示将车内贵重物品自行收起保存好，如有遗失，本店不负责。

服务顾问：________　维修工组：________　客户确认：________

4. 制单及派工

根据客户需求和车辆预检情况填写维修委托书（见表 3-16）。

表 3-16　维修委托书

服务顾问		开单时间		约定取车时间	
客户姓名		VIN			
联系电话		牌照号		车型	
电子邮箱		发动机号			
联系地址					

功能确认:(正常√　不正常×) □音响系统　□点烟器　□中央门锁 □防盗器　□后视镜　□天窗 □四门玻璃升降　□其他(　　) 物品确认:(有√　无×) □贵重物品提示　□灭火器　□工具 □千斤顶　□备胎　□其他(　　)	客户签字	维修授权 结算取车

序号	维修技师	工时	维修内容	工费(保修)	工费(客户)
1					
2					
3					
4					
5					
工时费用小计(元)					

序号	配件和辅料名称或代码	类别	材料费用(保修)	材料费用(客户)
1				
2				
3				
4				
5				
材料费用小计(元)				
其他				

结算		费用总计(元)	保修	客户

5. 跟踪服务及完工检查

服务顾问小张安排客户李先生到客户休息区等待，将车辆送入维修车间，填好维修作业管理看板后，小张每隔一小时到车间巡查一次，了解车辆维护的进度并向李先生进行汇报。两个小时后，车辆完成了常规维护作业。在车辆交付给客户之前，车间要监控维修作业质量，避免出现返工或返修现象，以提升客户满意度。请根据实际情况将质检结果填写到维修进程质量检验单中(见表 3-17)。

表 3-17 维修进程质量检验单

<table>
<tr><td rowspan="2">维修委托书编号</td><td rowspan="2"></td><td rowspan="2">维修班组</td><td rowspan="2"></td><td>送修人</td><td></td></tr>
<tr><td>车牌号</td><td></td></tr>
<tr><td>作业时间</td><td></td><td>检验时间</td><td></td><td>预计交车时间</td><td></td></tr>
<tr><td rowspan="4">维修项目</td><td>项目明细</td><td>维修技师自检</td><td>质检员终检</td><td colspan="2">服务顾问终检</td></tr>
<tr><td></td><td></td><td></td><td colspan="2"></td></tr>
<tr><td></td><td></td><td></td><td colspan="2"></td></tr>
<tr><td></td><td></td><td></td><td colspan="2"></td></tr>
<tr><td rowspan="4">服务增项</td><td></td><td></td><td></td><td colspan="2"></td></tr>
<tr><td></td><td></td><td></td><td colspan="2"></td></tr>
<tr><td></td><td></td><td></td><td colspan="2"></td></tr>
<tr><td></td><td></td><td></td><td colspan="2"></td></tr>
<tr><td>不合格项返工记录</td><td></td><td></td><td></td><td colspan="2"></td></tr>
<tr><td>服务延时原因</td><td colspan="5"></td></tr>
<tr><td>交车前外观检验</td><td colspan="5"></td></tr>
<tr><td>试车检验</td><td colspan="5"></td></tr>
<tr><td>是否洗车</td><td colspan="5"></td></tr>
<tr><td>备注</td><td colspan="5"></td></tr>
</table>

6. 财务结算及车辆交付

车辆维护完成后，小张通知李先生取车，李先生希望检查一下车辆，同时希望小张能够清楚地解释费用组成，并协助自己结算费用，发票开具要迅速，数目准确，价格透明，并提供适当的优惠。请填写结算单(见表 3-18)，并根据李先生的期望和结算单中的项目信息设计出该过程中小张与李先生交流的话术(见表 3-19 应至少包含陪同验车、费用说明、协助结算、回访预约、送别等方面)。

表 3-18 结算单

<table>
<tr><td colspan="3">维修委托书编号</td><td colspan="2"></td><td colspan="5" rowspan="5">企业名称：
地址：
电话：</td></tr>
<tr><td colspan="2">客户</td><td colspan="3"></td></tr>
<tr><td colspan="2">电话</td><td colspan="3"></td></tr>
<tr><td colspan="2">地址</td><td colspan="3"></td></tr>
<tr><td colspan="2">牌照号</td><td></td><td>内饰颜色</td><td></td></tr>
<tr><td colspan="2">车架号</td><td></td><td>车体颜色</td><td></td><td>定期维护</td><td colspan="2">一般修理</td><td>下次维护提示</td><td></td></tr>
<tr><td colspan="2">车型</td><td></td><td>来店日期</td><td></td><td></td><td colspan="2"></td><td>维护里程</td><td></td></tr>
<tr><td colspan="2">里程数</td><td></td><td>预定交车日期</td><td></td><td></td><td colspan="2"></td><td>预计日期</td><td></td></tr>
<tr><td>序号</td><td></td><td colspan="3">作业项目、零件名称、其他费用</td><td>操作类型</td><td>数量</td><td>零件费用</td><td>工时费</td><td>其他费用</td></tr>
<tr><td rowspan="5">1</td><td colspan="4">提供对车有帮助的建议</td><td>提醒</td><td></td><td></td><td></td><td></td></tr>
<tr><td colspan="4">预约优先服务：提前一天致电预约，可享受优先服务，欢迎拨打预约电话：</td><td>提醒</td><td></td><td></td><td></td><td></td></tr>
<tr><td colspan="4">旧件展示：在交车时展示或归还更换的旧件。客户签名：________________</td><td>提醒</td><td></td><td></td><td></td><td></td></tr>
<tr><td colspan="4">车辆清洗：维护维修后的车辆会做内外清洁</td><td>提醒</td><td></td><td></td><td></td><td></td></tr>
<tr><td colspan="4">三天内回访：方便回访的时间：
____________________________</td><td>提醒</td><td></td><td></td><td></td><td></td></tr>
<tr><td rowspan="3">2</td><td colspan="4">50000 千米定期维护</td><td>维护</td><td></td><td></td><td></td><td></td></tr>
<tr><td colspan="4">按维护维修手册制订项目操作</td><td>检查</td><td></td><td></td><td></td><td></td></tr>
<tr><td colspan="4">更换机油/机油格/放油口垫</td><td>更换</td><td></td><td></td><td></td><td></td></tr>
<tr><td colspan="4"></td><td colspan="3">合计金额：</td><td></td><td></td><td></td></tr>
<tr><td colspan="5" rowspan="4">备注：</td><td colspan="5">预算费用：</td></tr>
<tr><td colspan="5">工时费合计：</td></tr>
<tr><td colspan="5">零件费合计：</td></tr>
<tr><td colspan="5">其他合计：</td></tr>
<tr><td>发票类型</td><td></td><td>发票编号</td><td></td><td colspan="6">结算金额：</td></tr>
<tr><td colspan="5">1.保修规定：________________________。
2.原则上不允许自带配件，车主自带配件，本店不做保修。
3.欢迎您对我们的服务提出宝贵意见，服务监督电话：________________________</td><td>估价</td><td>机修</td><td>钣金</td><td>喷漆</td><td colspan="1">完检</td></tr>
</table>

表 3-19 结算服务话术

服务顾问	客户

1. 服务顾问解释维护项目和费用，要抓住哪些要点，以便客户对维护效果予以确认？

2. 若客户明确表示不要打电话回访，应如何确认其他回访方式？

3. 服务顾问在向客户展示旧件时，应注意什么细节？

7. 维护客户回访

按照约定时间，服务顾问小张对客户李先生进行了电话回访，李先生对上次车辆维护结果很满意，同时希望下次维护或维修时能够享受更大的优惠。

(1)请根据客户满意度回访单(见表 3-20)中的项目设计出小张和李先生的对话(见表 3-21)。

表 3-20 客户满意度回访单

	提　问	回答	
		是	否
1	是否当面检查车辆		
2	是否按约定时间交车		
3	是否通知交车延误		
4	所做工作与要求是否一致		
5	是否因什么原因没有支付费用		
6	是否预估了费用		
7	是否认可预估费用		
8	是否已解释工作内容		
9	是否希望得到工作解释		

续表

	提　问	回答	
		是	否
10	是否提供车辆维护方面的建议		
11	是否因为同一问题进行返修		
12	是否在交车前对车辆进行清洗		

表 3-21　客户回访话术

服务顾问	客户

(2)客户接听电话后说不方便接电话,应该怎样回应?

____

____

____

(3)如果客户留下的电话显示是空号,应该怎样处理?

____

____

____

(4)如果客户反映维护时间长,应该如何应对?

____

____

____

活动 3　课堂练习

1. 预约能缩短________和客户的________。

2. 维护提醒需在下次维护日前________日,确认应致电提醒车辆需要做维护的客户。

3. ________是指服务顾问根据维修委托书,确认客户车辆预约到店日期及预约工位、维修技师,将维修委托书和零件出库单递交相应的维修技师。

4. 确认预约准备完成后,服务顾问应在预约到店日前________日对已临时预约的客户再次致电,进行预约确认。当客户能按预约时间到店时,确认________预约。

5. 服务顾问在进行客户预约确认时应注意:尽可能将预约安排在________时间,避开________的繁忙时段及________;留出________%的车间容量应对简易修理、紧急修理、前一天遗留下来的修理及不可预见的延误。

6. 需求分析的方法主要有__________和____________。

【任务评价】

自我评价

请根据自己在本次任务中的实际表现进行评价(见表 3-22)。

表 3-22　自我评价表

	评分标准	评分分值	得分
1	掌握接打电话的技巧,可以根据客户的信息及 4S 店工作情况完成预约工作	10	
2	能够根据客户来店时间做好接待准备工作,掌握不同类型客户的接待技巧,了解客户需求	10	
3	能够根据客户的描述,初步确认车辆问题,规范地完成车辆问诊和预检工作	20	
4	掌握简单的估时、估价方法,可以根据客户车辆的维护项目,准确预估出车辆维护的费用及时间	20	
5	能够完成车辆交付前的准备工作,掌握解释维护项目的方法,向客户说明车辆维护结果,陪同客户完成验收结算	20	
6	掌握客户回访的话术和技巧,能够完成客户回访工作,完善客户资料	20	
合计(总分 100 分)			

小组评价

请小组组长对组员的学习进行评价(见表 3-23)。

表 3-23　小组评价表

	评分标准	评分分值	得分
1	学习成效	25	
2	协作精神	25	
3	工作态度	25	
4	纪律观念	25	
合计(满分 100)			

教师评价

请实训指导教师对计划实施结果进行评价(见表 3-24)。

表 3-24　教师评价表

	学习目标	达成情况	
		能	不能
1	能够完成拨打预约电话前的准备工作		
2	掌握拨打和接听电话的技巧及规范话术		
3	掌握记录通话内容的技巧		
4	能够顺利完成主动/被动预约并准确填写预约登记表		
5	能够正确运用接待礼仪,做好客户接待工作		
6	能够概括车辆维护的类型和内容		
7	能够复述车辆预检的内容		
8	能够说明车辆预检的作用		
9	能够陪同客户对车辆进行维护前的预检并正确填写问诊预检单		
10	能够准确估算维护费用及客户等待时间并正确填写维修委托书		
11	能够向客户解释车辆维护的内容,说明维护费用的组成		
12	能够阐述维修作业时间和工时的含义		
13	能够进行合理派工		
14	能够概括日常维护维修作业的流程		
15	能够及时向客户通报维护过程和结果		
16	能够在车辆维护完成后进行交车前的全面检查		
17	能够解释维护费用组成并填写交车结算单,完成结算		
18	能够在车辆维护完毕三日之内对客户进行回访并填写客户满意度回访单		

【知识拓展】

预约的分类

1. 主动预约

维修企业定期对客户进行电话访问,及时了解车辆使用状况,提出合理的维修建议,根据客户的时间和维修企业的生产情况进行合理安排,这种预约方式称为主动预约。服务顾问主动预约客户能使维修企业工作负荷分摊均匀,防止维修站超负荷工作或负荷不足。

主动预约不但体现了维修企业对客户的关怀,增进了企业与客户之间的感情交流,而且可向客户展示维修企业的服务形象、增加维修企业的业务量、提高企业营业收入。

2. 被动预约

被动预约是指客户主动来电进行车辆维修维护预约。这对维修企业而言是被动的，称为被动预约。被动预约能够避免随机维修带来的配件缺货、维修站负荷过大造成排队等现象。

任务二　车辆常见故障维修业务接待流程

【任务描述】

客户李先生的轿车进厂维修，他反映车辆怠速不稳，发动机故障指示灯常亮，同时抱怨车辆右后车窗玻璃升降不灵活，按升降键时有时能够升降有时不能够升降。客户要求4S店对其车辆进行故障诊断和排除。服务经理安排你完成该车的故障维修业务接待工作。

【学习目标】

素质目标

学生根据常见故障维修业务流程完成故障车辆维修接待任务，强化学生安全规范、爱岗敬业、责任担当的职业素养和精益求精的工匠精神。

知识目标

1. 掌握车辆常见故障维修业务接待流程。
2. 掌握车辆常见故障维修业务各个流程的规范操作步骤。

能力目标

1. 能够根据车辆常见故障维修业务接待流程为来店做车辆常见故障维修的客户提供满意的服务。
2. 能够正确填写车辆常见故障维修业务中相应工单。

【任务组织】

组织形式

教学组织推荐采用“任务布置—知识学习—计划决策—计划实施—课堂练习—任务评价”的教学流程，培养学生自主学习，完成工作的能力；为保证教学安全与实践效果，建议每位指导教师负责和指导24～32位学生，学生以小组形式开展学习，每组6～8人。

场地设备

教学组织具体所需场地设备如表3-25所示。

表 3-25　教学组织所需场地设备

教学场所	场所面积	设备序号	设备名称	数量
汽车售后服务学习工作站	$50m^2$	1	汽车整车	2
		2	计算机	2
		3	办公家具	2
		4	业务单据	4
		5	维修配件	2

教学时间

教学时间设定为 4 学时。

【知识准备】

现场学习，独立完成下列 12 个问题。

1. 在对故障车辆进行维修前，对故障的判断是非常重要的，而判断故障主要通过____________。

2. 在进行故障询问时，服务顾问应做到：必须询问故障发生时车辆行驶的____________和____________，以便故障诊断时参考；提问尽可能通俗易懂，尽量不要用____________；与客户交流时尽量____________故障所在的位置或部件。

3. 服务顾问在问清楚故障现象后，要根据故障情况进行____________，必要时邀请车间主管或试车员进行____________确认。

4. 在车辆常见故障维修业务接待过程中，服务顾问的____________工作是整个维修工作的开端，这个开端的好坏对维修工作能否顺利完成起到重要的作用，专业性的____________技巧会大大提高维修工作的效率和质量。

5. 故障问诊时尽量采用______式的提问，做结论时可以采用______式提问。

6. 将车辆开至预检工位后，服务顾问应引领客户进入____________程序，邀请客户一起参与，让客户感到自己受欢迎和被重视。

7. 维修时间由____________时间和____________时间构成。

8. ____________时间是维修技师直接接触车辆进行作业的时间，包括故障诊断时间与维修作业时间，它的长短取决于维修技师的技术水平、维修习惯与精神状态。

9. 准备时间是指进行主体作业前、后所必需的时间，包括服务顾问与客户的________时间、________的时间、________的时间、________和备件的准备时间、维修完毕后的________时间等。

10. ________时间是在正常操作条件下，一个熟练的作业人员以标准的作业方法及合理的劳动强度和速度完成符合质量要求的作业所需的时间。

11. ________书是客户与企业之间的重要文件，确立了客户与企业之间的契约关系，服务顾问必须认真填写，由服务顾问与客户签字认可才能完成其制作。

12. 服务顾问应向客户详细说明车辆的维修费用，包括__________费，总零件费、__________费，每项工作分别包含的__________费、__________费，优惠或免费费用（套餐项目、质量担保项目、预防行动项目等）。

一、客户接待

（一）故障车辆维修接待的基本沟通技巧

1. 尊重客户的描述

在对故障车辆进行维修前，对故障的判断是非常重要的，而判断故障主要通过客户的描述来完成。在接待客户过程中，服务顾问对客户车辆故障现象及相关内容的询问是维修人员能够快速发现故障位置和解决问题的前提。服务顾问应该详细询问车辆的故障现象、位置，如实记录，并向维修人员通报情况。

服务顾问记录后把信息反馈给维修人员，以便维修人员在排除故障时予以参考。

在进行故障询问时，服务顾问应做到以下几点：

（1）必须询问故障发生时车辆行驶的条件和环境，以便故障诊断时参考；

（2）提问尽可能通俗易懂，尽量不要用专业术语；

（3）与客户交流时尽量直接询问故障所在的位置或部件。

2. 提出与故障相关的问题

服务顾问除了要听清楚客户对车辆故障的描述外，还要针对不同的故障现象引导客户补充必要的故障说明以供维修参考，避免出现技术性错误，一般来说可以分为三步。

（1）询问故障情况。故障出现在什么时候（早上、中午或晚上等），出现了多久，在什么天气或温度下出现（雨、雪、炎热或寒冷等）。如果属于周期性故障，还要询问此前是否在其他地方维修过及维修过什么项目等。

（2）核实故障现象。问清楚故障现象后，要根据故障情况进行核实，必要时邀请车间主管或试车员进行路试确认。

核实工作是非常重要的，因为客户本人可能并不是专业人士，有时很难说清楚是哪个系统出了故障（或者该问题对某种车型来说并不一定是故障），如果按照客户的叙述直接制订维修工作单而不进行核实，就有可能使下一步的维修工作陷入误区。

（3）制订专业维修工作单。大部分客户并不是专业人士，服务顾问应将客户的口语化描述转化为专业术语并制订好维修工作单，以便车间的维修人员进行维修作业。如发动机维修工单见表 3-26。这要求服务顾问具有较系统的汽车修理理论知识，避免因为文字问题而出现误诊或错诊。

服务顾问的接车工作是整个维修工作的开端，这个开端的好坏对维修工作能否顺利完成起到重要的作用，专业性的沟通技巧会大大提高维修工作的效率和质量。

表 3-26　发动机维修工作单

<table>
<tr><td colspan="2">客户姓名</td><td>车型</td><td>VIN</td></tr>
<tr><td colspan="2">发动机号</td><td>变速器</td><td>里程</td></tr>
<tr><td colspan="2">故障日期</td><td>制造日期</td><td>已使用日期</td></tr>
<tr><td colspan="2">燃油和燃油加油口盖</td><td colspan="2">□车辆燃油耗尽导致不点火
□燃油加油口盖没盖或未正确拧入</td></tr>
<tr><td rowspan="4">症状</td><td>□起动能力</td><td colspan="2">□不能起动　□没有燃油　□部分燃油
□部分燃油受节气门影响
□部分燃油不受节气门影响
□可以起动但起动困难　□其他(　　　　)</td></tr>
<tr><td>□怠速</td><td colspan="2">□无快怠速　□不稳　□高怠速　□低怠速
□其他(　　　　)</td></tr>
<tr><td>□动力性</td><td colspan="2">□抖动　□喘振　□爆燃　□动力不足
□进气回火 □排气回火
□其他(　　　　)</td></tr>
<tr><td>□发动机失速</td><td colspan="2">□起动时　□怠速时
□加速时　□减速时
□刚停车时　□加载时</td></tr>
<tr><td colspan="2">故障发生时间</td><td colspan="2">□刚交车后　□最近
□上午　□下午　□晚上</td></tr>
<tr><td colspan="2">频次</td><td colspan="2">□总是　□在一定工况时　□有时</td></tr>
<tr><td rowspan="3">天气情况</td><td></td><td colspan="2">□不受影响</td></tr>
<tr><td>天气</td><td colspan="2">□晴天　□下雨　□下雪　□其他(　　　　)</td></tr>
<tr><td>温度</td><td colspan="2">□热　□干　□冷　□ 湿　______(大约　℃)</td></tr>
<tr><td colspan="2">发动机状况</td><td colspan="2">□冷机时　□暖机过程　□暖机后
发动机转速(　　　　)(r/min)</td></tr>
<tr><td colspan="2">道路条件</td><td colspan="2">□市区　□郊区　□高速公路　□越野(上坡、下坡)</td></tr>
<tr><td colspan="2">行驶条件</td><td colspan="2">□不受影响
□起动　□怠速　□高速运转
□加速时　□减速时　□转弯时
车速(　　　　)(km/h)</td></tr>
<tr><td colspan="2">故障指示灯</td><td colspan="2">□亮起　□不亮</td></tr>
</table>

(二)诊断故障后详细说明情况

在完成车辆故障诊断之后,应向客户详细说明车辆需要完成的维修工作。

1. 说明问题

告诉客户发现了什么问题以及为什么需要维修。例如,服务顾问应对客户说:“您好,经过对您车辆的全面检查,我们发现蓄电池是好的,但需要调整。”以上服务顾问的说法是错误的,原因在于没有说明问题,正确说法为:“先生,您好,经过对您车辆的全面检查,我们发现蓄电池是好的,但喷油器需要清洗,而且需要更换一套新的火花塞,这就是车辆起动困难、怠速不稳的原因。”

2. 说明解决方法

告诉客户用什么样的方法来维修车辆,并解释清楚维修的特点和优点。这时应掌握好特点与优点的概念及运用,特点描述的是事物的特征,优点一般来说与省钱、节油、提高性能、安全、便利等有关。

3. 提供估价让客户同意维修

在说明检查发现的问题为什么需要维修以及用什么方法维修后,应向客户提供维修项目的估价,接着让客户同意这些维修项目,并说:“我能进一步调整您的车吗?”

二、车辆问诊和预检

(一)常见故障的问诊步骤与方法

系统地检车车辆,了解客户需求和客户遇到的困难,以判断故障原因。

1. 故障的问诊步骤

服务顾问进行车辆故障诊断的具体步骤为:

(1)认真听取客户对故障的描述,了解客户的要求并做记录。

(2)了解尽可能多的细节,更好地判断故障原因(运用 5W2H 方法)。

(3)系统地检查客户车辆。

(4)必要时请客户一起进行路试。

(5)请求技术专家帮助检查车辆,判断故障原因。

(6)查阅是否有相关的技术维修通告。

(7)运用各种信息资料对车辆故障进行判断。

2. 故障的问诊方法

问诊时尽量采用开放式的提问,做结论时可以采用封闭式提问(封闭式提问的回答只有一种可能,例如:是不是?有没有?)。

通过问诊,客户可以清楚地知道自己的车到底哪里有问题,同时服务顾问也向客户展示了自己的专业性,客户可以放心地将车辆交给服务顾问处理,从而对服务企业产生信赖,增加客户忠诚度。

3. 互动预检

(1)互动预检的流程。下面以某车型为例介绍互动预检的流程。

放置一次性防护套。服务顾问当着客户的面套上座椅防护套、转向盘防护套、变速杆套、脚垫等,使用防护套可以让客户感受到服务顾问对其车辆的爱护及良好的服务意识。预检的时候,服务顾问应一边检查一边填写问诊预检单。

查看前风窗玻璃下面一共17位代码的车架号是否正确。有时车架号可能会被其他东西遮住,但是服务顾问可以从客户档案得到相应的信息,或者打开发动机舱盖也能看见车架号。

仪表检查及里程记录。服务顾问打开左前车门,坐进主驾驶室,查看记录里程数、燃油量、仪表和指示灯有无异常,还要查看内饰件、音响、安全带有无损坏。

车内情况及物品检查。检查车顶、车门及座椅有无污损,检查车内有无贵重物品。

外部绕车检查。

按图3-11所示顺序绕车检查,应注意车身及漆面有无损伤、灯壳有无破损。

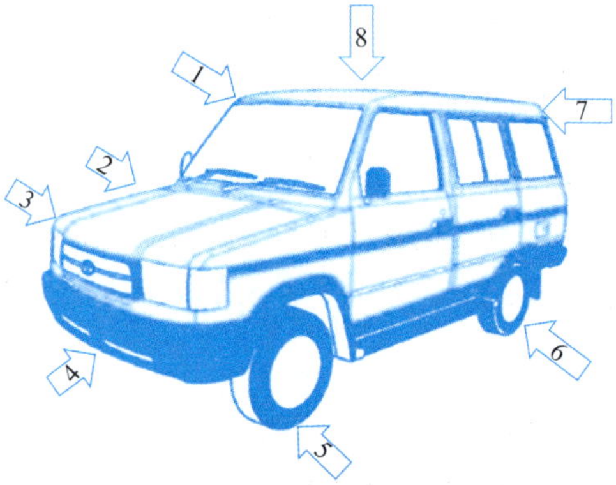

图3-11　外部绕车检查

向客户推荐一些易劣化、易磨损、易降低性能零件的检查。

例如,发动机机油和机油滤清器,空气滤清器和燃油滤清器,火花塞,雨刮器片,离合器片,轮胎,制动衬片,制动摩擦片,制动软管,制动液罐,散热器,风扇传动带等。

(2)互动预检作业规范。互动预检作业要遵守以规范:将车辆开至预检工位后,服务顾问应引领客户进入预检程序,邀请客户一起参与,让客户感到受欢迎和被重视。

检查仪表时应查看机油压力、冷却液温度、燃油量等。

车内检查顺序为车顶饰板左前、右前、右后、左后车门内饰以及左前、右前、右后、左后座椅,检查有无污损。

若车内放有贵重物品,服务顾问必须提醒客户带走。

外部绕车检查重点部位。左侧:翼子板、车门、车顶;后部:备胎、工具、灯壳;右侧:翼子板、车门、车顶;前方:发动机舱盖、灯壳。

服务顾问在检查过程中应一直和客户保持交流。

检查过程中,服务顾问应随时将车辆状况、损伤记录于问诊预检单中(见表3-27),并随时向客户报告。使用服务用语如“您的车车身漆面状况很好”“您的车消声器有点破损”等。

表 3-27　问诊预检单

<table>
<tr><td colspan="2">客户姓名</td><td></td><td>登记号</td><td></td></tr>
<tr><td colspan="2">车型</td><td></td><td>登记日期</td><td>年　月　日</td></tr>
<tr><td colspan="2">控制系统类型</td><td></td><td>车身代号</td><td></td></tr>
<tr><td colspan="2">接车日期</td><td>年　月　日</td><td>里程表读数</td><td></td></tr>
<tr><td colspan="2">故障发生日期</td><td>年　月　日</td><td>故障发生频次</td><td>□经常　□有时　□仅一次　□其他</td></tr>
<tr><td rowspan="10">使用情况</td><td colspan="2">经常运行环境</td><td colspan="2">□城市道路　□乡间道路　□高速道路　□其他</td></tr>
<tr><td colspan="2">经常行驶速度</td><td colspan="2">□低速行驶　□高速行驶　□间断行驶　□其他</td></tr>
<tr><td colspan="2">经常使用的档位</td><td colspan="2">□1 档　□2 档　□3 档　□4 档　□5 档</td></tr>
<tr><td colspan="2">经常使用的燃料</td><td colspan="2">□严格按照车辆要求燃料标号
□使用较低标号燃料
□经常使用乙醇汽油　□偶尔添加乙醇汽油</td></tr>
<tr><td colspan="2">是否使用添加剂</td><td colspan="2">□是　□否　什么样的添加剂______________</td></tr>
<tr><td colspan="2">曾经发生过什么故障</td><td colspan="2"></td></tr>
<tr><td colspan="2">更换过哪些部件</td><td colspan="2"></td></tr>
<tr><td colspan="2">最近是否维修过</td><td colspan="2">□是　□否　因什么故障维修____________</td></tr>
<tr><td colspan="2">维修后故障症状是否消失</td><td colspan="2">□是　□否</td></tr>
<tr><td colspan="2">维修后是否又产生其他异常现象</td><td colspan="2">□是　□否　产生的新故障现象____________</td></tr>
<tr><td rowspan="7">故障发生的条件</td><td colspan="2">天气</td><td colspan="2">□晴天　□阴天　□雨天　□雪天　□其他</td></tr>
<tr><td colspan="2">气温</td><td colspan="2">□炎热天　□热天　□冷天　□寒冷天(大约　℃)</td></tr>
<tr><td colspan="2">地点</td><td colspan="2">□高速公路　□一般公路　□市内
□上坡　□下坡　□粗糙路面　□其他</td></tr>
<tr><td colspan="2">发动机冷却液温度</td><td colspan="2">□冷机　□暖机时　□暖机后　□任何温度　□其他</td></tr>
<tr><td colspan="2">发动机工况</td><td colspan="2">□起动　□起动后　□怠速　□无负荷　□中小负荷
□大负荷(□匀速　□加速　□减速)行驶　□其他</td></tr>
<tr><td colspan="2">故障出现的频率</td><td colspan="2">□间歇发生　□偶然发生　□一直存在　□有规律性</td></tr>
<tr><td colspan="2">转速或车速</td><td colspan="2">□发动机怠速运转　□发动机中速运转
□发动机高速运转　□所有转速下
□车辆低速行驶　□车辆中速行驶
□车辆高速行驶　□与发动机转速和车速无关</td></tr>
</table>

续表

<table>
<tr><td colspan="2">客户姓名</td><td></td><td>登记号</td><td></td></tr>
<tr><td rowspan="6">故障现象（以发动机为例）</td><td>故障指示灯状态</td><td colspan="3">□常亮　□有时亮　□不亮</td></tr>
<tr><td>□不能起动</td><td colspan="3">□发动机不能转动无起动征兆
□有起动征兆　□起动后熄灭</td></tr>
<tr><td>□起动困难</td><td colspan="3">□冷车起动困难　□热车起动困难　□起动时转速低</td></tr>
<tr><td>□怠速不良</td><td colspan="3">□怠速不稳　□怠速高　□怠速低　□怠速抖动
□发动机负荷增加时怠速不良</td></tr>
<tr><td>□动力不足</td><td colspan="3">□加速迟缓　□回火　□放炮　□喘振　□敲缸　□其他</td></tr>
<tr><td>□熄火</td><td colspan="3">□起动后立即熄火　□踩加速踏板后熄火
□松加速踏板后熄火　□空调工作时熄火　□挂档时熄火</td></tr>
</table>

检查底盘时应检查是否有刮碰、漏油、管路异常等现象。

如有下列故障，服务顾问应与客户一起行驶试车，确认客户所指的内容：异响、噪声、加速不良、空调性能存在问题等。

三、制单及派工

（一）制单

1. 估时

（1）维修时间的构成

①主体作业时间。主体作业时间由实际作业时间与富余时间组成。

实际作业时间包括主作业时间与附属作业时间。主作业时间是维修技师直接接触车辆进行作业的时间，包括故障诊断时间与维修作业时间。主作业时间的长短取决于维修技师的技术水平、维修习惯与精神状态。附属作业时间是指伴随主作业产生的作业时间，如取用零部件及工具的时间，检查时维修技师的位置移动、举升机的升降所耗的时间，维修质检时间以及维修后的洗车时间等。

富余时间是指在维修作业过程中不可避免的延迟。各工序间交接时存在很多不可避免的延迟，如服务顾问与维修技师交接、质检人员与维修技师交接等。

②准备时间。准备时间是指进行主体作业前、后所必需的时间。准备时间包括服务顾问与客户的协商时间、车辆移动的时间、文件记录的时间、维修工具和备件的准备时间、维修完毕后的收拾时间等。

（2）维修时间的估算

①各企业确定的维修作业标准时间。维修作业标准时间是在正常操作条件下，一个熟练的作业人员以标准的作业方法及合理的劳动强度和速度完成符合质量要求的作业所需的时间。标准时间是生产管理的重要衡量尺度。企业制订的标准时间必须恰当，如果太高，则不能按时完成作业的维修技师将增多，标准就失去了意义；相反，则不能起到

提高生产效率的作用。

②备件供应时间。如果进行作业时,库存没有备件,则会影响客户的维修时间。服务顾问在进行估时时,要确认备件是否有现货。

备件管理部门要制订易损件与日常备件的正常供货周期、调货周期以及在应急情况下的最短供货周期以确保服务顾问能够应答客户可能提出的异议。服务顾问在确认备件管理部门的供货时间后要及时告知客户,由客户决定是否继续承修,如果客户承修则按下列原则处置:

如果备件当日能够到货,则要求客户等待,并按照服务流程为客户提供相关的便利服务。

如果备件当日不能到货,则应预收客户备件订金,约定客户下次来店时间,将客户转为预约客户。

如果车辆开始维修后才发现备件无货,则应在约定的交车时间之前告知客户备件供应状况。服务顾问首先要向客户致歉,其次要告知客户时间变更情况;再次要为客户提供其他的交通便利条件,以免影响客户其他时间;最后要与客户约定变更后的交车时间,将客户转为预约客户进行相关管理。

如果客户要求按照紧急供货的时间进行供应,则要告知客户需加收运费,当日不能完成的维修作业可以重新约定交车时间,并转入预约作业管理流程。

如果该备件供应周期长,而客户要求时间紧迫,在企业维修技师能够达到的技术条件下,向客户推荐选用备件修复的方式进行作业。在客户同意的情况下,更换件转为修复件先行使用,然后将客户转为预约客户。

(3)洗车所需时间

随着汽车行业服务水平的提高,洗车也渐渐成为交车之前的必要程序之一。严格来讲,洗车并不是维修作业流程的必要步骤。洗车能给客户留下企业服务细心的好印象,但同样也导致了服务时间的延长。在洗车前,服务顾问一定要征求客户的意见,向客户解释可以免费清洗车辆及可能需要的时间,在客户同意后再行安排。

(4)维修作业排队等候时间

因为维修企业的工位数是有限的,所以可能出现排队等候维修的情况。这时服务顾问需要与车间主管进行协调,按照先后顺序的原则,明确告知客户所需排队等候的预计时间,如果客户要求按照绿色通道的要求提前排车,则需按照企业的相关规定办理。

2. 估价

(1)材料费用估算

①备件费用估算。汽车是由各种零件组成的,要使汽车达到规定的使用性能,不仅对零件的材料、尺寸精度、几何精度及表面质量等有要求,而且对总成的配合特性、位置误差和技术特性也有要求。如果不能达到规定的要求,就可能使汽车的整体性能受到影响。因此,汽车备件费用的估算要建立在备件耗损规律基础上。

服务顾问进行备件估价的注意事项如下:

a. 服务顾问要能够熟练查阅备件目录,在备件管理系统查询或与库方确认备件名称、备件编码与备件单价后,方可向客户报价。

b. 在报价时,服务顾问要逐项告知客户备件更换或维修的原因和必要性。

c. 如果发生备件缺货的情况,首先要同库方确认能够到货的正常时间及最短时间,然后征求客户意见,是预约等待还是加急催货。如果加急,则客户要另外承担加急费用。

②辅助材料费用估算。辅助材料是指在汽车维修过程中,被共同消耗掉的一些其他材料,或者难以在各维修作业之间划分的材料。计算时一般按照材料消耗定额进行计算,也可按照维修作业时的工时定额乘以每小时定额辅助材料费用加以确定。各工种在维修作业时领用的低值易耗品。通用紧固件和工具等应包含在工时内,不另收费,如砂布、锯条、钻头、开口销、通过螺钉、螺母、电工胶布等。

(2)工时费估算

国家没有规定具体的工时费标准,其标准都是各地依据当地的经济水平制订,经物价局审批后执行。我国各省、市、自治区均颁布了地方性的汽车维修工时定额及收费标准(以下简称《定额标准》),虽然工时单价与工时定额各有差异,但其计核方法是基本一致的。

①工时、工时定额与工时单价。工时不等于施工时间,它是一个综合概念,一般说来维修工时包括维修准备时间、车辆故障诊断时间、实施施工时间、试验时间、调试时间、场地清理时间等,简明来说,即包括生产工时,管理工时,仓储工时和整个行业社会劳动必要时间等。工时定额也可称为时间定额,是完成一定工作量所规定的时间消耗量。工时单价由维修企业根据本企业的技术条件、服务质量和市场需求自主定价,并按规定明码标价。无论工时单价规定多少,工时费都应包含以下内容:上缴给国家和地方税务部门的税金,经营、生产与管理的固定成本,经营、生产、管理费用以及应完成的利润等。

②工时费的估算方法。对整车大修,使用的计核方法主要有三种:

a. 定额制:完全按企业所在地颁布的《定额标准》中该车型的整车大修定额计核,所涉及的配件、材料费用另行加计。

b. 合同制:采用各工种、工序的工时与配件、材料包干,限额计费,其具体内容由企业和客户协商确认后,在维修委托书中写明。

c. 混合制:一些工种(如发动机、底盘各总成与电气系统的维修)采用按地方颁布的工时定额计核,另一些工种和作业项目(如车身钣金修复、车身涂装、内外装饰修复等)按合同制包干计核。混合制计核方法适应了不同修复难度和不同涂装用料、工艺要求的具体情况,故应用较为普遍。

总成大修一般均按定额制计核工时费,但应注意以下两点:

a. 目前汽车不解体检测及诊断技术尚不够完善,还无法在维修前的检测中精确判定总成内部零件的磨损或损坏程度。故向客户告知维修作业项目、制作维修委托书时,应留有余地,即应说明将总成解体,进行零件检验、分类后,才能最后确定零件(特别是曲轴、气缸体等重要零件)的更换方案。到时应请客户到企业现场予以确认后,共同认定零件的更换方案,并在合同中予以确认。

b. 对于正常大修中的一些加工(如发动机总成大修时镗磨气缸、磨修曲轴等),如果企业缺乏加工设备而采用外协加工,由于该加工费已包含在总成大修工时费中,虽然企业需另支付加工费,但不应向客户加计收取。

汽车维护一般均定额计核工时费,但在维护过程中应注意划清维护与附加小修(含故障排除)作业项目的界限。在维护中发现了故障、隐患,须作小修处理,应当及时通知客户,共同确认小修作业项目。

汽车小修的工时费计核比前面的维修项目更为复杂,首先应进行分类。按照专业特点,小修工时费计核方法分为以下三类:

a. 直接计核法。对于单一、直接的客户报修项目,如换火花塞、换制动片、换某灯灯泡、换传动带等,可从《定额标准》中直接查找到其工时定额进行计算。

b. 综合作业法。客户报修更换某一总成、零部件或解决某一明显故障,但完成此项作业涉及周边一个或多个零部件的拆装与调试,这类小修工时费计核的基本方法是:将更换零件或排除故障所相关的其他零部件的拆装与调试工序列出(其工艺程序依各企业在自身工艺条件确定最佳方案),查出每道工序对应的工时费,然后累加,得出所需总工时费。将上述工时费一一对应明确列出后,应及时与客户见面,征得其认同,使双方都能心中有数,避免维修后的计价疑虑,此统计资料亦可作为该小修项目内部核算的基本原始依据。

c. 故障诊断法。此类计费方法较前面两类难度更大。因为客户报修时,所报小修项目并非直接是《定额标准》上所列的项目,而绝大多数是以故障现象报修,如发动机有异响、发动机油耗高、发动机运行中易熄火、自动变速器换挡迟缓、方向跑偏等。因为产生故障的原因各异,十分复杂,随机因素很多,故各地在制订《定额标准》时,将故障现象的对应修理工时列出是目前难以做到的。为达到明确计核工时费的目的,应把客户所报的故障现象转换为修理、更换或调试引起故障的零部件的检修作业,而实现这个"转换"的唯一手段就是修前检测诊断。因此,这类小修工时费计核的核心问题是故障检测和诊断时的水平。

由于各企业故障检测诊断的设备、仪器、资料与具体检测人员的理论、实践水平不一,故同一故障诊断,各企业所投入的精力、时间和设备使用也不一样。但总体来看,对这类小修,企业在故障诊断上的技术、劳动投入是最多的(有的故障诊断过程可达数天),而排除故障的施工,在多数情况下,与技术分析的投入比较要少得多,有的甚至仅占极少工时。因此,这类小修的工时费计核应分为两部分:第一部分为故障诊断工时费,第二部分为故障排除工时费。第二部分的工时费计核有标准可查,而第一部分的随机因素较多,难以确定。可参考的办法有两种:一是按单项检测、诊断计费,二是按实耗工时计费。因故障诊断在汽车维修中技术含量大,采用按实耗工时计费与客户协商,取得认同,即采取合同认定的形式解决。

3. 辅助作业工时确定

在汽车修理作业中,除包括更换工时、拆装工时、修理工时外,还应包括辅助作业工时,辅助作业工时通常包括:

(1)把汽车安放到修理设备上并进行故障诊断。

(2)用推拉、切割等方式拆卸破损的零部件。

(3)相关零部件的矫正与调整。

(4)去除内漆层、沥青、油脂及类似物质。

(5)修理生锈或腐蚀的零部件。

(6)检查悬架系统和转向系统的定位。

(7)拆卸打碎的玻璃。

(8)更换防腐材料。

(9)当温度超过60度时,拆装主要电脑模块。

(10)拆卸及安装车轮和轮毂罩。

4. 估价时应该注意的相关问题

(1)自带配件问题。有时客户会自己到市场上采购低价的修车配件,修车时声明自带配件。对这类送修方式,汽车维修企业应按《汽车维修质量纠纷调解办法》的规定来处理。为维护托修方和维修企业双方的合法权益,在维修企业愿意承修时,企业需与客户签订合同,注意明确以下两点:

①由于客户使用的是自购配件,承修方对竣工车辆不承担质量担保责任;

②因换用该配件所引起的任何车辆故障、损坏和事故,由客户自行负责;属承修方施工工艺或操作不当引起的车辆故障、损坏,由承修方免工时费返修。

(2)旧件修复的问题。在汽车维修中,有些零件,特别是重要零件在损坏后,一是无法购买到,二是配件价格高。在有条件修复的情况下,可进行修复。

旧件修复费用是指修复基础件、总成件和零部件(不含就车修理加工的零部件),使其符合质量标准所产生的工时费。在实际工作中,很多维修企业在总成出现部分损坏时,多采用更换的方法,虽然更换备件可以缩短维修时间,但实质上却造成了原材料的极大浪费。有时备件缺货或价格较高,也需采用修复的方式。在实际工作中可采用如下原则来权衡是否采用旧件修复:

①修复件的计费,无论按新件价格的多大比例确定,都应与客户协商,取得认同,并签订合同。

②要在征求客户意见的前提下考虑旧件是否修复使用。

③修复件必须达到相关质量标准要求,且应对该件实行质量担保。

④如果涉及安全性的配件或已达到损耗期的旧件有损伤,需直接更换而不宜采用修复的方式。

5. 维修委托书制作

维修委托书是客户与企业之间的重要文件,确立了客户与企业之间的契约关系,服务顾问必须认真填写维修委托书,由服务顾问与客户签字认可才能完成维修委托书的制作。客户签字确认之前,服务顾问必须向客户解释以下三方面的内容:

(1)维修项目。服务顾问应该向客户说明的维修项目主要包括:车辆故障原因分析及故障处理方法,维修更换的零件。如有必要,邀请客户一同进行路试。

(2)维修费用。服务顾问应向客户详细说明车辆的维修费用,包括总费用,总零件费、总工时费,每项工作分别包含的零件费、工时费,优惠或免费费用(套餐项目、质量担保项目、预防行动项目)等。

(3)其他情况。除了解释维修项目和费用,服务顾问还应告知客户预计维修时间;向客户介绍增值服务项目(如果有),说明已经完成且免费的(如优惠活动等)服务项目;向客户建议近期要做的维修,提醒客户下次维护的里程和时间等。

(二)派工

1. 派工的基本要求

(1)服务接待过程中所确定的服务项目,以维修委托书形式交与车间主管或调度员安排车辆维修工作。

(2)确保维修任务分配均衡。合理利用可用维修时间,不应出现工种不同班组工作量差异过大现象。

(3)予以优先安排以下工作:与产品活动有关的工作(如公司统一组织的车辆召回、服务活动等);返修工作;预约回厂服务工作;质量保修工作。

(4)掌握相关维修班组及个人的技术水平。

(5)了解维修工作类别、工作复杂程度及标准作业时间进行妥善地派工。

2. 派工工作流程

派工工作流程如图 3-12 所示。

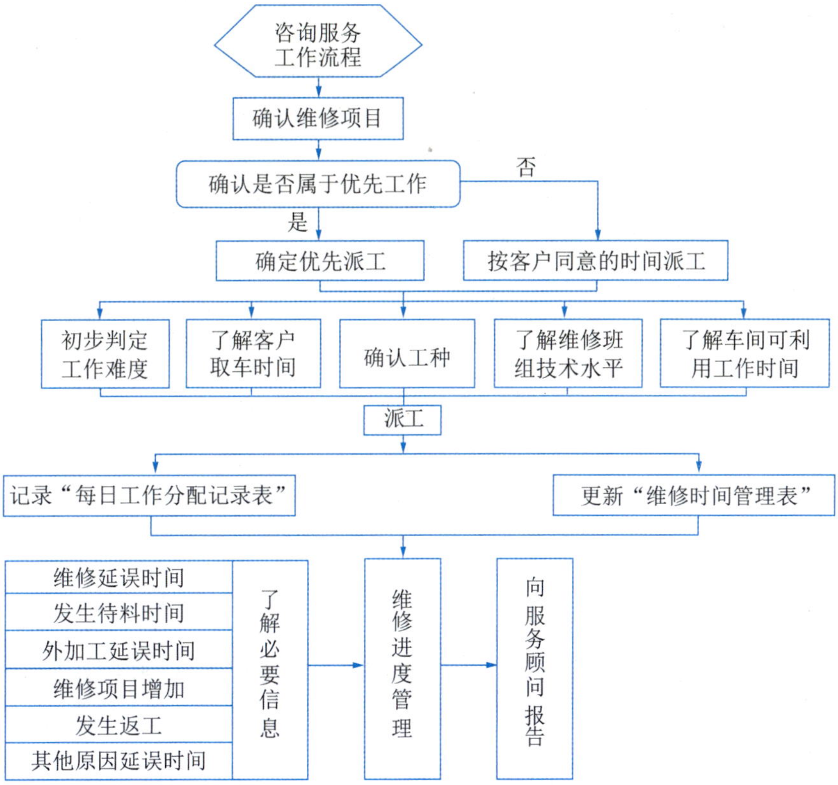

图 3-12 派工工作流程

四、跟踪服务及完工检查

(一)跟踪服务

1. 跟踪维修服务进程

(1)随时记录。随手准备一个笔记本，记录维修车辆的维修动态和出现的意外情况，因为服务顾问可能要同时管理几辆在修车，光凭记忆可能会造成遗漏。

(2)随时与车间保持联系。维修委托书签订以后，应及时将相关的资料转交给各部门的负责人，并与之保持联系，了解车辆维修的最新进展。随时向相关人员解释其对维修委托书的疑问，并向相关人员转达客户新的要求。

(3)使用维修作业管理看板。一旦客户签订了维修委托书，就应该将客户车辆的维修计划反映到维修作业管理看板上。内容包括维修技工、预计的完工时间等，据此跟踪维修进度并将维修过程中发生的意外情况反映到该看板上，如发现新问题等待客户回复、等待备件、在修、完工待检、检验合格、等待结算等。

2. 向客户传递信息

(1)简短、清楚、准确地向客户汇报在其车辆上发现的情况。

(2)如果维修工作不能如期完成或不能满足当初的协议，应提出一个既适合维修车间情况又符合客户要求的解决方案。

(3)告诉客户所需的额外费用和时间。

(4)争取得到客户的同意并拟定临时替代车辆计划。

(二)完工检查

维修质量检查工作流程如下：

1. 明确汽车维修质量要求

根据汽车维修技术标准和考核汽车技术状态的指标，明确检验的项目和各项目的质量标准。

2. 测试

用一定的方法和手段测试维修车辆或总成的有关技术性能参数，得到质量特性值数据。

3. 比较

将测试得到的反映质量特性值的数据同质量标准要求作比较，确定是否符合汽车维修质量要求。

4. 判定

根据比较的结果判定车辆或总成的维修质量是否合格。

5. 处理

对维修质量合格的车辆发放机动车维修竣工出厂合格证，对不合格的车辆，记录所测得的数据和判定的结果，查找原因并进行反馈，以促进各维修工序进行改进。

【任务实施】

活动 1　制订计划

客户李先生的车辆已经行驶 30000 千米，使用时间为一年半。该客户来店反映其车辆怠速不稳，发动机故障指示灯常亮，同时抱怨车辆右后车窗玻璃升降不灵活，按升降键有时能够升降有时不能够升降。客户要求 4S 店对其车辆进行故障诊断和排除。根据车辆常见故障维修业务流程接待要点，制订维修接待、车辆问诊、互动预检、客户回访等工作计划。

____

____

____

活动 2　实施计划

1. 车辆问诊

根据上述案例，完成客户车辆故障分析解决表（见表 3-28）。

表 3-28　客户车辆故障分析解决表

	客户希望	服务顾问的回答
车辆怠速不稳故障	解释故障产生原因	
	说明故障处理方法	
	日常用车注意事项	
	等待时间预估	
	维修费用预估	
	维修质量	
	维修等待期间的安排	
	维修后维修质量的跟踪	
发动机故障灯亮	解释故障产生原因	
	说明故障处理方法	
	日常用车注意事项	
	等待时间预估	
	维修费用预估	
	维修质量	
	维修等待期间的安排	
	维修后维修质量的跟踪	

续表

	客户希望	服务顾问的回答
右后车窗玻璃升降不灵活	解释故障产生原因	
	说明故障处理方法	
	日常用车注意事项	
	等待时间预估	
	维修费用预估	
	维修质量	
	维修等待期间的安排	
	维修后维修质量的跟踪	
车辆检查后有无潜在问题	有潜在故障	
	无潜在故障	

2. 车辆互动预检

根据互动预检作业规范，邀请客户一起完成车辆的互动预检，同时完成以下题目：

(1)放置一次性________。预检的时候，服务顾问应一边检查一边填写________单。

(2)查看前风窗玻璃下面的车架号，一共________位代码，检查是否正确。

(3)________检查及________记录。服务顾问打开左前车门，坐进主驾驶室，记录里程数、燃油量、仪表和指示灯有无异常，还要查看内饰件、音响、安全带有无损坏。

(4)________情况及物品检查。检查车顶、车门及座椅有无污损，检查车内有无贵重物品。

(5)________检查。按顺序绕车检查，应注意车身及漆面有无损伤、灯壳有无破损。

(6)向客户推荐一些易________、易____、易______零件的检查。

3. 跟踪服务

针对上述材料中的故障现象，如何进行维修服务进程的跟踪并向客户汇报结果？

____

____

4. 客户回访

针对上述材料中张先生的案例进行电话回访，设计回访内容。

____

____

活动 3　课堂练习

1. 在接待客户过程中，服务顾问对________现象及相关内容的询问是维修人员能够快速发现故障位置和解决问题的前提。

2. 服务顾问除了要听清楚客户对车辆故障的描述外，还要针对不同的故障现象引导客户补充________说明以供维修参考，避免出现技术性错误。

3. 大部分客户并不是专业人士，服务顾问应将客户的口语化描述转化为专业术语并制订好________单，以便车间的维修人员进行维修作业。

4. 在完成车辆故障诊断之后，应向客户详细说明车辆需要完成的________工作。

5. 在说明检查发现的问题为什么需要维修以及用什么方法维修后，应向客户提供维修项目的________，接着让客户同意这些维修项目。

6. 在互动预检环节，服务顾问在检查过程中应一直和客户保持________。

7. 客户在委托维修单上签字确认之前，服务顾问必须向客户解释以下三方面的内容：________、________、其他情况。

8. 在派工环节中，以下工作应该予以优先安排：与产品活动有关的工作(如公司统一组织的________、服务活动等)；________工作；________回厂服务工作；________工作。

【任务评价】

自我评价

请根据自己在本次任务中的实际表现进行评价(见表 3-29)。

表 3-29　自我评价表

	评分标准	分值	得分
1	引导车辆，主动为客户打开车门(一只手开门、一只手背在上门边沿)	5	
2	主动确认客户姓名并在接待过程中始终带姓氏尊称客户	5	
3	主动问候客户并进行自我介绍，主动递送名片，文字正面朝向客户方向	5	
4	主动邀请客户进行环车检查并告知对客户及车辆的好处	5	
5	放置预约标识牌，并告知客户预约服务的好处(对于非预约客户，则提醒下次记得预约，并告知预约服务的好处)	5	
6	主动使用三件套等车辆保护用品并告知客户这样做的好处	5	
7	起动车辆后，对客户所报车辆故障情况进行检查并记录	5	
8	常见故障问答	15	
9	正确预估维修时间及维修费用	10	
10	制单派工	5	
11	在维修过程中，全程跟踪，随时联系；维修完成后进行维修质量检查	15	
12	根据客户车辆维修情况，进行客户回访工作	20	
合计(满分 100)			

小组评价

请小组组长对组员的学习进行评价(见表 3-30)。

表 3-30　小组评价表

	评分标准	评分分值	得分
1	学习成效	25	
2	协作精神	25	
3	工作态度	25	
4	纪律观念	25	
合计(满分 100)			

教师评价

请实训指导教师对计划实施结果进行评价(见表 3-31)。

表 3-31　教师评价表

	学习目标	达成情况	
		能	不能
1	熟知常见故障的诊断方法,听取客户对车辆故障现象描述后,能判断故障原因		
2	熟知常见故障分析与诊断及维修项目解释的内容,能向客户解释车辆故障原因		
3	知道维修时间的构成及工时费用的估算方法,能预估车辆维修费用及等待时间		
4	熟知汽车售后服务检查工作流程,车辆维修完毕后,能进行交车前的全面检查		
5	了解维修票据、财务结算基础知识,能向客户解释车辆维修所做工作、费用构成		
6	熟知结算交车的工作流程,能向客户交付已经维修、清洗完毕的车辆		
7	知道跟踪回访的技巧,在车辆维修完毕后的三日之内对客户进行回访		

【知识拓展】

维修票据服务

发票是单位和个人在购销商品、提供或者接受服务以及从事其他经营活动中开具、收取的收付款凭证。发票根据其作用、内容及使用范围的不同,可以分为普通发票和增值税专用发票两大类。

1. 普通发票

开具发票的一般规定如下:发票限于领购单位和个人自己使用,不准买卖、转借、转让、代开。向消费者个人零售小额商品,也可以不开发票,如果消费者索要发票商家不得拒开。开具发票要按规定的时限、顺序,逐栏、全部联次一次性如实开具,并加盖单位财务印章或者发票专用章。未经税务机关批准,不得拆本使用发票。填开发票的单位和个人必须在发生经营业务确认经营收入时开具发票,未发生经营业务一律不准开具发票。发票只能在工商行政管理部门发放的营业执照上核准的经营业务范围内填开,不得自行扩大专业发票使用范围。填开发票时,不得按照付款方的要求变更商品名称、金额。

2. 增值税专用发票

增值税专用发票是为加强增值税的征收管理,根据增值税的特点而设计的,专供增值税一般纳税人销售货物或应税劳务使用的一种特殊发票。增值税专用发票只限于经税务机关认定的增值税一般纳税人领购使用。

任务三　事故车辆维修业务接待流程

【任务描述】

一辆车被拖到4S店进行维修,客户反映其驾驶的车辆在行驶过程中被后方车辆追尾。客户已经在现场报交警及保险公司,交警判定后车全责。服务经理安排你完成该事故车的维修业务接待工作。

【学习目标】

素质目标

学生按照事故车辆维修业务流程完成事故车辆维修接待任务,强化学生安全规范、爱岗敬业、责任担当的职业素养和精益求精的工匠精神。

知识目标

1. 掌握事故车辆维修业务接待流程。
2. 掌握事故车辆维修业务接待流程各个流程的规范操作步骤。

能力目标

1. 能够根据事故车辆维修业务接待流程为来店做事故车辆维修业务的客户提供满意的服务。
2. 能够正确填写事故车辆维修业务接待流程中相应工单。

【任务组织】

组织形式

教学组织推荐采用“任务布置—知识学习—计划决策—计划实施—课堂练习—任务评价”的教学流程，培养学生自主学习，完成工作的能力；为保证教学安全与实践效果，建议每位指导教师负责和指导 24～32 位学生，学生以小组形式开展学习，每组控制在 6～8 人。

场地设备

教学组织具体所需场地设备如表 3-32 所示。

表 3-32 教学组织所需场地设备

教学场所	场所面积	设备序号	设备名称	数量
汽车售后服务学习工作站	$50m^2$	1	汽车整车	2
		2	计算机	2
		3	办公家具	2
		4	业务单据	4

教学时间

教学时间设定为 4 学时。

【知识准备】

现场学习，独立完成下列 10 个问题。

1. 事故车辆的维修工作较为复杂，在索赔过程中时常伴随着客户与________公司的纠纷。因此，对服务顾问的素质要求较高。

2. 服务顾问为了解客户车辆事故状况，应与客户一起进行__________、照相、__________、估价，若保险公司已估价，且与 4S 店估价出入较大，则应与保险公司协商。

3. ____________________保险（简称交强险）是指由保险公司对被保险机动车发生道路交通事故造成本车人员、被保险人以外的受害人的人身伤亡、财产损失，在责任限额内予以赔偿的强制性责任保险。

4. 交强险只承保____________的人员、______________所遭受的损害。第三人所遭受的损害包括____________和__________，但不包括精神损害。

5. ______________限额是指被保险机动车发生道路交通事故，保险公司对每次事故所有受害人的人身伤亡和财产损失所承担的最高赔偿金额。

6. 机动车商业保险分为__________险和____________险。

7. 客户车辆出险报保险公司后，保险公司会安排查勘人员去现场查勘，如事故损失部分较小，较清晰，可当场定损；如损失较严重，则要到 4S 店进行________定损。

8. 保险车辆进厂后应确定是否需要__________进行受损车辆损伤鉴定，若需要，由业务经理负责联系__________进行鉴定。切不可不经________而直接拆卸，以免引起纠纷。

9. ________________时应由业务经理陪同，业务经理不在，应提前向服务顾问交代清楚。

10. 服务顾问根据保险公司定损单下达________________。若有客户自费项目，应________________，并另开具一张维修委托书，然后将维修委托书交由车间主管安排生产。

一、事故车辆接待

目前，很多汽车经销商、汽车维修企业都通过与保险公司签订协议，成为保险公司的代理。客户可以通过代理来购买保险，投保车辆出险后直接在指定专营店进行维修，此举快捷高效并赢得客户信赖。

事故车辆的维修工作较为复杂，在索赔过程中时常伴随着客户与保险公司的纠纷，因此，对服务顾问的素质要求较高。为方便事故车辆的理赔工作，许多品牌售后服务部都开辟了“事故车维修接待处”，并聘请熟悉事故车辆的接待、理赔等各项流程，对事故车辆的定损、理赔等拥有丰富经验，熟悉代理上牌、续保业务流程，有较强事故车辆业务拓展能力以及客源关系较好的服务顾问，负责事故车辆的接待及索赔工作。

客户车辆出险后，根据客户对保险索赔流程了解的不同，客户会做出不同的反应。一些客户会主动和保险公司联系，一些客户会和4S店联系。当客户出险后和4S店联系时，服务顾问要做好客户的安抚与引导工作。单方事故时报保险公司，双方事故时先报交警再报保险公司。客户如需拖车服务，服务顾问要确定客户事故车辆所在位置及现场人员的联系方式并及时安排拖车。

（一）接车服务

1. 服务顾问对前来报修的客户要主动迎接、问候。

2. 了解客户车辆事故状况，与客户一起进行车辆外检、照相、定损、估价，若保险公司已估价且与4S店估价出入较大，则应与保险公司进行协商。

3. 请客户填写出险证明，并请客户提供相应的文件，包括保险单正本、事故责任认定书、驾驶证、行驶证、被保险人身份证等。

4. 若客户未向保险公司报案，应视情况及时代客户报案。

5. 根据事故状况、客户要求以及保险公司定损的定损单，制订维修委托书。

6. 请客户确认维修项目，并且在维修委托书上签字。

7. 根据车间的修理进度，与客户商定取车的时间，并注于维修委托书上。

8. 将事故车辆移入车间进行修理。

事故车辆接待流程如图3-13所示。

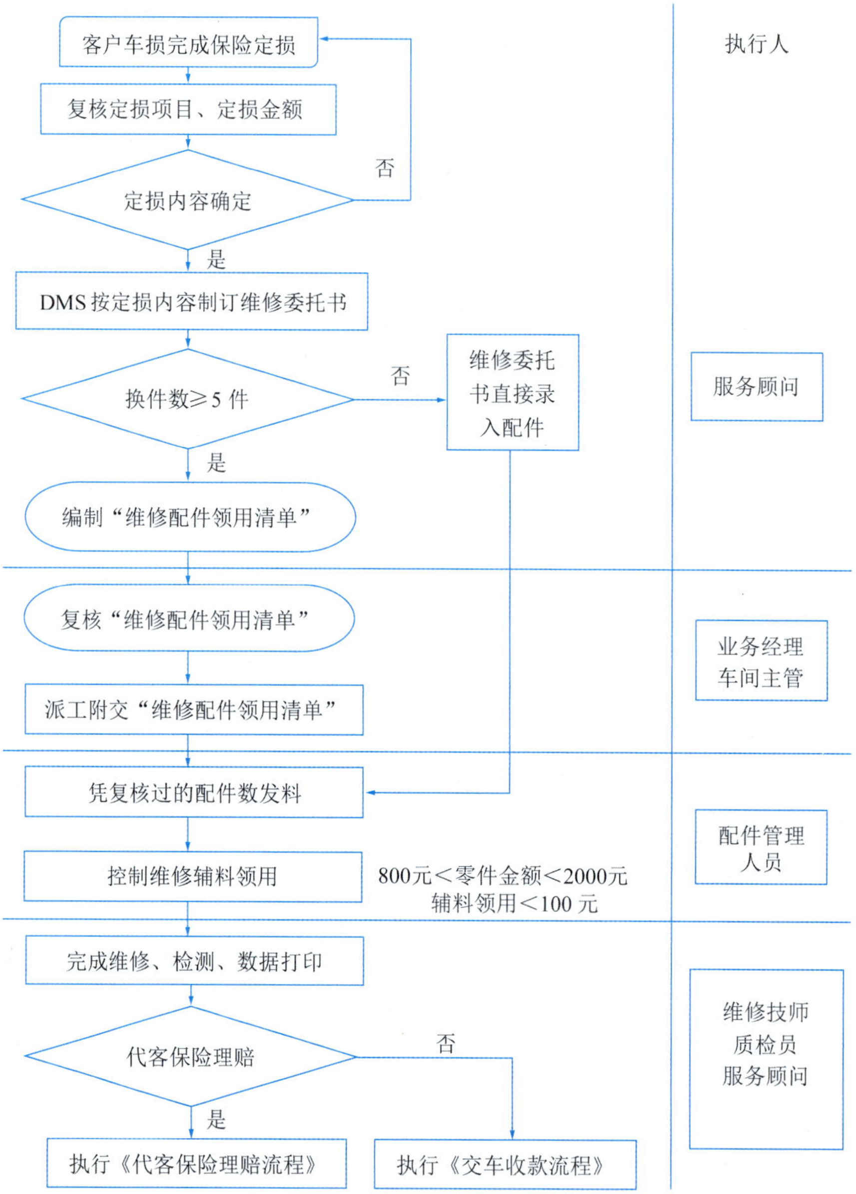

图3-13　事故车辆接待流程

（二）常见的车辆保险种类及条款

1. 机动车交通事故责任强制保险

机动车交通事故责任强制保险（简称交强险）是指由保险公司对被保险机动车发生道路交通事故造成本车人员、被保险人以外的受害人的人身伤亡、财产损失，在责任限额内予以赔偿的强制性责任保险。依据此条的规定：

（1）该强制性保险只承保机动车上的人员、被保险人之外的第三人所遭受的损害。

（2）第三人所遭受的损害包括人身损害和财产损失，但不包括精神损害。

(3)该强制性保险有一定的责任限额,保险人只在该责任限额内承担支付保险金的责任。

交强险责任限额是指被保险机动车发生道路交通事故,保险公司对每次事故所有受害人的人身伤亡和财产损失所承担的最高赔偿金额。交强险在全国范围内实行统一的责任限额。交强险责任限额见表 3-33。

表 3-33 机动车交通事故责任强制保险责任限额 单位:元

	死亡伤残赔偿限额	医疗费用赔偿限额	财产损失赔偿限额
被保险机动车在道路交通事故中有责任	110000	10000	2000
被保险机动车在道路交通事故中无责任	11000	1000	100

2. 机动车商业保险

在交强险之外,还有机动车商业保险。根据保障的责任范围,机动车商业保险分为基本险和附加险,如图 3-14 所示。

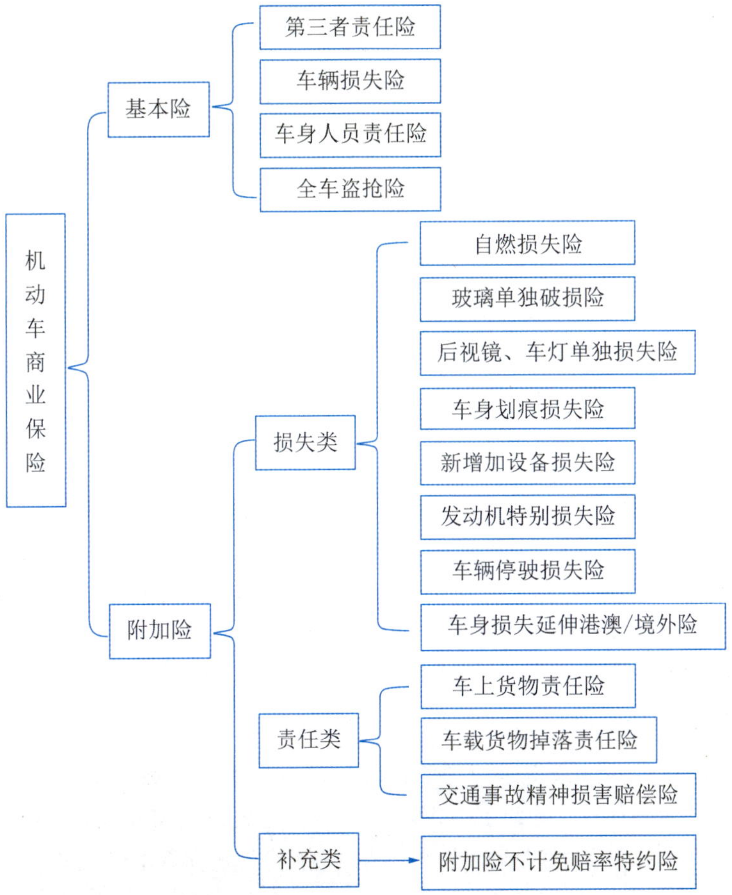

图 3-14 机动车商业保险的分类

3. 常见事故车辆索赔的程序

车辆出险索赔流程如图 3-15 所示。

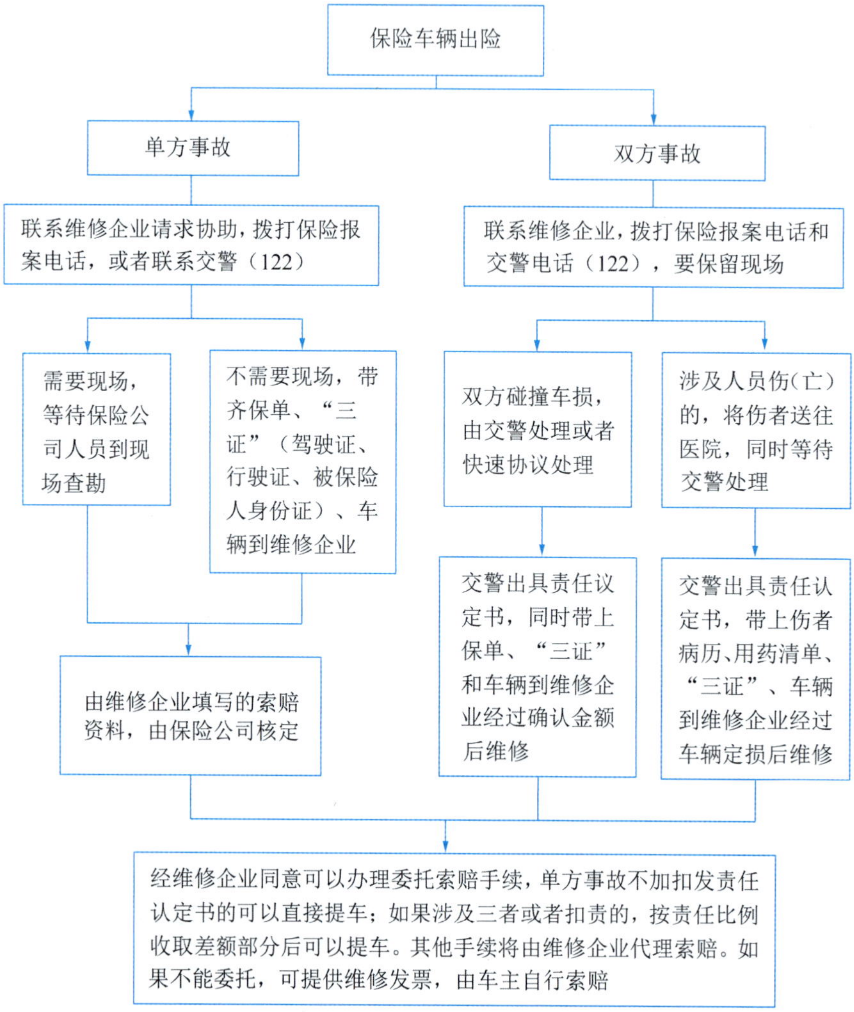

图 3-15 车辆出险索赔流程

二、查勘定损

客户车辆出险报保险公司后，保险公司会安排查勘人员去现场查勘，如事故损失部分较小，较清晰，可当场定损；如损失较严重，则要到 4S 店进行拆检定损。服务顾问要在事故车辆到店时做好接待，安排好相应工位，并协助客户和保险公司做好拆检定损工作。

三、保险车辆的维修流程

1. 保险车辆进厂后应确定是否需要保险公司进行受损车辆损伤鉴定。若需要，由业务经理负责联系保险公司进行鉴定。切不可不经保险公司而直接拆卸，以免引起纠纷。

2. 要积极协助保险公司完成对车辆的查勘、拍照及定损等必要工作。

3. 保险公司鉴定结束后，由车间主管负责安排班组进行拆检。各班组长将拆检过程中发现的损伤件列表，并通知车间主管或业务经理。

4. 服务主管将损伤件列表后联系保险公司，对车辆进行全面定损并协商保险车辆维修费用。定损时应由业务经理陪同，业务经理不在，应提前向服务顾问交代清楚。

5. 服务顾问根据保险公司定损单下达维修委托书。若有自费项目，应征得客户同意，并另开具一张维修委托书，并将其交由车间主管安排生产。

6. 服务顾问开完维修委托书，将定损单转给报价员。

7. 报价员将定损单所列材料项目按次序填入汽车零部件报价单，报价单必须注明车牌号、车型、底盘号、零部件单位等，然后与相关配件管理人员确定配件价格，并转给备件主管审查。

8. 报价员在备件主管确定备件价格、数量、项目后，向保险公司报价，并负责价格的回返。

9. 报价员将保险公司返回的价格交备件主管审核，如价格有较大出入，由业务经理同保险公司协调。报价员将协调后的回价单复印后，把复印件交给备件主管。

10. 对于定损时没有发现的车辆损失，由业务经理协调保险公司，由保险公司进行二次查勘定损。

11. 如有客户要求自费更换的部件，必须由客户签字后才可到备件库领料。

12. 保险车辆维修完毕后应严格检验，确保维修质量。

13. 维修车间将旧件整理好，以便保险公司或客户检查。

14. 检验合格后，将维修委托书转服务顾问审核，并注明客户自费项目，审核后转结算处。

15. 服务顾问在结算前将所有单据准备好。

16. 服务顾问通知客户结账，业务经理负责车辆结账解释工作。

17. 如有赔款转让，由业务经理协调客户、保险公司办理。

保险车辆的维修流程如图 3-16 所示。

图 3-16　保险车辆的维修流程

四、结算及车辆交付

1. 财务结算服务

(1)客户报修车辆维修竣工后，首先查看维修委托书上是否有质检员签字，若没有则退回车间。

(2)将维修委托书上实际完成的维修项目输入计算机，同时输入工位号、主修人。

(3)按照约定时间通知客户提车。

(4)向客户介绍维修的情况，并请客户验车。

(5)在客户满意后办理提车手续(收回客户提车联)，客户自己垫付的，需按照结算单上的维修金额交费，由财务人员开具维修发票。

(6)若是直接与保险公司结算的，则在系统网络结算后打印结算清单并请客户签字认可，会计单联由财务存查，结算单联交至保险公司，如客户需要，可以给客户复印件。

相关资料服务部留存。检查客户提供的文件是否齐全、正确、有效。

客户索赔档案所需资料包括：结算报告、维修委托书、问诊预检单、保险事故车辆损失情况确认书、机动车保险事故现场查勘记录（附事故经过描述及车主签字）、被保险人驾驶证和行驶证及身份证复印件等。

2. 保险公司结算流程

（1）将客户的索赔档案移交给保险内勤员，核对手续的完整性并在整理赔案的同时记录到保险事故车理赔报表中。

（2）将保险赔案资料交保险公司审核，留下客户的银行账号。

（3）在赔款到账后，根据赔款申请表与财务部门进行逐一核对，两部门确认后存档。

（4）根据赔案填写支出单并由财务人员审核，总经理签字确认后，通知客户取款。

【任务实施】

活动1　计划制订

客户李先生驾驶的车辆在行驶过程中被后方王先生的车辆追尾，李先生的车辆后保险杠、右后尾灯受损。客户李先生已经在现场报交警及保险公司，交警判定王先生负全责，无人伤。现李先生的车辆被拖到4S店，根据车辆实际情况进行接待。请按照事故车辆维修业务流程接待要点，针对李先生的车辆，制订事故车辆接待工作计划。

____

____

____

活动2　实施计划

1. 服务顾问在车辆定损过程中应注意哪些问题？

____

____

____

2. 界定零部件是需维修还是需更换的主要依据有哪些？

____

____

____

3. 维修过程中，如果出现增项，应如何处理？

____

____

____

4. 为便于客户顺利完成车辆的保险理赔工作，客户来店应带哪些资料？

____

____

____

5. 请根据工作任务的内容设计话术，完成表 3-34。

表 3-34　工作内容的话术设计

服务顾问小张	客户李先生
小张：	李先生：
小张：	李先生：
小张：	李先生：
小张：	李先生：
小张：	李先生：
小张：	李先生：
小张：	李先生：

活动 3　课堂练习

1. 请根据车辆保险的分类完成表 3-35。

表 3-35　车辆保险常见险种分类

基本险	附加险
车辆损失险	1.
	2.
	3.
	4. 新增加设备损失险
第三者责任险	
	车载货物掉落责任险
	车上货物责任险

2. 请将以下关于机动车交通事故责任强制保险(简称交强险)的描述补充完整。

保险责任：________________________________。

赔偿项目：交通事故中的死亡伤残赔偿、医疗费用赔偿、财产损失赔偿等。

责任限额：机动车在道路交通事故中有责任，死亡伤残赔偿限额________元，医疗费用赔偿限额________元，财产损失赔偿限额________元；机动车在道路交通事故中无责任，死亡伤残赔偿限额________元，医疗费用赔偿限额________元，财产损失赔偿限额________元。

3. 作为一名服务顾问，为确保做好事故车辆维修接待工作，需提前做好哪些方面的准备？

____

____

____

【任务评价】

自我评价

请根据自己在本次任务中的实际表现进行评价(见表3-36)。

表3-36 自我评价表。

	评分标准	分值	得分
1	主动问候客户,热情接待到店事故车辆,与客户一起进行车辆外检、拍照、估价,若保险公司已估价,且与4S店估价出入较大,与保险公司协商	20	
2	请客户填写出险证明,并请客户提供相应的文件,包括保险单正本、事故责任认定书、驾驶证、行驶证、被保险人身份证;根据事故状况、客户要求以及保险公司定损的定损单,制订维修委托书	20	
3	与客户沟通车辆情况及增项内容,针对增项服务,运用沟通技巧进行异议处理,重新派工	20	
4	交车前进行全面检查,邀请客户一起查看竣工车辆,向客户介绍情况	20	
5	结算交车,做好保险理赔工作	20	
合计(满分100)			

小组评价

请小组组长对组员的学习进行评价(见表3-37)。

表3-37 小组评价表

	评分标准	分值	得分
1	学习成效	25	
2	协作精神	25	
3	工作态度	25	
4	纪律观念	25	
合计(满分100)			

教师评价

请实训指导教师根据教学目标进行量化考核(见表3-38)。

表3-38 教师评价表

	学习目标	达成情况	
		能	不能
1	掌握事故车辆维修接待流程并能够说明其接待内容		
2	能够运用客户车辆出险后的沟通技巧,确认客户及车辆的基本信息		

续表

	学习目标	达成情况	
		能	不能
3	了解常见的车辆保险种类及条款，能够提取事故车辆索赔信息		
4	了解常见事故车辆索赔的程序，能够表述不同保险车辆事故类型的处理过程		
5	能够协同保险公司定损人员对事故车辆进行定损，确认相关资料		
6	能够预估维修费用及车辆交付时间，并制订维修委托书		
7	掌握维修增项处理的内容，能够及时与保险公司和客户进行沟通		
8	掌握交车前全面检查的内容和沟通技巧，能够对事故车辆进行质检和交付		
9	阐述财务结算内容，能够向客户解释维修内容和费用组成协助客户交清余款		
10	学习保险公司结算流程，能够将维修单据及相关资料交至保险公司进行理赔		
11	能够在交车后的 2～3 天内对客户进行回访		

【知识拓展】

保险理赔小知识

1. 对于“两无”事故车辆（“两无”即无现场、无交警证明或者公安证明），客户无法提供理赔要件，不能委托代理。

2. 涉及物损和双方、多方事故的，原则上 4S 店是不予代办的，但可代跑保险理赔相关手续。如遇客户强烈要求，可请示售后服务经理和总经理，经其同意后，符合代办条件的由客户垫付维修额的 30%～50%；在保险索回款后，客户先期垫付部分可返还给客户。

3. 对公安交警事故证明的责任认定需要认真核对，同时依照保险公司相应的规定留意保险理赔中的责任免赔情况，免赔部分由客户承担。

4. 礼貌提醒客户，在车辆修复完毕时，若客户未能提供齐全的代赔资料，则将预收全额维修款。

5. 对于牵涉人伤的事故，在短期难以结案时，也要礼貌地告知客户在修后交车时要同时结账，将提供完整的资料，以便客户自己向保险公司索赔或者协助客户向保险公司进行索赔。

6. 对于外地的保险索赔，应全额收取维修款，出具相应的维修资料和发票，请客户自行理赔。

7. 保险代办只针对签订代办委培协议的保险公司，其他保险公司不办理委赔，但可帮助客户代办保险理赔相关手续。遇到客户强烈要求代办委赔时，可在售后服务经理和总经理同意后，由客户垫付维修额的 50%，回款后返还客户。

任务四　常见客户异议处理

【任务描述】

客户李先生的轿车进厂维修，他反映车辆行驶 700 千米后，在还未上牌照（其他手续已经办完）的情况下，出现行驶困难现象。经检查发现变速器档位开关损坏，更换后问题解决。李先生认为新车不应该出现这样的故障，执意要求换车。服务经理安排你来处理此次客户异议。

【学习目标】

学生按照常见客户异议处理流程完成故障车辆异议处理任务，培养学生规范服务的意识和客户至上的理念。

知识目标

1. 掌握“三包”业务异议处理流程和技巧。
2. 掌握车辆返修业务异议处理流程和技巧。
3. 掌握价格异议处理流程和技巧。

能力目标

1. 能够根据常见异议处理流程和技巧为来店客户提供满意的服务。
2. 能够正确填写常见异议处理业务中相应工单。

【任务组织】

组织形式

课程教学组织推荐采用“任务布置—知识学习—计划决策—计划实施—课堂练习—任务评价”的教学流程，培养学生自主学习，完成工作的能力；为保证教学安全与实践效果，建议每位指导教师负责和指导 24～32 位学生，学生以小组形式开展学习，每组 6～8 人。

场地设备

教学组织具体所需场地设备如表 3-39 所示。

表 3-39　教学组织所需场地设备

教学场所	场所面积	设备序号	设备名称	数量
汽车售后服务学习工作站	$50m^2$	1	汽车整车	2
		2	计算机	2
		3	办公家具	2
		4	业务单据	1

教学时间

教学时间设定为 4 学时。

【知识准备】

现场学习，独立完成下列 9 个问题。

1. 汽车质量担保政策主要包括________担保、________质量担保及______质量担保。

2. 汽车厂家一般会给出行驶________和行驶________两个质保期的限定条件，且以________为准。

3. “三包”的主体包括__________、___________、__________及________。

4. 家用汽车产品保修期限不低于________年或者行驶里程______千米，以______者为准；家用汽车产品“三包”有限期限不低于__________年或者行驶里程________千米，以________者为准；家用汽车产品保修期和“三包”有效期自销售者____________之日起计算。

5. 家用汽车产品自销售者开具购车发票之日起_______日内或者行驶里程_______km 之内（以先达到者为准），发动机、变速器的主要零件出现产品质量问题的，消费者可以选择免费更换发动机、变速器。

6. 质检需要__________、__________、__________三次检查。

7. 家用汽车产品“三包”责任争议是不可避免的，其原因有三方面：____________原因、____________原因、____________原因。

8. “三包”争议的处理方法有：________、________、________和________。

9. 车辆返修分为________返修和________返修，针对返修车辆，应根据车辆返修制度________派工，尽量减少客户的不满情绪。

一、“三包”业务异议处理

(一)汽车质量担保

汽车质量担保政策主要包括新车质量担保、备件质量担保及汽车维修质量担保。汽车同其他产品一样都有质量保证期。

汽车厂家一般会给出行驶时间和行驶里程两个质保期的限定条件，且以先到者为准。在质保期内，用户在规定的使用条件下使用，车辆由于制造、装配及材料质量问题所造成的各类故障或零部件的损坏（丧失使用功能），经过厂家授权维、修站检验并确认均由厂家提供无偿维修或更换相应零件，以确保车辆正常行驶。

(二)家用汽车产品“三包”责任规定及解析

2012 年 12 月国家质量监督检验检疫总局公布了《家用汽车产品修理、更换、退货责任规定》，自 2013 年 10 月 1 日起施行。

1. “三包”的概念

汽车产品生产者、销售者和修理者在质量保证期内，因汽车产品质量问题，对汽车产品修理、更换和退货的活动及责任。

产品质量问题是指家用汽车产品出现影响正常使用、无法正常使用或者产品质量与法规、标准、企业明示的质量状况不符合的情况。

2."三包"的主体

(1)生产者,是指生产家用汽车产品并以其名义颁发产品合格证的单位。

(2)销售者,是指以自己的名义向消费者直接销售、交付家用汽车产品并收取存款、开具发票的单位或者个人。

(3)修理者,是指与生产者或销售者订立代理修理合同,依照约定为消费者提供家用汽车产品修理服务的单位或者个人。

(4)经营者,包括生产者、销售者、向销售者提供产品的其他销售者、修理者等。

3."三包"有效期和报修期

家用汽车产品保修期限不低于3年或者行驶里程60000千米,以先达到者为准;家用汽车产品"三包"有限期限不低于2年或者行驶里程50000千米,以先达到者为准;家用汽车产品保修期和"三包"有效期自销售者开具购车发票之日起计算。

4. 报修条件

在家用汽车产品保修期内,家用汽车产品出现产品质量问题,消费者凭"三包"凭证由修理者免费修理(包括工时费和材料费)。

家用汽车产品自销售者开具购车发票之日起60日内或者行驶里程3000千米之内(以先达到者为准),发动机、变速器的主要零件出现产品质量问题的,消费者可以选择免费更换发动机、变速器。发动机和变速器总成的主要零件种类范围见表3-40。

表3-40 发动机和变速器总成的主要零件种类范围

总成	主要零件种类范围
发动机	曲轴、主轴承、连杆、连杆轴承、活塞、活塞环、活塞销
	气缸盖
	凸轮轴、气门
	气缸体
变速器	箱体
	齿轮、轴类、轴承、箱内动力传动元件(含离合器、制动器)

家用汽车产品的易损耗零部件在其质量保证期内出现质量问题的,消费者可以选择免费更换易损耗零部件。易损耗零部件的种类范围见表3-41。

表3-41 易损耗零部件的种类范围

序号	种类范围
1	空气滤清器
2	空调滤清器
3	机油滤清器

续表

序号	种类范围
4	燃油滤清器
5	火花塞
6	制动衬片
7	离合器片
8	轮胎
9	蓄电池
10	遥控器电池
11	灯泡
12	刮水器刮片
13	熔丝及普通继电器(不含集成控制单元)

在家用汽车产品保修期内,因产品质量问题每次修理时间(包括等待修理备用件时间超过 5 日的,应当为消费者提供备用车,或者给予合理的交通费用补偿。修理时间自消费者与修理者确定修理之时起,至完成修理之时止)。一次修理占用时间不足 24 小时的,以 1 日计。

5. 退还车条件

在家用汽车产品"三包"有效期内,符合本规定更换、退货条件的,消费者凭"三包"凭证、购车发票等由消费者更换、退货。

家用汽车产品自消费者开具购车发票之日起 60 日内或者行驶里程 3000 千米之内(以先达到者为准),家用汽车产品出现转向系统失效、制动系统失效、车身开裂或燃油泄漏,消费者选择更换家用汽车产品或退货的,销售者应当负责免费更换或退货。

汽车系统的主要零件种类范围见表 3-42。

表 3-42 汽车系统的主要零件种类范围

汽车系统	主要零件种类范围
转向系统	转向机总成、转向柱、转向万向节、转向拉杆(不含球头)、转向节
制动系统	制动主缸、轮缸、助力器、制动踏板及其支架
悬架系统	弹簧(螺旋弹簧、扭杆弹簧、钢板弹簧、空气弹簧、液压弹簧等)、控制臂、连杆
前/后桥	桥壳、主减速器、差速器、传动轴、半轴
车身	车身骨架、副车架、纵梁、横梁、前后车门本体

在家用汽车产品"三包"有效期内,因产品质量问题修理时间累积超过 35 日的,因同一产品质量问题累积修理超过 5 次的,消费者可以凭"三包"凭证、购车发票,由销售者负责更换。

6. 使用补偿费用的计算

按照本规定更换或者退货的,消费者应当只负担因使用家用汽车而产品所产生的合理使用补偿，销售者依照本规定应当免费更换、退货的除外。合理使用补偿费用的计算公式为：[车价款(元)×行驶里程(km)/1000)]×n。使用补偿系数 n 由生产者根据家用汽车产品使用时间、使用状况等因素在 0.5%～0.8%之间确定，并在“三包”凭证中明示。

7. 免责情况

在家用汽车产品保修期和“三包”有效期内，存在下列情形之下的，经营者对涉及产品质量问题，可以不承担本规定所规定的“三包”责任：

(1)消费者所购家用汽车产品已被书面告知缺陷瑕疵的。

(2)家用汽车产品用于出租或其他营运目的的。

(3)使用说明书中明示不得改装、调整、拆卸，但消费者自行改装、调整、拆卸而造成损坏的。

(4)发生产品质量问题，消费者自行处置不当造成损坏的。

(5)因消费者未按照使用说明书要求正确使用、维护、修理产品，而造成损坏的。

(6)因不可抗力造成损坏的。

在家用汽车产品报修期和“三包”有效期内，无有效发票和“三包”凭证的，经营者可以不承担本规定所规定的“三包”责任。

(三)“三包”凭证

“三包”凭证包括正反两面，其中正面应至少包括产品信息、生产者信息、销售者信息、“三包”条款等；背面应列出其他汽车“三包”相关信息。其他汽车“三包”相关信息主要包括：主要总成和系统的主要零件种类范围；易损耗零部件的种类范围及质量保证期；退换车的使用补偿系数及计算公式；需要根据车辆识别代号等定制的特殊零部件信息。生产者可根据修理者的网店分布、数量等情况，将修理者信息另附资料予以列出。

“三包”凭证正面内容见表 3-43，背面内容见表 3-44。

表 3-43 “三包”凭证正面内容

“三包”凭证编号：	
产品信息	
产品品牌：	型号：
车辆类型：	车辆规格：
车辆识别代号：	生产日期：
生产者信息	
名称：	邮政编码：
地址：	客服电话：
销售者信息	
名称：	邮政编码：
地址：	客服电话：
销售日期：	

续表

“三包”凭证编号：
“三包”条款
汽车产品报修期：
汽车产品“三包”有效期：
其他“三包”责任承诺：
销售者签章：
注 1：车辆类型参见 GB/T3730.1—2001，车辆规格参见 GA24.4—2005。 注 2：车辆识别代号是“三包”凭证的唯一编号。

表 3-44　“三包”凭证背面内容

主要总成和系统的主要零件种类范围

总成和系统	主要零件的种类范围
发动机	……
	……
……	……

易损耗零部件种类范围及质量保证期

易损耗零部件	质量保证期
……	××个月/××万公里
……	××个月/××万公里
……	……

（四）“三包”预警车辆的维修维护

1.“三包”预警条件

“三包”车辆预警项目、橙色与红色预警条件见表 3-45。

表 3-45　“三包”预警条件

预警项目	橙色预警条件	红色预警条件
因产品质量问题累计修理时间	20 日	25 日
因同一产品质量问题累计修理次数	3 次	4 次
发动机、变速器累计更换次数，或者发动机、变数器同一主要零件因质量问题累计更换次数	1 次	2 次
转向系统、制动系统、悬架系统、前/后桥、车身的主要零件累计修理次数	1 次	2 次
转向系统、制动系统、悬架系统、前/后桥、车身的同一主要零件因质量问题累计更换次数	1 次	2 次

2. 预约

对于已出现预警信息的车辆，应尽量进行维护类的预约，预约流程如图 3-17 所示。

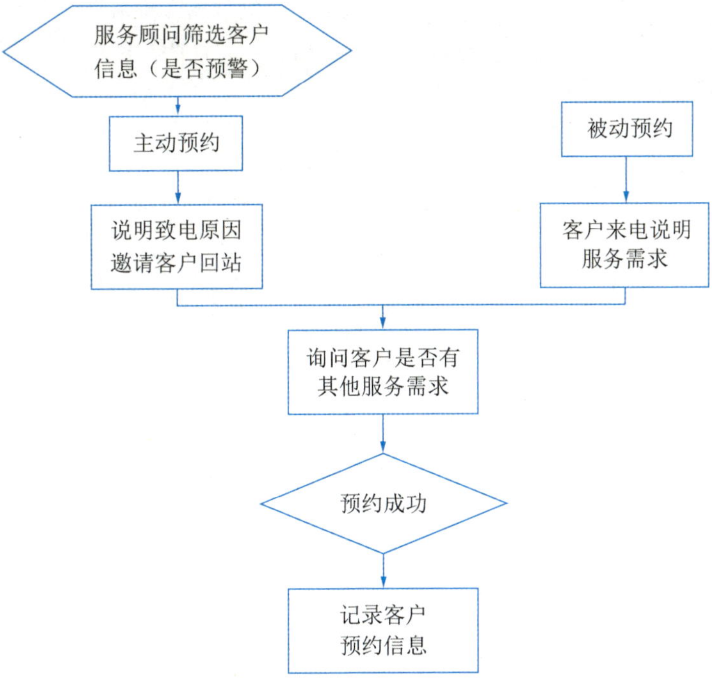

图 3-17　预约流程

3. 接车

接车流程如图 3-18 所示。

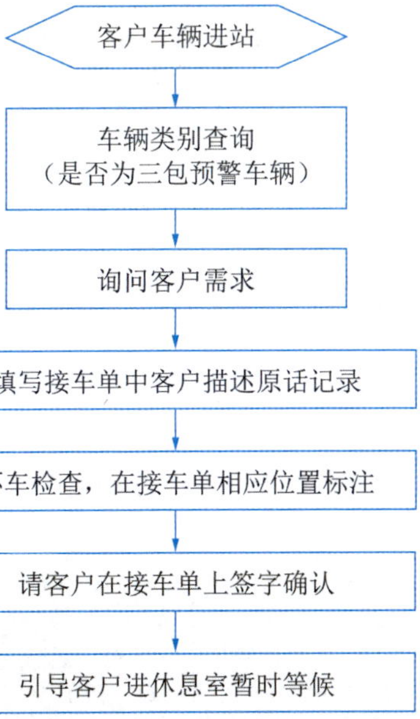

图 3-18　接车流程

4. 问诊

问诊流程如图 3-19 所示。

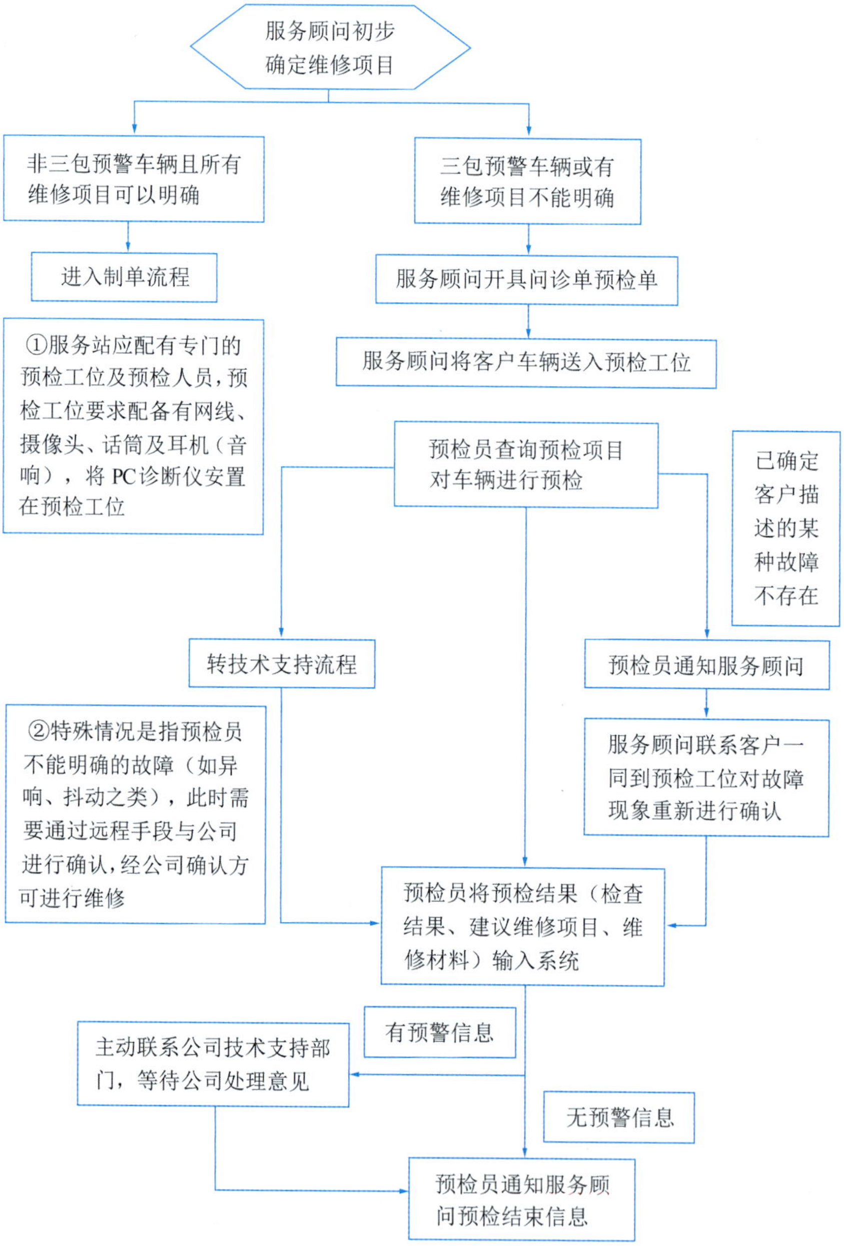

图 3-19　问诊流程

5. 派工维修

派工维修流程如图 3-20 所示。

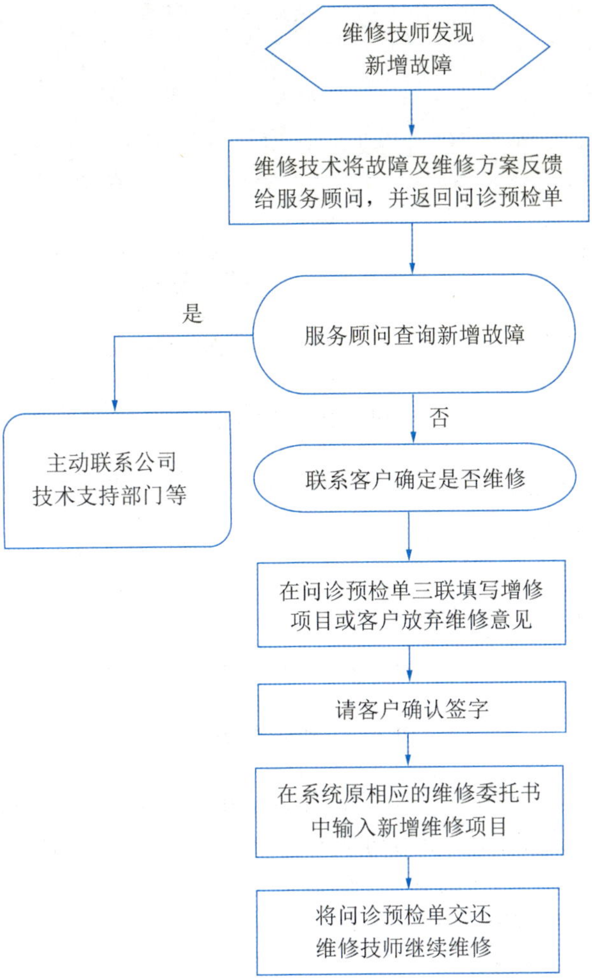

图 3-20 派工维修流程

6. 质检

(1)自检。

(2)互检。填写质量检验报告单。

(3)终检。涉及“三包”维修项目的车辆必须执行终检，保证一次修复率为100%。

(4)竣工准备。将终检确认单依附于交车单上，客户、4S店双方签字或盖章。

7. 交车

交车流程如图3-21所示。

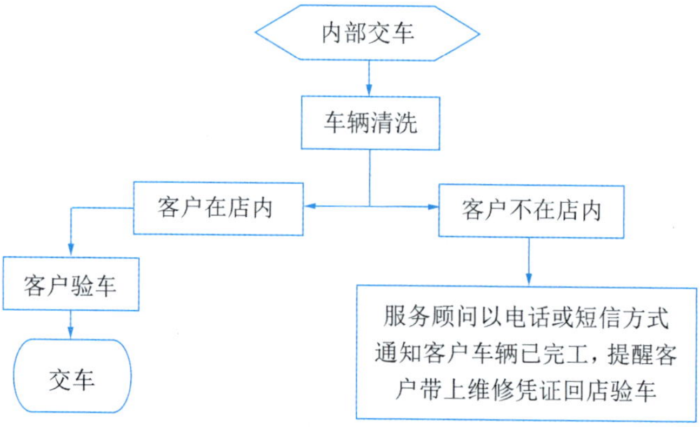

图 3-21　交车流程

交车时，必须当面与客户确认维修时间，并双方签字；若客户不在店内，可先与客户沟通说明，明确维修时间。

8. 跟踪服务

跟踪服务流程如图 3-22 所示。

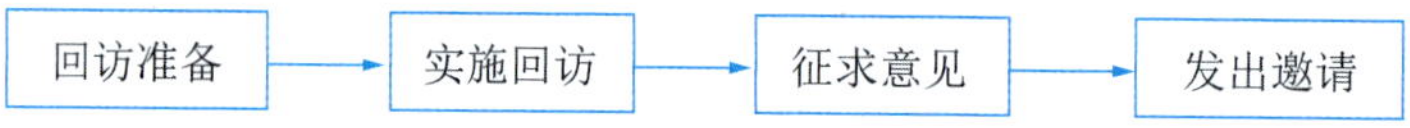

图 3-22　跟踪服务流程

对于"三包"车辆，回访中客户如果反馈车辆问题，应记录相应问题在系统备案；遇重大问题或客户有重大抱怨情绪，主动邀请客户回站，或主动上门服务，降低客户抱怨，提升客户满意度。遇其他情形可告知客户将在下次维护时一并为其处理，在确保客户满意的前提下，不增加无谓的修理次数。

(五)"三包"争议的处理

1."三包"争议

家用汽车产品"三包"责任争议是不可避免的，其原因有以下三个方面。

(1)经济原因：汽车属高价值消费品，其质量(或故障)问题的处理需要大量的费用，甚至产生赔偿诉求，而消费者与经营者(生产者、销售者、修理者)根本利益不一致。

(2)技术原因：消费者与经营者的信息、技术等方面的知识不对称，认知上存在差距。

(3)法律原因：质量问题、严重安全性能故障、不能正常使用等涉及"三包"责任的内容无法在法规中明确表述，各方理解上存在差异。

2."三包"争议处理原则

家用汽车产品"三包"责任发生争议的，消费者可以与经营者协商解决；可以依法向各级消费者权益保护组织等第三方社会中介机构请求调解解决；可以依法向质量技术监督部门等有关行政部门申诉进行处理。

家用汽车产品"三包"责任争议双方不愿通过协商、调解解决或者协商、调解无法达成一致的，可以根据协议申请仲裁，也可以依法向人民法院起诉。

经营者应当妥善处理消费者对家用汽车产品"三包"问题的咨询、查询和投诉。经营者和消费者应积极配合质量技术监督部门等有关行政部门、有关机构等对家用汽车产品“三包”责任争议的处理。

省级以上质量技术监督部门可以组织建立家用汽车产品“三包”责任争议处理技术咨询人员库，为争议处理提供技术咨询；经争议双方同意，可以选择技术咨询人员参与争议处理，技术咨询人员的咨询费用由双方协商解决。经营者和消费者应当配合质量技术监督部门，进行家用汽车产品“三包”责任争议处理技术咨询人员库建设，推荐技术咨询人员，提供必要的技术咨询。

质量技术监督部门处理家用汽车产品“三包”责任争议，按照产品质量申诉处理有关规定执行。

处理家用汽车产品“三包”责任争议，需要对相关产品进行检验和鉴定的，按照产品质量仲裁检验和产品质量鉴定有关规定执行。

3. 处理“三包”争议

(1)处理态度

快速反应，妥善处理，站在客户的角度，多部门共同处理“三包”维修问题，由服务经理或更高级别人员负责“三包”退换处理，4S 店总经理是处理客户投诉的第一责任人。

服务顾问与客户进行更为频繁的沟通交流，正确引导客户，降低其期望以达成合理诉求；积极与厂家沟通、反馈；加强客户联系，提升客户满意度。

(2)处理方法

a. 转移，如遇到感官性故障，可通过转移客户注意力的方法处理。

b. 延时，在处理偶发性故障时，可让客户再行驶一段时间，跟踪观察，获得充足的处理时间。

c. 预防，对于可能发生的故障，提前准备，做好预防。

d. 补救措施，提供免费服务(免费洗车、赠品、折价工时费、免费维护等)。

4. 处理结果的统筹管理

在平时的工作中，统筹分析服务中的处理结果，讨论研讨，制订改善措施，积极跟踪推进，对“三包”的执行将起到极大的推动作用。

二、车辆返修业务异议处理

(一)车辆返修管理制度

1. 政策规定

《机动车维修管理规定》于 2005 年由交通运输部颁布，2016 年通过了第二次修正。其中，第四章“质量管理”中规定了相关的质量保证要求：

第三十七条　机动车维修实行竣工出厂质量保证期制度。

汽车和危险货物运输车辆整车修理或总成修理质量保证期为车辆行驶 20000 千米或者 100 日；二级维护质量保证期为车辆行驶 5000 千米或者 30 日；一级维护、小修及专项修理质量保证期为车辆行驶 2000 千米或者 10 日。

质量保证期中行驶里程和日期指标，以先达到者为准。

机动车维修质量保证期，从维修竣工出厂之日起计算。

第三十八条　在质量保证期和承诺的质量保证期内，因维修质量原因造成机动车无法正常使用，且承修方在3日内不能或者无法提供因非维修原因而造成机动车无法使用的相关证据的，机动车维修经营者应当及时无偿返修，不得故意拖延或者无理拒绝。

在质量保证期内，机动车因同一故障或维修项目经两次修理仍不能正常使用的，机动车维修经营者应当负责联系其他机动车维修经营者，并承担相应的修理费用。

第三十九条　机动车维修经营者应当公示承诺的机动车维修质量保证期。所承诺的质量保证期不得低于第三十七条的规定。

2. 维修企业车辆返修管理

在维修质量保证期内，所维修的车辆发生故障或损坏，要明确责任划分，按照责任属性进行护理。

(1)因维修质量不合格或使用了不合格的配件，造成维修质量低劣的，其经济损失由承修方负责。

(2)因用户操作不当或用户自己拆修造成的经济损失，承修方不予承担。

(3)返修车辆由服务顾问接车后，在维修委托书上注明返修内容，加注“返修”字样，并填写返修记录单，及时送给维修车间。

(4)返修车辆执行企业维修质量控制程序，直至达到汽车维修竣工标准。

(5)维修车间及质检部门要建立车辆返修记录，对返修项目进行技术分析，制订和落实应对措施。

(二)客户车辆返修处理

车辆返修分为内部返修和外部返修，针对返修车辆，应根据车辆返修制度优先派工，尽量减少客户的不满情绪。返修车辆处理过程如下：

1. 填写返修记录单

返修记录单见表3-46。

表3-46　返修记录单

客户姓名		车牌号码		车型	
返修工单号		上次维修时间		上次维修班组	
上次维修项目及内容：					
客户故障描述：					
返修原因：					
解决方案：					
预防措施：					
相关责任人处理：					
技术主管签字：			服务经理签字：		

技术主管和服务经理签署处理意见后，将返修记录表复印并保存，然后交给原服务顾问。

2. 优先派工

返修车辆应予以优先派工，具体工作流程如图 3-11 所示（参见前文）。

返修车辆质检合格后，服务顾问将返修记录单和维修委托书一同交给客服部保存归档。

3. 返修汇总分析

由质检员和车间主管会同技术经理，根据每月返修记录档案进行返修原因分析，有针对性地提出改进措施并实施改进措施，保证维修质量持续和稳步提高。

三、价格异议处理

在服务过程中，价格问题是企业与客户之间十分敏感的问题之一。在实际工作中，关于价格问题的异议，很多时候与服务质量并没有太大的关系。无论前期的服务如何到位，涉及价格问题的时候，客户总是希望能够获得优惠，当客户与服务顾问之间出现价格异议的时候，可以运用如下的原则和方法处理双方的异议，以达到双赢的目的。

（一）价格异议产生的原因

1. 客户经济状况、支付能力等方面的原因。
2. 客户对提供服务或提供代用品服务之间的价格比较。
3. 客户不了解企业的服务产品。
4. 客户在不同企业比较服务，希望将低价格作为和另一方讨价还价的筹码。
5. 客户的其他动机。

（二）处理价格异议的方法

1. 如果客户未累积消费金额达到一定额度或来店次数达到一定数量的客户，可以推荐使用积分卡或会员卡，主动为客户提供折扣，以促使客户继续来店消费。

2. 如果服务顾问在服务过程中没有服务失误，而客户仍希望得到优惠，服务顾问不可轻易答应客户的要求，可以考虑推荐客户成为会员或利用一定的技巧为客户做好解释工作。

3. 如果服务过程中存在服务失误，服务顾问要真诚地向客户表示歉意，并根据企业有关服务失误的处理方法，采取道歉、解释、折让、提供补偿等手段来解决问题。

（三）处理价格异议的技巧

1. 安全利益法

安全利益法是指服务顾问在向客户解释维修项目时，首先向客户说明故障的危害性和各个维修项目的必要性，客户对维修项目必要性的理解越透彻，讨价还价的可能性也就越低。

2. 价格分解法

价格分解法是指服务顾问向客户解释维修项目时，逐一向客户解释维修项目及价格。通过价格分解，让客户明白每一项维修都是必要的，已确定的维修项目实际上可选择范围内最划算的。

3. 总体计算法

总体计算法与价格分解法恰恰相反，该方法是服务顾问从满足某一需求的总体费用上着手向客户解释。例如服务顾问推荐客户定期地对车辆进行维护和检查，以保证车况良好，延长车辆使用寿命，从而降低车辆的整体使用成本。

4. **补偿法**

如果企业的维修服务在价格方面与同行相比的确不具备优势，而服务差异性也不大，那么就必须采取相关措施弥补价格劣势，如为客户提供免费的检修等服务项目。

5. **暗示提醒成交法**

向客户解释维修项目的时候，如果客户一开场就直截了当地询问价格，不要马上回答他们价格是多少。因为这时候很多客户还没有完全清楚维修服务的价值所在，对价值的评判还不全面，无法做到客观公正，此时如果马上回应客户有关价格的问题，他们往往会凭直觉判断价格太高，这是客户消费心理的必然表现。

6. **送“台阶”法**

服务顾问没有明显的服务失误，而客户依然希望获得规定范围之外的折扣时，如果服务顾问直接拒绝，客户会感觉十分没有“面子”，很容易招致不满。这时可以采用送“台阶”的方法来实现价格协商。

当客户坚持要求折扣时，服务顾问可以先告诉客户需要请示上级主管，或采用赠送客户小礼品等手段，使得客户感觉有台阶下，从而实现价格协商的目的。

【任务实施】

活动 1　制订计划

客户李先生的车辆行驶 700 千米后，在还未上牌照(其他手续已经办完)的情况下，出现行驶困难现象。经检查发现变速器档位开关损坏，更换后问题解决。李先生认为新车不应该出现这样的故障，执意要求换车。请根据常见客户异议处理要点，针对这一情况制订工作计划。

____

____

____

活动 2　实施计划

1. 上述案例符合“三包”责任规定吗？

____

____

____

2. 客户对“三包”政策不了解，提出非理性要求，期望值过高，这种情况怎么处理？

____

____

____

3. “三包”政策给消费者带来了哪些好处？

____

____

____

活动 3　课堂练习

1. 查阅资料，比较各个汽车厂家质量担保期限情况(举几个例子即可)。

2. 查阅资料，在家用汽车产品“三包”有效期内，发生哪些情况，消费者选择更换或退货的，销售者应当负责更换或退货(举两个例子即可)。

情况一	
情况二	

3. 一汽大众迈腾 2020 款 280TSI DSG 领先型车架款为 20.99 万元，行驶里程为 10000 千米，补偿系数为 0.8%，请计算补偿费用。

4. 如何处理价格异议？

(1)查阅资料，写出产生价格异议可能的原因。

(2)查阅资料，写出处理价格异议的方法。

(3)查阅资料，写出处理价格异议的技巧。

【任务评价】

自我评价

请根据自己在本次任务中的实际表现进行评价(见表 3-47)。

表 3-47 自我评价表。

	评分标准	评分分值	得分
1	掌握汽车质量担保的知识，能够识别车辆的“三包”情况	20	
2	能够处理发动机和变速器的主要零件、易损耗零部件、汽车系统主要零件的质量问题，能够识别退换车情况	20	
3	掌握汽车“三包”政策管理的知识，熟悉“三包”车辆维护维修的流程	20	
4	了解客户抱怨处理机制，能够进行返修车辆故障排除，处理客户抱怨	20	
5	了解产生价格异议的原因，掌握价格异议的处理方法和处理技巧，能够解决客户提出的价格异议	20	
合计(满分 100)			

小组评价

请小组组长对组员的学习进行评价(见表 3-48)。

表 3-48 小组评价表

	评分标准	评分分值	得分
1	学习成效	25	
2	协作精神	25	
3	工作态度	25	
4	纪律观念	25	
合计(满分 100)			

教师评价

请实训指导教师对计划实施结果进行评价(见表 3-49)。

表 3-49 教师评价表

	学习目标	达成情况	
		能	不能
1	掌握汽车质量担保的知识，能够识别车辆的“三包”情况		
2	能够处理发动机和变速器的主要零件、易损耗零部件、汽车系统主要零件的质量问题，能够识别退换车情况		
3	掌握汽车“三包”政策管理的知识，熟悉“三包”车辆维护维修的流程		
4	掌握汽车“三包”争议处理原则及处理方法，能够解决客户“三包”争议		

续表

	学习目标	达成情况	
		能	不能
5	熟悉车辆返修管理制度，能够识别返修车辆的责任属性		
6	了解客户抱怨处理机制，能够进行返修车辆故障排除，处理客户抱怨		
7	了解产生价格异议的原因，掌握价格异议的处理方法和处理技巧，能够解决客户提出的价格异议		

【知识拓展】

客户忠诚度的培养措施

忠诚的客户是企业巨大的财富，原因在于他们会经常性地购买其产品，会交叉购买相关产品或服务，会对竞争对手的促销活动产生免疫力，会积极向别人推荐企业产品或服务。根据"二八法则"，一般来说，企业80%的利润是由20%的忠诚客户创造的。因此，保持较高的客户忠诚度几乎是每一个汽车企业追逐的目标。

1. 优异的质量

众所周知，长期稳定的优异质量是维修客户忠诚的根本所在。质量的含义不再仅仅停留在硬性的标准上，而有了更高的要求——需要企业更加注重客户的个性化需求。从某种程度上讲，客户的要求就是质量的标准。汽车维修企业应积极适应现代消费者个性化要求，向客户尽可能多地提供其所需要的产品或服务，以此来留住客户。

2. 优惠的价格

现在消费者对价格的敏感性大大加强，因此，汽车维修企业应充分审视价格结构及竞争对手的价格体系，理性地拟定产品价格，以尽可能低的价格向消费者提供良好的产品和服务，让客户真正感受到实惠，得到客户的价值认同。

3. 优质的服务

美国的一家咨询公司的调研显示，客户从一家企业转移到另一家企业，其中70%是因为服务质量的问题。随着科学技术的进步和市场竞争的加剧，汽车维修企业的产品在价格和质量方面的差距越来越小，服务质量已成为企业竞争的重要影响因素。面对消费者个性化和快捷的服务要求，企业只有建立完善的客户服务系统，创建服务优势，让客户真正体验到"上帝"的感觉，才能留住客户，从而建立客户对企业的忠诚。

4. 沉没成本的影响

在与企业交往一段时间后，老客户通常会发现：如果更换品牌或卖方，会受到沉没成本和只能从现在的卖方获得的延迟利益的限制。例如，一些汽车维修企业在客户购买汽车备件金额达到一定的数量后，在其继续购买的时候会给予一定的价格优惠。这样，频繁购买产品的客户就加强了对这家企业的忠诚度。一般来讲，企业建构转移壁垒，使客户在更换品牌或卖方感到转移成本过高，原来获得的利益会因转移而消失，这样可以加强客户对企业的忠诚度。

5. **感情投资**

亲和友善的客户关系在企业提供产品的同时，能够满足客户情感上的需要，通过心理作用，提升产品价值和企业形象。现在，很多汽车维修企业注重对员工进行教育，鼓励员工在服务过程中与客户建立融洽、牢固的关系，并对这种关系的维护进行持续的情感投资。

项目四
售后服务业务拓展

随着我国汽车业产能和技术的快速提高，消费者的逐步成熟，汽车品牌的竞争将不可避免地由技术、价格等转向售后服务。厂商之间的竞争不仅涉及产品自身层面，更重要的是产品和消费者最贴近的因素，即售后服务。汽车的售后服务领域是一个大市场，作为汽车品牌服务公司的售后经理必须认清汽车行业的发展形势，拓展汽车售后服务业务，这是大势所趋，也是当务之急。

任务一　售后服务产品营销

【任务描述】

你作为服务经理根据企业下达的售后任务，通过访问新老客户和调研当地市场制订营销活动计划，并结合市场实际需求实时调整和完善活动方案。选择合适的广告媒体宣传方式，布置活动现场，安排人员的工作任务，及时地跟进活动实施情况，处理临时发生的事务，保证活动有序进行，活动结束后进行总结。

【学习目标】

素质目标

学生根据营销活动策划要点完成一项车辆维护保养营销活动策划任务，培养学生沟通交流和团队合作能力。

知识目标

1. 掌握汽车服务营销的概念和内容。
2. 掌握服务营销要素的含义。

能力目标

1. 根据对客户和市场的分析，制订营销活动计划。
2. 根据服务营销活动计划，选择合适的广告媒体进行有效宣传。
3. 遵循活动开展检查规范对活动计划和实施内容进行调整和完善。

【任务组织】

组织形式

教学组织推荐采用“任务布置—知识学习—计划决策—计划实施—课堂练习—任务评价”的教学流程，培养学生自主学习，完成工作的能力；为保证教学安全与实践效果，建议每位指导教师负责和指导 24～32 位学生，学生以小组形式开展学习，每组控制在 6～8 人。

场地设备

教学组织具体所需场地设备如表 4-1 所示。

表 4-1 教学组织所需场地设备

教学场所	场所面积	设备序号	设备名称	数量
汽车售后服务学习工作站	$50m^2$	1	汽车整车	2
		2	计算机	4
		3	办公家具	1
		4	展示白板	4
		5	营销策划沙盘	1

教学时间

教学时间设定为 4 学时。

【知识准备】

现场学习，独立完成下列 8 个问题。

1. 服务营销以________体验需求的市场营销策略，通过关注顾客各方面的________，进行针对性的满足和服务，从而提升客户________，最终实现营销绩效的改进和企业的长期成长。

2. 服务营销可以概括为 7P 组合要素，7P 是________、________、________、________、________、________、________。

3. 根据汽车服务过程可将汽车服务营销的内容划分为________、________、和________三部分。

4. 汽车广告类型大致可以分为________广告、________广告和________广告三类。

5. 如何进行客户和市场分析？

6. 传统广告媒体的组合选择有哪些？

7. 谈一下你对互联网数字广告的认识。

8. 汽车营销活动检查项目都有哪些？

一、服务营销活动策划

1. 客户和市场分析

(1)活动应当面向特定的客户类型进行设计和定位。

(2)最近购买了新车的客户应当受到优先礼遇。长期来看，保持其对企业的忠诚度是提高经济效益最简单有效的方式。

(3)经常光顾企业的客户是最重要的客户，通过为这些重要客户提供优惠措施(如VIP卡)来区分他们和其他客户的不同，以便于服务顾问能够认出这些重要客户，并让他们觉得自己受到欢迎和礼遇。

(4)采取有助于企业留住客户并将客户流失率降到最低的措施。客户流失率的计算方法如下：

质保期内：[1－进厂台次÷销售台次(汽车服务企业管理区域)]×100%

质保期外：(1－质保期外进厂台次÷质保期内进厂台次)×100%

(5)了解客户期望的服务、产品和价格。可以直接询问客户以获得这些信息，同时，通过了解竞争对手的情况可以获得更多的信息。

2. 服务营销

近年来，随着售后服务维修市场竞争的加剧，传统的4P营销策略已不能满足消费需求变化，所以7P营销组合应运而生，即在产品(product)、价格(price)、渠道(place)和促销(promotion)4P的基础上增加了三个服务性的“P”，即人员(people)、过程(process)和有形展示(physical evidence)。四要素传统的4S店售后服务营销主要聚焦在对“产品”的营销上，通过服务套餐、会员卡充值活动、买赠活动、季节活动、续保活动、轮胎活动等产品的设计、价格策略的制定、渠道的选择、推销等促销手段的运用来实现业绩的短期增长；“7P”则侧重于对产品之外对服务的关注。服务营销组合要素如表4-2所示。

表 4-2 服务营销组合要素

	产品（product）	价格（price）	渠道（place）	促销（promotion）	人员（people）	过程（process）	有形展示（physical evidence）
关键词	保养套餐	灵活性	渠道类型	促销组合	员工	接待流程	标识 logo
	保险	价格水平	产品陈列	销售人员挑选培训激励方案	招聘培训	活动流程	设施
	延保	期限	运输	媒体类型	激励奖励	标准化	工具备件
	充值卡	区别对待	仓储	广告类型	团队建设	定制化	宣传物料
	季节活动	折扣	管理渠道	促销活动	顾客	步骤数目	员工服装
	轮胎活动	折让		公共关系	教育培训	环节强化	名片
	自驾游			互联网	其他顾客	顾客参与	工单四件套

从商品营销到服务营销，营销的职能扩大到了整个企业。其中，服务过程是 7P 服务营销组合中最重要的要素，根据汽车服务过程可将汽车服务营销的内容划分为售前服务、售时服务和售后服务三部分（见图 4-1）。

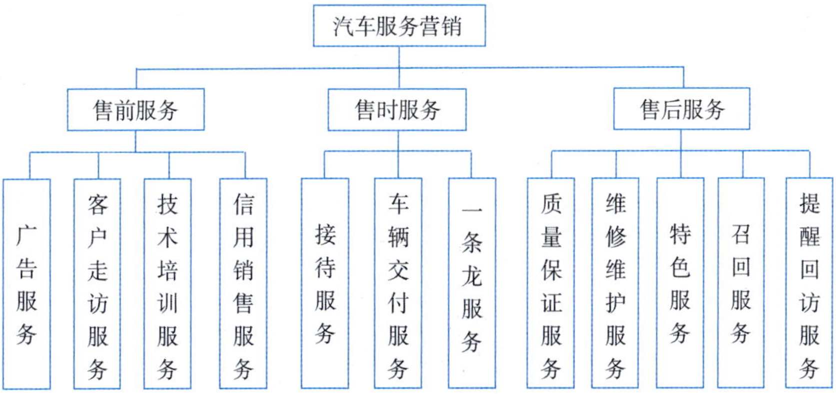

图 4-1 汽车服务营销全过程

二、活动实施与评估

1. 广告宣传

广告的最终目的在于促进销售，汽车 4S 店广告宣传策略的关键是形成汽车 4S 店的个性化和与竞争对手之间的差异化，以此对客户产生吸引力，这也是制定广告定位策略的关键。

（1）汽车广告类型

汽车 4S 店在不同的营销活动中，采用的产品广告类型大致可以分为新车上市广告、阶段性产品广告、日常促销宣传广告三类。具体如图 4-2 所示。

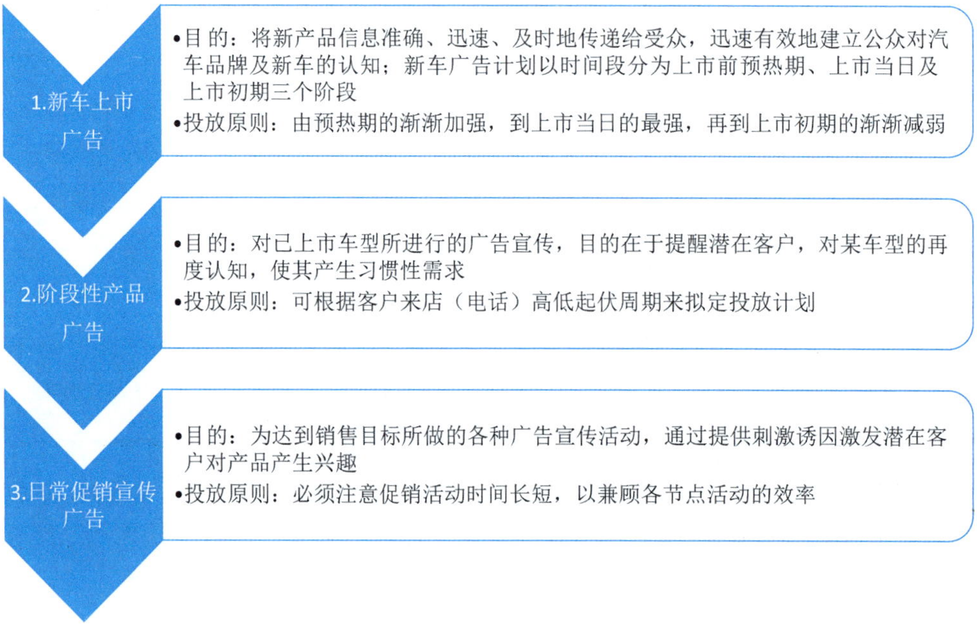

图 4-2 汽车广告类型

（2）传统广告媒体选择和组合

媒体组合是指在同一个广告活动中使用两种或两种以上不同的媒体，这是汽车 4S 店在进行媒体选择时的一种非常重要而有效的策略。正确使用媒体组合可以扩大广告传播范围，使不同媒体的优势互补，还可降低广告活动的成本。如表 4-3 所示。

视频 4-1 广告策略

表 4-3　广告媒体选择和组合方式

组合方式		广告投放的安排
瞬间媒体与长效媒体的组合	瞬间媒体：电台、电视 长效媒体：报纸、杂志、网络、车厢楼宇、广告牌等	广告投放期的安排除了瞬间媒体外，还要搭配长效媒体，以长效媒体串联整个投放计划，使广告在潜在客户的记忆里不中断
视觉媒体与听觉媒体的组合	视觉媒体：电视、报纸、杂志、网络等 听觉媒体：电台	电视与报纸最能表现汽车产品的特质，因此一般汽车广告也都是以电视与报纸为投放主体，其他媒体则视广告预算而定
大众媒体与小众媒体的组合	大众媒体一般以社会群体为对象，小众媒体则是以专业群体为对象	汽车广告的投放大部分是运用大众媒体，再以小众媒体辅助搭配

(3)广告宣传计划

汽车 4S 店广告宣传是在配合汽车厂家的广告宣传策略及 4S 店本身的营销活动下所拟定的广告计划。4S 店必须安排专人负责宣传事宜，通常应按照汽车厂家在产品宣传和企业宣传方面的要求进行宣传。

(4)互联网数字广告

近年来，随着短视频和直播的迅猛发展，直播已成为汽车品牌保证曝光度和为线下导流的有效手段，传播价值高于实际销售效益。品牌纷纷打造由高管、员工、经销商销售顾问、车主、地区和行业网红组成的直播达人库，日常化直播和节点重要活动相结合，通过直播营销打通与年轻消费人群的有效交流通道。

2. 制订活动计划

根据对汽车 4S 店现有状况的了解，建立一个合理的、可实现并且可衡量的目标，并通过一个强有力的、得到广泛支持的计划来实现它。所设立的目标必须能支持短期和长期的计划。明确相应的产品、价格和促销方式，活动的时间和时效，客户的消费能力，竞争对手的状态。具体营销活动策划表如表 4-4 所示。

表 4-4　营销活动策划表

市场工作				展厅工作		
主题	关键点	KPI	节点	执行重点	节点	执行成果
	活动方案制订	列明活动执行要点： ① ②				
	宣传软文制作	彰显________主题，800 字左右，发至报社并确认		根据广告软文制定相应话术		销售顾问清楚了解广告内容及活动内容，资料人手一份
	宣传软文	《________晚报》新闻版 800 字软文配图软文。				
	物料准备	展车布置：背景______块、接待桌______张、糖果______斤、桌花______瓶		协助市场布置展厅		按市场部要求布置展厅
	制作销售顾问绩效统计表	列明顾问邀请数，留存数及签单车型		盘存及统计最终来店数		最终客户名单一份
	宣传广告设计	广告形式：		了解市场部投放广告内容及作出培训		培训会议签到表一份，广告内容人手一份
	宣传广告发布	媒体选择：				
	活动进行	要点： ① ②		活动进行中		统计活动产生的来店数、留存数、成交数及销售顾问战败案例分析各一份
	回收统计服务顾问绩效统计表	计算所有销售顾问活动期间的邀请数、接待数、留存数及实际签单发车数(report 1 份，统计出留存率及转化率，交至销售经理处)		活动总结		统计此次活动残生的来电、留存、成交数及销售顾问战败案例分析各一份，由市场经理分析

3. 活动执行

运用高质量的营销材料开展市场推广计划，为每次的营销活动设立一个期限，使用统一的、高质量的形象，通过全面解释各个员工在活动中的角色定位，令整个汽车4S店的员工做好准备。各部门间保持沟通，确保预约服务、车间人力调配、零部件准备等方面可以满足活动的要求。汽车4S店促销活动信息表见表4-5。

表4-5　汽车4S店促销活动信息表

活动信息	活动		活动类别		
	活动时间		活动地点		
	市场分析				
	活动预算明细				
	精品促销活动信息				
活动计划	活动目的				
	活动目标				
	活动细节				
	广告宣传	广告投放	公关文章	媒体邀请	资料礼品
		形式、频次	媒体、数量	媒体、姓名	品种、数量
	人员安排				

(1)活动现场布置

活动现场布置得好，可以使活动有条不紊地进行，增强活动气势和氛围，吸引更多人参与。

视频4-2　活动场地布置

(2)活动人员安排

安排足够数量的促销服务人员，佩戴工作卡或绶带，便于识别和引导服务。

现场要有一定数量的维持秩序的人员。

现场的咨询人员、促销人员，既要分工明确又要相互配合。

安排应急人员。

(3)活动公关联络

提前到工商、城管等部门办理必要的审批手续。

(4)活动检查和调整

跟踪市场推广的结果将有助于确定将来的促销计划；每当客户接受促销服务时，需记录销售数据;跟踪了解客户消费单价提升的效果;分析客户来源的地理分布情况;基于以上结论,分析并调整将来的促销计划。填写汽车4S店活动开展检查表(见表4-6)。

表4-6 4S活动开展检查表

检查项目	检查内容	检查标准
活动计划方案	活动预算	企业制订年度推广活动的预算安排
	活动计划	企业制订年度推广活动计划
	确定活动主题	主题明确、创意新颖
	市场信息分析	符合当地消费理念,有利于打压竞争对手
	明确活动目的及目标	分别制订客户进店和销售目标,计划达成提升销量和客户满意度的目的
	方案内容	具有可操作性,内容完整,要求明确
	实施计划	活动进程信息、时间节点明确
	人员组织	分工明确,责任到人,组织活动培训
	费用预算	测算准确,费效比合理
活动实施	场地确认	有利于烘托活动气氛
	现场布置	按照活动方案的要求,现场布置齐备
	宣传物料制作	摆放及悬挂齐备
	宣传资料准备	数量充足、品种齐全
	礼品准备	符合主题、吸引客户、有利于后续宣传
	广宣预案	广宣预案能围绕主题,内容全面
	广告投放	适时、适度发布
	选择媒体	媒体具有影响力、代表性
	广宣品制作张贴	制作及时、内容突出、吸引力强、影响面广
	媒体维护	把握当地主流媒体动态,沟通交流渠道顺畅
	活动应对	人员及组织工作落实,信息掌握准确及时
	客户组织	目标客户组织招募针对性强
活动总结	销售促进	活动达成计划的销售目标
	活动总结资料汇总	总结报告真实,影像、文字、语音等相关资料齐全

4. 跟进和评估

依据各项活动综合检查的结果,有针对性地组织开展跟进改善活动,制订改善报告。常见评估项目见表4-7所示。

表 4-7 评估项目表

序号	评估项目	序号	评估项目
1	是否选择了合适的时间	9	人员安排是否分工明确，数量充足
2	是否选择了合适的地点	10	是否有针对竞争对手弱点的活动设计
3	是否选择了明确的活动目标对象	11	竞争对手是否有较强的、影响活动进行的反应
4	是否达到预先计划的活动目的	12	活动预算是否真实、详细
5	宣传资料、礼品选择是否合适	13	是否向参与者提供了明确的活动指引
6	消费者是否便于参与	14	活动的配套措施和准备工作是否完善
7	活动现场布置是否达到计划设计标准	15	活动参与者是否有合理的利益
8	活动是否安排了广告投放、媒体邀请	16	活动是否有良好的可操作性

【任务实施】

活动 1　计划决策

根据营销活动策划要点，以“2021 开启新征程”为主题制订一场车辆维护保养营销活动工作计划。

活动 2　实施计划

1. 设计广告方案

为增加客户黏性，本店准备以“2021 开启新征程”为主题设计一场车辆维护保养营销活动，请设计广告宣传方案。

2. 促销活动信息

总结促销活动信息，填写表 4-8。

表 4-8　促销活动信息

<table>
<tr><td rowspan="5">活动信息</td><td>活动</td><td colspan="2"></td><td>活动类别</td><td colspan="2"></td></tr>
<tr><td>活动时间</td><td colspan="2"></td><td>活动地点</td><td colspan="2"></td></tr>
<tr><td>市场分析</td><td colspan="5"></td></tr>
<tr><td>活动预算明细</td><td colspan="5"></td></tr>
<tr><td>精品促销活动信息</td><td colspan="5"></td></tr>
<tr><td rowspan="6">活动计划</td><td>活动目的</td><td colspan="5"></td></tr>
<tr><td>活动目标</td><td colspan="5"></td></tr>
<tr><td>活动细节</td><td colspan="5"></td></tr>
<tr><td rowspan="2">广告宣传</td><td>广告投放</td><td>公关文章</td><td>媒体邀请</td><td colspan="2">资料礼品</td></tr>
<tr><td></td><td></td><td></td><td colspan="2"></td></tr>
<tr><td>人员安排</td><td colspan="2"></td><td></td><td></td><td></td></tr>
</table>

3. 营销要素使用

总结本次服务营销各要素使用要点，填写表 4-9。

表 4-9　营销要素使用要点

产品	价格	渠道	促销	人员	过程	有形展示

4. 评估与改进

对你策划的活动进行自评并提出改善方案填写表 4-10。

表 4-10　策划评估

<table>
<tr><td rowspan="2"></td><td rowspan="2">评估项目</td><td colspan="4">评估结果</td><td rowspan="2">改进方案</td></tr>
<tr><td>A</td><td>B</td><td>C</td><td>D</td></tr>
<tr><td>1</td><td>是否选择了合适的时间</td><td></td><td></td><td></td><td></td><td></td></tr>
<tr><td>2</td><td>是否选择了合适的地点</td><td></td><td></td><td></td><td></td><td></td></tr>
<tr><td>3</td><td>是否选择了明确的活动目标对象</td><td></td><td></td><td></td><td></td><td></td></tr>
<tr><td>4</td><td>是否达到预先计划的活动目的</td><td></td><td></td><td></td><td></td><td></td></tr>
</table>

续表

	评估项目	评估结果				改进方案
		A	B	C	D	
5	宣传资料、礼品选择是否合适					
6	消费者是否便于参与					
7	活动现场布置是否达到计划设计标准					
8	活动是否安排了广告投放、媒体邀请					
9	人员安排是否分工明确,数量充足					
10	是否有针对竞争对手弱点的活动设计					
11	竞争对手是否有较强的、影响活动进行的反应					
12	活动预算是否真实、详细					
13	是否向参与者提供了明确的活动指引					
14	活动的配套措施和准备工作是否完善					
15	活动参与者是否有合理的利益					
16	活动是否有良好的可操作性					
17	活动过程是否便于控制					

5. 阅读以下材料,完成相应问题

某4S店为了提升营业收入,计划举行爱车美容月服务营销活动,主要内容为:(1)发动机舱清洗;(2)汽车美容;(3)冷排清洗。

①执行上述营销活动前,需要进行哪些准备?(内容要点)

____

____

____

②如何进行活动后的效益评估?(营销活动目的及营销活动过程分析)

____

____

____

活动3 课堂练习

1. 人(people):指作为服务的一部分的所有参与者的活动,包括________、消费服务的________以及在________的活动。

2. 有形展示(physical evidence):指________、________与客户互动的场所以及促使服务实现或服务沟通的任何有形的物品。

3. 过程(process):指实际服务________、服务________和服务________。

4. 广告的最终目的在于________________，汽车 4S 店广告宣传策略的关键是形成汽车 4S 店的________________和与竞争对手之间的________________，对客户产生吸引力，这也是制定广告定位策略的关键。

5. 日常促销宣传广告目的是为达到________________目标所做的各种广告宣传活动，通过提供刺激诱因激发________________对产品产生兴趣。

6. 广告投放期的安排除了________________媒体外，还要搭配________________媒体，以长效媒体串联整个投放计划，使广告在潜在客户的记忆中不中断。

【任务评价】

自我评价

请根据自己在本次任务中的实际表现进行评价（见表 4-11）。

表 4-11　自我评价表

	评分标准	分值	得分
1	了解汽车服务企业营销活动计划，简单描述营销活动计划包含的内容	20	
2	掌握汽车广告的类型、目的和投放原则，明确在广告宣传时应注意的问题	20	
3	明确汽车服务营销活动开展时现场布置内容和人员安排事项，解释其每一项的作用和意义	20	
4	能够跟踪市场推广结果、记录销售数据、了解活动效果，根据活动的检查结果分析调整将来的计划	20	
5	能够有针对性地组织开展跟进改善活动，制定改善报告	20	
合计（总分 100 分）			

小组评价

请小组组长对组员的学习进行评价（见表 4-12）。

表 4-12　小组评价表

	评分标准	评分分值	得分
1	学习成效	25	
2	协作精神	25	
3	工作态度	25	
4	纪律观念	25	
合计（满分 100）			

教师评价

请实训指导教师对计划实施结果进行评价(见表 4-13)。

表 4-13　教师评价表

	学习目标	达成情况	
		是	不能
1	能够合理规划活动预算		
2	能够做到主题明确、创意新颖		
3	对市场信息分析合理,符合当地消费理念,有利于打压竞争对手		
4	能够合理、科学地制定活动目标,促进销量提升、客户满意度提升		
5	活动方案可操作,内容完整,要求明确		
6	实施计划能够使活动进程信息、时间节点明确		
7	人员组织能够做到分工明确、责任到人		
8	能够使活动达成计划的销售目标		
9	能够做到总结报告真实,影像、文字等资料齐全		

【知识拓展】

数字营销活动案例

——“旗妙旅程　伴我同行”红旗 HS5 上市一周年事件传播

案例介绍

“旗妙旅程　伴我同行”红旗 HS5 上市一周年的事件传播由爱创盛世提供策划及执行,协助一汽红旗汽车销售有限公司实现“暨红旗 HS5 车型上市一周年与车主代表”进行的感性与理性双方面的沟通,通过 12 支视频内容产出红旗 HS5 车型特点及车主生活理念,呈现产品口碑与用户口碑双提升。

案例策略

形成社会热点、塑造用户形象、传播精准平台。

逆生长的红旗“HS5”——顺应时代而生,顺应时代而为,从国车到国民车,从云端落地到消费者,以年轻化发展步伐,不断迈进向上之路。

焕发产品“新生”——赋予产品全新拟人形象,从冰冷 USP 到用户身边不可或缺的身份,红旗 HS5 角色新生,成为生活的见证者、陪伴者、助力者。

焕发用户“心声”——用户与红旗 HS5 亲密接触,深度体验,迸发出全新感受,以用户真实生活为背景,借用户之口由心发声。

案例创意

打造感性主题:这一年,“我……”

每个人都会经历不同阶段,每一个阶段都会收获独特的人生体验,与红旗 HS5 一起,见证多面人生……通过魅力产品点、用户年轻化、人群多维化等方面,将“中国首款豪华 B

级 SUV”及“中国式新高尚精致主义”等理念对外进行扩散传播。

优质媒体合作——“一点资讯”、人民网。

选取流量大、用户人群优质的流量媒体进行内容持续传递。

打造媒体矩阵，进行舆论造势。

以视频、海报、长图、稿件为承载，联合 63 家媒体为产品及品牌共同发声，形成立体式媒体传播矩阵，引爆内容关注，提升产品认知度。

真实车主拍摄，产出高质量真实感性内容，提升曝光。

以一致的调性视频，提振品牌声势，强化产品口碑，提高受众关注。

案例执行

预热期：通过稿件、海报、长图及经销商支持等多渠道进行车主故事征集，并从中选取 12 位有代表性意义的车主作为视频主角并进行拍摄，经由“一点资讯”及人民网平台推广，为项目预热；39 家媒体和品牌为“奔腾绿动”的公益品牌发声，力证品牌影响力。

爆发期：依托于媒体合作的资源扩散支持，最大化进行视频传播，再由官方自媒体矩阵及视频类媒体 4 个平台扩散，扩大车主故事影响力；通过海报、GIF、长图、短视频等多种表现形式传播，丰富呈现形式，吸引受众关注。

延续期：结合海报、稿件等形式，进行大面积曝光及总结。

案例效果

“一点资讯”累计曝光量 12024994，点击量达 455439。

任务二　客户的开发与维护

【任务描述】

根据年度经营计划，你作为服务经理通过调研问卷、访谈等方式收集客户信息，按照客户关系管理的工作流程和规范实施工作，并运用提高客户满意度的技巧正确处理客户的问题，发展和维护客户关系。

【学习目标】

素质目标

学生按照客户关系管理的工作流程完成客户开发和维护任务，培养学生规范服务的意识和客户至上的理念。

知识目标

1. 理解客户与客户关系的概念。
2. 掌握提高客户满意度的技巧。
3. 掌握大客户关系维护措施。

能力目标

1. 能够分析客户价值并识别潜在大客户。
2. 能够分析大客户的需求并对其开展大客户营销策略。

【任务组织】

组织形式

教学组织推荐采用“任务布置—知识学习—计划决策—计划实施—课堂练习—任务评价”的教学流程，培养学生自主学习，完成工作的能力；为保证教学安全与实践效果，建议每位指导教师负责和指导24～32位学生，学生以小组形式开展学习，每组6～8人。

场地设备

教学组织具体所需场地设备如表4-14所示。

表4-14　教学组织所需场地设备

教学场所	场所面积	设备序号	设备名称	数量
汽车售后服务学习工作站	50m^2	1	汽车整车	2
		2	计算机	4
		3	办公家具	1
		4	展示白板	4
		5	机油及滤清器	2

教学时间

教学时间设定为6学时。

【知识准备】

现场学习，独立完成下列10个问题。

1. 客户的构成一般把客服分为大客户和小客户，大客户细分为__________客户和__________客户，小客户又分为__________客户和维持客户。

2. 客户满意度的影响因素包括________、__________、__________。

3. 客户关系管理是与客户联系的中心点，是通过将客户进行分类，然后________，在日常客户服务流程中进行有效的实施，从而提升________，增加客户________，增加企业经营效益。

4. 维修信息中，维修类别一般划分为6个大类和8个小类。小类包括：①__________、②__________、③__________、④__________、⑤__________、⑥__________、⑦__________、⑧__________。

5. 维修企业必须保证车辆在修后交车__________小时内对每一位客户进行电话关怀，了解__________。

6. 如何正确认识顾客投诉？

7. 客户投诉的主要内容有哪些？处理一般客户投诉的步骤是什么？

____

____

____

8. 以大客户需求为导向的营销策略是指企业以________为出发点，根据市场调研获得的大客户需求量以及购买力信息，有计划地组织各项经营活动，通过相互协调的________、________、________和________，为大客户提供满意的________和________，从而实现企业的目标。

9. 简述“二八法则”的概念？

____

____

____

____

10. 请总结汽车服务企业大客户定位的影响因素。

____

____

____

____

一、客户开发

(一)客户关系的含义

1. 客户关系

客户关系是指4S店与客户之间的相互关系。市场营销学大师菲利普·科特勒将客户关系分为5种形式。如表4-15所示。

表4-15 客户关系的形式

	类型	详解
1	基本型	产品和服务销售后与客户没有联系
2	被动型	产品和服务销售后鼓励客户与企业联系
3	负责型	产品和服务销售后及时与客户联系
4	能动型	产品和服务销售后不断与客户联系
5	伙伴型	产品和服务销售后跟踪客户需求，与客户持续合作

2. 客户的构成

客户的构成见图4-3。

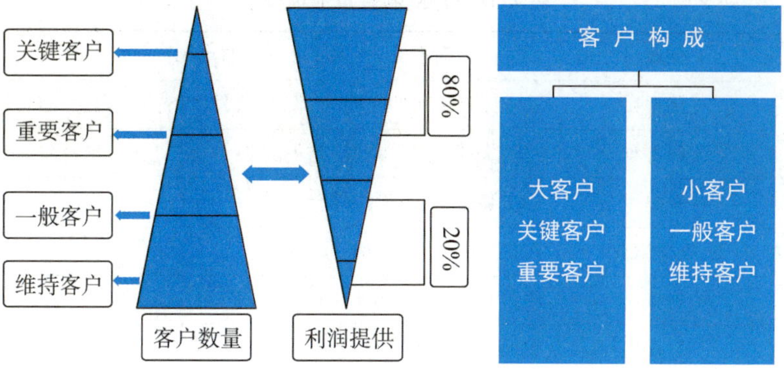

图 4-3　客户的构成图

(二)客户满意度

1. 客户满意度的含义

客户满意度也叫“客户满意指数”，是一个相对的概念，是客户期望值与客户体验的匹配程度。换言之，就是客户通过对一种产品或服务可感知的效果，与其期望值相比较后得出的指数。

客户满意度>0 时，表示客户对你的服务满意。

客户满意度=0 时，表示客户对你服务感觉一般。

客户满意度<0 时，表示客户对你服务不满意。

服务型企业在每天的经营中最重要的两件事情就是创造新客户和留住旧客户。但创造新客户的成本往往比留住旧客户的成本要高很多。提升客户满意度是企业增加客户资源的重要途径。

视频 4-3　客户满意体系

2. 影响客户满意度的因素

客户满意度的影响因素包括品质(quality)、价值(value)、服务(service)，因此，企业竞争优势要在品质、价值和服务上体现。具体影响因素见表 4-16。

表 4-16　影响满意度的因素表

	要素	具体体现
品质	人员素质	基本素质、职业道德、工作经验、教育背景、观念、态度和技能
	设备工具	完不完善、会不会用、愿不愿用
	维修技术	一次修复合格率、质量
	服务标准化	接待、维修、交车、跟踪
	管理体制	质量检验、进度掌控、监督机制
	厂房设施	顺畅、安全、高效
价值	价格合理	工时费、配件价格等
	品牌价值	知名度、忠诚度
	物有所值	方便、舒适、安全、干净
	服务差异	服务品质与其他企业的差别
	附加价值	免费检测、赠送小礼品
服务	信赖度	履行承诺，赢得客户的信赖
	专业度	专业知识，技能和职业素质
	有形度	服务设施、环境、服务人员的仪表
	同情度	为客户着想，理解客户处境、了解客户需求
	反应度	给予及时回应并能迅速提供服务

(三)划分客户资源

1. 客户细分

客户细分是20世纪50年代中期由美国学者温德尔·史密斯提出的概念，其理论依据主要有两点：

(1)客户需求的异质性。并不是所有客户的需求都相同，只要存在两个以上的客户，需求就会不同。由于客户需求、欲望及购买行为是多元的，所以客户需求满足呈现出差异性。

(2)企业有限的资源和有效的市场竞争。任何一个企业都不能单凭其人力、财力和物力来满足整个市场的所有需求，这不仅缘于企业自身条件的限制，而且从经济效应方面来看也是不足取的。因此，企业应该分辨出能有效为之服务的最具有吸引力的细分市场，集中企业资源，制定科学的竞争策略，以取得和增强竞争优势。

2. 客户分析和分类方法

(1)将客户按实收金额大小顺序排列，从第一名排到最后一名。

(2)将全部客户的实收金额予以累计。

(3)进行客户分级：从最高消费金额客户开始累计，累计金额占总金额80%以内的客户称为关键客户和重要客户；如此类推，累计金额占总金额80%～95%的客户称为一般客户；累计总金额在95%～100%的客户成为维持客户。客户分析方法见图4-4。

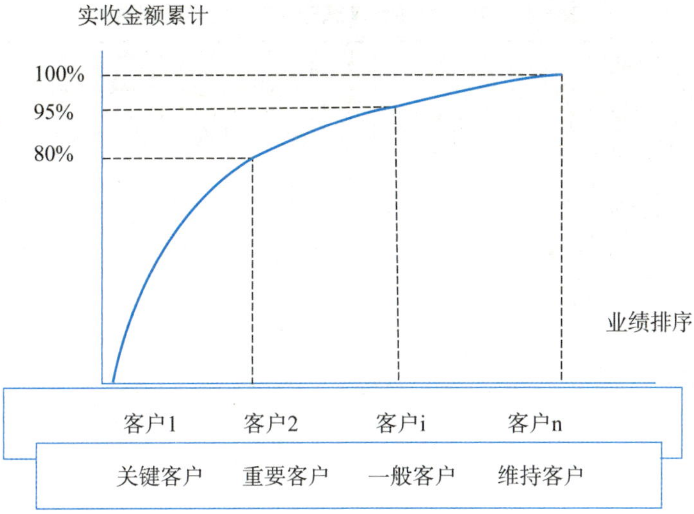

图4-4 客户分析方法

二、一般客户维护

汽车服务企业传统的服务程序已经渐渐转化为以客户为中心的服务程序。在客户预约、服务后回访以及问题的解决和预防上，客户关系管理将起到关键的作用，在落实各项程序以后，它将会确定问题的根源，并帮助服务部门改进，这样汽车服务企业可以得到客户的信任，增强客户的忠诚度，避免客户寻求其他企业的服务。

(一)客户关系管理要素

客户关系管理是与客户联系的中心点，通过将客户进行分类，然后针对不同类别客户制定相应的服务策略，在日常客户服务流程中进行有效的实施，从而提升客户服务品质，增加客户满意度与信任度，增加企业经营效益。客户关系管理要素如图4-5所示。

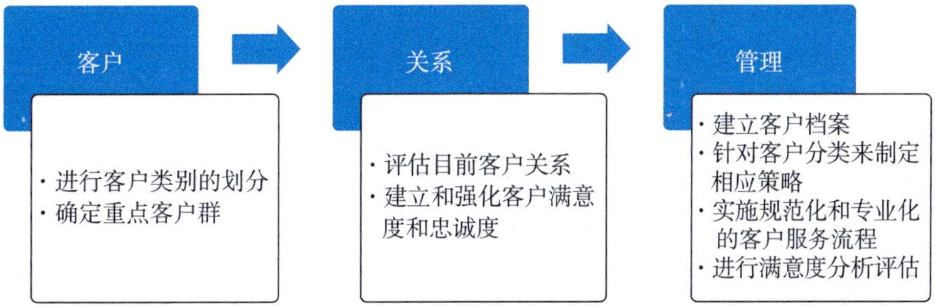

图4-5 客户关系管理要素图

(二)客户关系管理部门的工作内容和职责(见表 4-17)

表 4-17　客户关系管理部门的工作内容和职责

工作内容		职责	
1	通过提供新车销售信息、服务回访、总结分析等,支持其他各部门的工作	1	设立直拨电话专线,供客户预约和咨询
2	处理客户咨询和反映的问题	2	新车销售和维修服务后,进行客户满意度回访
3	与客户联系并进行回访	3	处理所有客户关注和反映的问题,并力求获得圆满解决
4	保持良好的客户关系	4	探寻和分析客户关注的问题,并提出预防问题再次发生的方案和建议
		5	科学地管理客户和潜在客户数据,通过持续更新信息确保信息的准确

(三)客户关系的建立与管理

1. 客户关系建立

销售顾问应在交车前将用户介绍给一位服务顾问,由服务顾问介绍服务相关情况,并填写顾问式服务卡。对新进站用户,服务顾问或与用户签订顾问式服务卡介绍服务相关情况,或赠送名片贴在顾问式服务卡上。顾问式服务卡如表 4-18 所示。

表 4-18　顾问式服务卡

用户姓名：　　　　　　购车日期： 销 售 商：　　　　　　型　　号： VIN 码： 以下均有用户确认： 一、交车时有关事项确认(有打“√”,无打“×”) □已介绍车辆基本使用方法,并当面做交车检查 □已介绍质量担保政策 □已介绍车辆驾驶注意事项 □已介绍车辆定期保养的重要性及保养间隔时间/里程 □已告知在服务站保养/维修车辆的重要性 □已交付《保养手册》和《使用说明书》并提醒阅读 □已告知公司客户服务热线功能及使用方法 二、顾问式服务模式介绍(有打“√”,无打“×”) □有问题、有需求就找服务顾问,无须找其他人 □服务顾问是服务站指定与用户沟通、交流的唯一人员 □一个用户只由一名服务顾问负责:“一对一”	□用户对服务顾问不满意时可以重新选择服务顾问 三、服务顾问主要工作介绍 □维修保养服务接待 □投诉受理 □定期保养提醒回访 □维修/保养咨询解答 □重要事项通知回访 □维修/保养预约受理 □服务活动提醒回访 □年审提醒/受理 □重要节日问候事务 □用户需求的其他事务 四、顾问式服务关系建立 服务顾问名片 用户签字：　　　　　日期： 服务顾问签字：　　　日期：

2. 客户信息管理

(1)客户信息。确认客户姓名、联系电话、邮寄地址、车牌号码等信息。如果是公务车辆,则填写车辆主管部门负责人联系电话;如果是私车,则填写车主联系电话,并区分手机(M)、家庭电话(H)、办公室电话(B)。客户信息标准采集如表 4-19 所示。

表 4-19 客户信息标准采集表

车主姓名/单位名称				联系地址		
联系电话(M)		联系电话(H)			联系电话(B)	
使用姓名		性别		联系地址		
联系电话(M)		联系电话(H)			联系电话(B)	

(2)车辆信息。检查交车时客户车辆信息登记得要准确、完整。信息采集如表 4-20 所示。

表 4-20 车辆信息采集表

销售商	品牌	车型	车牌号	VIN 码	发动机号	变速箱	车身颜色	钥匙号码	购车日期

(3)维修信息。维修类别一般划分为 6 个大类和 8 个小类。大类包括一般维修、保修、返修、大修、事故车、其他。小类包括 PDI(仅适用保修)、一保(仅适用保修)、二保(仅适用保修)、定期保养类(车辆定期保养)、年检类(车辆年度检查)、机电维修类(机械电器维修)、油漆类(车辆喷漆)、钣金类(车辆车身钣金修复或事故车)。维修信息采集如表 4-21 所示。

表 4-21 维修信息采集表

序号	派工单号	报修日期	交车日期	维修类别	维修内容	行驶里程	服务代表	维修班组

(四)客户关怀

1. 后续跟踪服务

良好的后续跟踪服务,一方面能够掌握售后维修业务存在的不足,另一方面又能够更好地了解客户的期望和需求,接受客户和社会监督,增强客户的信任度。

2. 提醒服务

定期提醒服务主要是为了保证客户车辆根据使用状况、保养情况以及新车保养和定期保养的规定进厂,服务中心要求利用顾客档案,通过寄发信件、电话对客户进行定期提醒服务。提醒服务工作标准如表 4-22 所示。

表 4-22　提醒服务工作表

时间	里程（千米）	服务内容和标准		管理工具	责任人
		时机	与客户联络方法		
0	0	买车时	将客户资料输入客户档案	销售档案	销售部
		交车时	①负责服务顾问、服务热线等的说明 ②新车保证内容和定期检查的重要性说明 ③免费保养，每 5000 千米强制保养说明	定期保养说明资料	销售顾问 服务顾问
约 3 周	3000	交车 7 天后	①寄送感谢信，提醒客户新车行驶 3000 千米后来本服务中心免费保养 ②电话感谢，询问车况，新车免费保养指导，并与客户预约	感谢信 服务提醒	服务顾问
		新车行使 3000 千米免费保养预约日的前一天	电话跟踪，确认新车免费保养进厂时间	电话	
		新车 3000 千米免费保养	下次每 5000 千米定期保养的指导说明		
		完成新车保养 3 日后	通过电话感谢和询问车况	电话	
3 个月	5000	5000 千米定期保养 1 个月前（约新车免费保养 2 个月后）	①将企业的地址、服务电话，责任服务顾问的姓名记入便函 ②5000 千米定期保养便函发送 ③通过电话感谢，询问状况，5000 千米强制保养指导，并预约	服务提醒	服务顾问
		新车 5000 千米定期保养便函发送 1 周后	①通过电话询问情况 ②5000 千米定期保养指导并预约	电话	
		新车 5000 千米期保养预约日前 1 日	确认第 2 天的新车 5000 千米定期保养时间	电话	
		新车 5000 千米定期保养	下次 10000 千米定期保养的指导说明		
		5000 千米定期保养完成 3 日后	通过电话感谢并询问车况		

续表

时间	里程（千米）	服务内容和标准		管理工具	责任人
		时机	与客户联络方法		
6个月	10000	10000千米定期保养1个月前（新车5000千米定期保养完成2个月后）	①将服务企业的地址、电话，责任服务顾问的姓名记入便函 ②10000千米定期保养（收费）便函发送 ③通过电话，询问状况，新车10000千米定期保养指导，并预约	服务提醒	服务顾问
		10000千米定期保养DM发送1周后	通过电话感谢和询问情况10000千米定期保养指导并预约	电话	
		10000千米定期保养预约日前1日	确认第2天的10000千米定期保养的时间	电话	
		10000千米保养	下次15000千米定期保养的指导说明		
		10000千米定期保养完成后3日	通过电话感谢并询问车况	电话	
9个月	15000	15000千米定期保养1个月前（10000千米定期保养入库2个月后）	①将服务企业的地址、电话，由责任服务顾问的姓名记入便函 ②15000千米定期保养DM发送 ③通过电话，询问状况，新车15000千米定期保养指导，并预约	服务提醒	服务顾问
		15000千米定期保养便函发送1周后	①通过电话感谢和询问车况 ②15000千米保养指导并预约	电话	
		15000千米定期保养预约日前1日	确认15000千米定期保养的时间	电话	
		15000千米定期保养	下次20000千米定期保养指导并预约		

3. 修后跟踪

维修企业必须保证车辆在修后交车 72 小时内对每一位客户进行电话关怀，了解修后车辆是否在良好的状态。修后跟踪工作标准如表 4-23 所示。

表 4-23　修后跟踪工作表

<table>
<tr><th></th><th>服务内容和标准</th><th>管理工具</th><th>责任人</th></tr>
<tr><td rowspan="3">客户联系准备工作</td><td>维修（修后 3 日内对客户进行电话回访）回访工作，由服务顾问专员负责进行</td><td></td><td rowspan="3">服务顾问</td></tr>
<tr><td>由服务顾问各自在营业前准备好以下资料：
①当天的维修跟踪记录表
②委托书
③客户服务档案
④掌握客户指定的联系电话和希望联系的时间段</td><td>维修跟踪记录表
客户服务档案
车辆维修估价单</td></tr>
<tr><td>掌握委托书上的维修保养的内容</td><td></td></tr>
<tr><td rowspan="5">联系客户</td><td>按照客户希望的时间段及联系电话与客户进行联系</td><td>客户服务档案</td><td rowspan="5">服务顾问</td></tr>
<tr><td>先进行自我介绍（企业和服务顾问姓名），然后感谢客户在服务企业接受的服务</td><td></td></tr>
<tr><td>说明本次电话访问的意图及大概需要的时间</td><td></td></tr>
<tr><td>如果客户暂时没有时间接听电话，则询问客户何时方便，并约定按照客户要求的时间再次进行联系，同时将新约定的时间记录在维修跟踪记录表中</td><td>维修跟踪记录表</td></tr>
<tr><td>当天没有与客户联系到时，明天继续跟踪。并记录在维修跟踪记录表中</td><td>维修跟踪记录表</td></tr>
<tr><td rowspan="2">确认修后车况</td><td>向客户了解维修保养后的车辆状况是否良好</td><td>维修跟踪记录表</td><td rowspan="2">服务顾问</td></tr>
<tr><td>出现客户抱怨时，按下述规定处理客户抱怨表执行</td><td></td></tr>
<tr><td rowspan="3">记录电话内容</td><td>将电话访问结果记录在维修跟踪记录表上</td><td>维修跟踪记录表</td><td rowspan="3">服务顾问</td></tr>
<tr><td>出现客户抱怨时，及时向服务经理报告</td><td></td></tr>
<tr><td>每周将统计的维修跟踪结果，向服务经理报告</td><td>维修跟踪记录表</td></tr>
</table>

续表

	服务内容和标准	管理工具	责任人
处理客户抱怨	原则上由服务顾问负责处理客户抱怨		服务顾问
	客户抱怨严重的情况则由服务经理直接处理		服务经理
	具体的处理方法如下： (1)表示道歉 要对给客户带来的不便表示道歉，让客户清楚地知道你了解他的感受。但在你没有肯定问题之前，不要承认客户的判断都是对的。 (2)确定客户关心的问题 在谈话时保持冷静，用以下方式解除客户的抱怨。 ①充满感情地倾听客户的抱怨。 ②不要打断客户的说话。 ③保持合作的态度，不要有抵触情绪。 ④不要否定客户的说话，避免指出客户的错误或进行谴责。 ⑤通过提问的方式来确定和了解抱怨的问题，确认客户关心的问题，找出客户产生抱怨的原因和客户抱怨的真正目的。 ⑥按照记录下来的客户关心的问题，向客户进行重复验证你对问题理解的正确性。 (3)协商解决办法 ①无论造成抱怨的责任方是谁，必须协商出一个超出客户预料的解决方案。 ②站在客户的立场上考虑解决方案，并向客户解释你十分愿意为客户解决产生抱怨的问题及其原因。 ③估计客户的接受程度，直接询问客户如何修改解决方案，以保证客户满意。 ④记录将解决抱怨的办法。	客户服务档案 车辆维修估价单 维修跟踪记录表	服务顾问 服务经理
记录结果	将客户抱怨的解决办法及结果记录在《维修跟踪记录表》上	维修跟踪记录表	服务顾问
	将解决办法及结果向服务经理报告		

(五)客户关怀管理

全面了解和认识客户，与客户建立良好的互动关系，并根据不同客户的不同需求，制订不同的、适合客户服务的方案，使客户价值最大化的过程即为客户关系管理。客户关系管理的主要内容如图 4-6 所示。

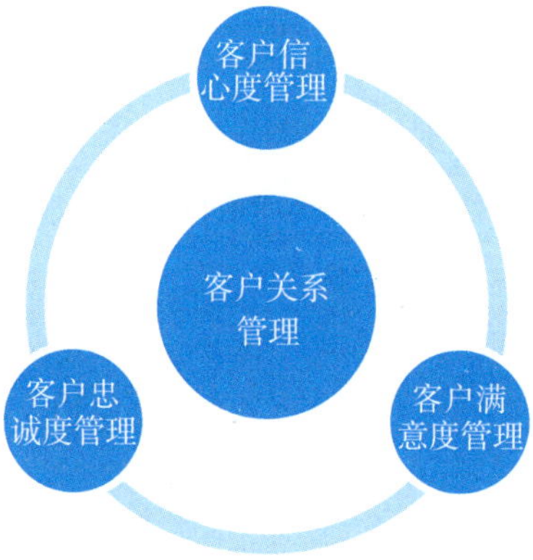

图 4-6　客户关怀管理的主要内容

一般来说，现代汽车维修企业对零配件(或整车)销售和售后服务环节进行全过程管理，以提高客户信心度、满意度和忠诚度，从而留住客户、巩固客户、招揽客户。客户关怀各部门职责和流程具体如图 4-7 所示。

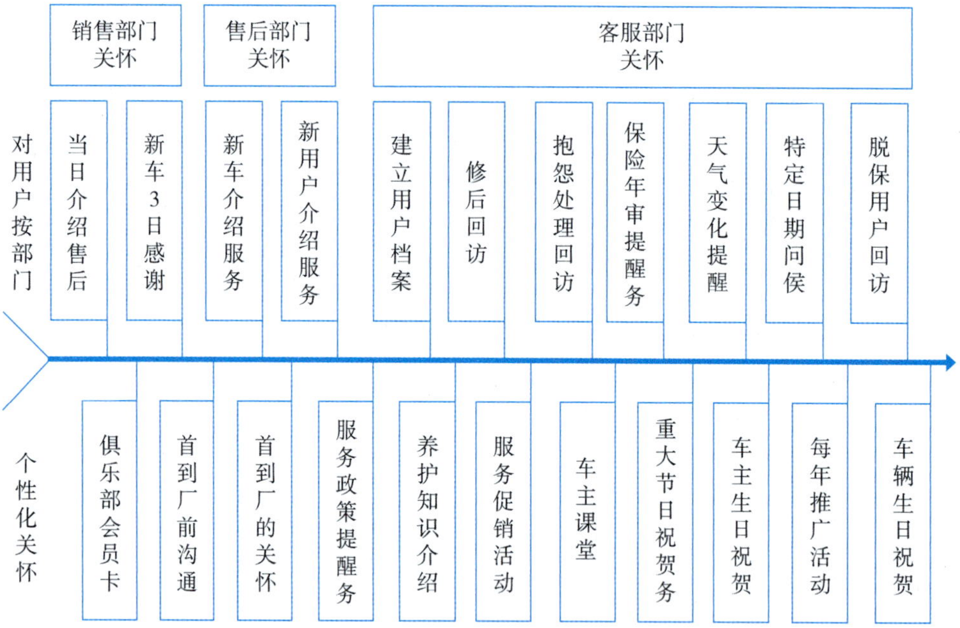

图 4-7　客户关怀管理图

(六)客户投诉的处理

1. 客户投诉的含义

客户抱怨是指客户由于对企业产品质量或服务上的不满意，而向他人诉说别人过错的行为。

客户投诉是指客户由于对企业产品质量或服务上的不满意，而提出的书面或口头上的异议、抗议、索赔和要求解决问题等行为。客户投诉的主要内容和起因分析如表 4-24 所示。

表 4-24 客户投诉的主要内容和起因分析

	分类	起因分析
1	服务质量	服务客户时,服务态度不良或与客户沟通不够等
2	维修技术	故障一次或多次未能修好等
3	维修价格	客户认为维修价格与其期望价格相差太大等
4	维修不及时	在维修过程中,未能及时供应配件或维修不熟练,或对维修工作量估计不足,没有同客户沟通交车时间等
5	配件质量	配件质量差,使用寿命短等
6	产品质量	由于设计、制造或装配不良所产生质量缺陷

2. 一般客户投诉的处理步骤

处理客户投诉的一般步骤为:受理投诉、确认原因、拟定对策、对策说明与实施和后续跟进。具体步骤和方法如表 4-25 所示。

表 4-25 一般客户投诉的处理步骤

		执行方法	工作技巧
步骤一	受理投诉	接电话(如果有)	记录必要的信息 为给客户带来的不便表示道歉 确认客户电话的内容
		确认并欢迎客户	向客户致意,确认客户的姓名,引导客户入座
		听取投诉	确认电话中的投诉内容(如果有) 听取问题的详细情况 诚心听取投诉,态度真诚、自信,不要畏缩
		安慰客户	为给客户带来的不便而道歉 对客户的不安表示同情、理解 听取投诉,直至客户平静下来
		确认投诉内容	将投诉内容与先前已记录的内容进行确认 确认客户的要求
		说明态度立场	说明特约店处理投诉的态度 取得顾客对特约店处理态度的认同

续表

		执行方法	工作技巧
步骤二	确认原因拟定对策	将真相与情绪分开	整理投诉内容，将真相与客户情绪(主观感受)分开
		确认真相	客观地掌握问题并将因素分类 分析因素的相互关系并进行分类
		确认真相原因	明确人员、组织、技术中的关键问题 明确问题的原因，确认可否在特约店内部解决
		拟定对策计划	为客户制订对策方案 在许诺的期限内确定对策方案的实施计划 明确对策中要立即开展的措施与所需时间等
步骤三	对策说明与实施	确认真相及客户要求	核对记录确认受理投诉时的谈话内容 若有不同的内容，为明确真相应向顾客了解更新信息
		说明对策纲要	先只清楚地说明纲要，不涉及细节 告诉对策的效力、顾客能得到的效果
		获得客户对对策纲要的认同	听取客户对对策纲要有什么想法，取得客户认同
		解释并确认详细的对策	说明对策的进度、拟定日期、预算和其他细节 避免单方面谈话，确认客户已经理解 确认所有投诉事项是否能得到解决
		妥善安顿客户	再次为带来不便向客户表示道歉(必要时) 对客户的到来及认可对策表示感谢，妥善安顿客户
		实施对策	实施客户已经认可的对策
步骤四	后续跟进	确认问题的解决情况	为对客户带来的不便再次表示道歉 了解把握相关现有问题状况，记录必要的信息
		建立未来关系	询问是否还有要求特约店和接待人员处理的其他需求，介绍今后可向客户提供何种服务
		防止问题再次发生	每天及时整理当前问题和对策的信息 拟定特约店防止同类问题再次发生的预防计划
		跟踪服务	在实施对策之后，继续通知定期保养等事宜 开展维持信任度和提高客户满意度的活动

3. 客户投诉管理流程

针对不同渠道的客户投诉，服务顾问应以适当的方式回复，设定回复时限、回复方式和管理期限，同时应使用电子文档将所有客户投诉处理记录进行存档管理。客户投诉管理流程如图 4-8 所示。

视频 4-4　客户投诉处理流程

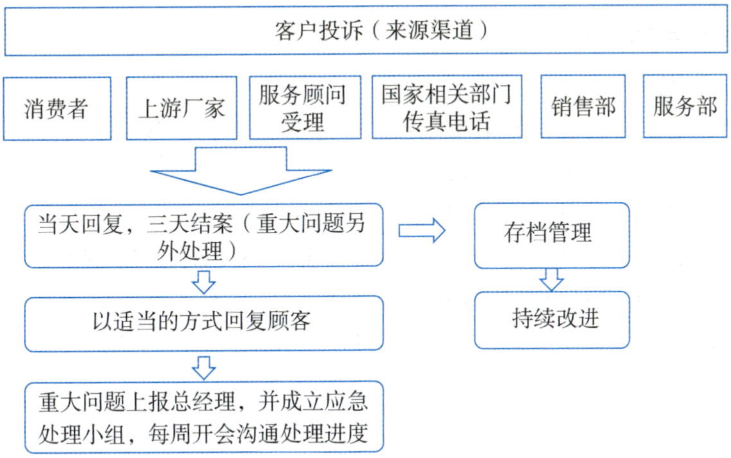

图 4-8　客户投诉管理流程

三、大客户维护

（一）客户价值

客户价值是指企业从客户的购买中所实现的企业收益。从 4S 店运营的角度分析，一般包括以下四个方面（见表 4-26）。

表 4-26　客户价值的四个方面

具体价值	解释
新车销售收益	新车销售时产生的收益，包括单车毛利和价值链收益（如金融信贷、保险、二手车置换、装潢、购买附件）等
售后收益	一定周期内，客户维修、维护车辆和购买配件为 4S 店带来的收益
潜在价值	客户增购或换购车辆、购买 4S 店的延伸服务和附件，为 4S 店带来的收益
关联价值	客户口碑效应为 4S 店带来的价值，如向他人介绍、邀请他人参与 4S 店活动等

（二）客户价值区分

企业对客户实施差异化管理是客户关系管理的一个重要前提，这是双向利益驱动。从企业的角度来说，客户规模、利润贡献度等会有不同，也就是说不同客户对企业贡献的价值具有差异性。根据“二八法则”，企业80%的利润来自20%的客户，而其余80%的客户只创造20%的利润，但却耗费了80%的企业资源。4S店的客户绝大多数是直接的消费者，具有分散性的特点。虽然目前还没有证明4S店的利润分配和客户分配的对应关系也服从“二八法则”的研究，但可以从众多4S店的经验判断。客户对于4S店的价值和利润贡献是不均衡的，4S店大部分的利润来源于少数的客户。所以4S店就有必要对客户进行分类并区别对待，采取不同的服务政策与管理策略，使企业有限的资源进行优化配置，以实现高产出。

(三)潜在大客户的识别

1. 大客户情况调研

大客户调研的主要目的是搜集与分析大客户的有关资料，以研究解决企业在大客户管理中存在的问题，并针对问题寻求正确可行的解决措施。大客户调研首先要确定大客户和调研范围，一般应先进行初步情况分析和非正式调研。

(1)初步情况分析。指调研人员搜集大客户内部和外部的有关情报资料并进行初步分析。客户内部资料包括各种记录、历年的统计资料、生产销售的统计报表、财务决算报告等。客户外部资料包括政府公布的统计资料、研究机构的调研报告、同行业的刊物、经济年鉴手册等。

(2)非正式调研(试探性调研)。指调研人员主动去访问专家、专业人员(销售负责人、推销人员、批发商等)和客户，征求他们的意见，了解他们对大客户的看法和评价。

2. 建立目标大客户数据库系统

在对大客户资料进行初步搜集的基础上，还应建立目标大客户的数据库系统，这也是大客户识别初期阶段的重要工作，它包括以下五个方面的内容：

(1)大客户所在行业的基本情况。对有关行业宏观背景的了解，有助于企业与大客户进行接触和谈判。

(2)大客户的公司体制。在不同的体制下，企业管理层的思路和员工做事的态度是明显不同的。了解目标大客户公司体制，有助于企业采取适当的方式方法与对方打交道。

(3)大客户的组织结构。了解大客户组织结构和运行机制，有助于企业掌握目标大客户的责权利关系，从而提高大客户管理的针对性。

(4)大客户的经营情况。用于分析目标大客户的企业实力，了解目标大客户的优势和劣势。

(5)大客户的财务支付情况。有助于企业分析目标大客户的财务状况和支付能力，也有助于及早掌握目标大客户采购流程中的支付方式。

(四)大客户营销策略

以大客户需求为导向的营销策略是指企业以大客户的需求为出发点，根据市场调研获得的大客户需求量以及购买力信息，有计划地组织各项经营活动，通过相互协调的产品策略、价格策略、渠道策略和促销策略，为大客户提供满意的产品和服务，从而实现企业的目标。

1. 产品策略

产品策略是企业大客户营销策略的核心。产品策略是企业为了在激烈的市场竞争中获得优势而在生产、销售产品时所运用的一系列措施和手段，包括产品定位、产品组合策略、产品差异化策略、新产品开发策略、品牌策略以及产品的生命周期运用策略。

（1）为大客户定制个性化的产品或解决方案

大客户营销的产品策略始终要贯彻以大客户为中心的原则。企业不仅要根据大客户的现实需要提供定制化的产品、服务、解决方案，还要根据大客户的潜在需求及潜在问题设计与开发新产品。如何根据大客户的需求定制产品，是大客户营销的产品策略的关键。

（2）品牌策略

①实施品牌策略的好处。实施品牌策略有利于企业的订单处理和对产品的跟踪，能够保护企业产品的某些独特特征不被竞争者模仿，能够吸引忠诚的大客户，有助于市场细分，有助于产品的市场定位和企业形象的树立。

②品牌策略的内容。品牌策略包括品牌化决策、品牌模式选择、品牌识别界定、品牌延伸规划、品牌管理规划几个方面的内容。

③品牌传播。品牌传播是实现品牌运营的重要手段。通过品牌的有效传播，可以使品牌为广大客户和社会公众所认知，使品牌获得竞争优势，同时实现品牌与目标市场的有效对接，为品牌推广奠定基础。主要手段包括广告传播、公关传播、市场推广活动和整合传播等。

2. 价格策略

（1）价格策略的重要性。在多数情况下，价格仍是决定企业市场份额和赢利率的最重要因素之一，因而也是影响大客户采购决策的决定性因素。在大客户营销策略中，价格是唯一能产生收入的因素，其他因素则表现为成本。此外，价格还是大客户营销策略中最灵活的因素，它能对市场做出灵敏的反应。

（2）针对大客户定价时需要考虑的因素。在确定价格时，企业要考虑以下因素：定价目标、需求弹性、营销成本、定价方法。企业的定价目标是以满足大客户的需要和实现企业赢利为基础的，它既是实现企业营销目标的保证和手段，也是企业制定价格策略的依据。

定价目标包括扩展目标、利润目标、销售目标、竞争目标等，不同的目标决定了企业将采用不同的价格策略。

市场中需求弹性的大小，是由需求量在价格达到一定程度的下跌时增加多少以及在价格达到一定程度的上涨时降低多少而决定的。

（3）营销成本。指企业由产品最初所有者到最终所有者的营销过程中花费的代价，是企业利润的必要投入。

（4）定价方法。指企业在特定的定价目标指导下，依据对成本、需求及竞争等状况的分析，运用价格决策理论，对产品价格进行计算的具体方法。定价方法主要包括成本导向、竞争导向和客户导向三种类型。

3. 渠道策略

（1）紧密联系大客户。企业必须通过某些有效的方式在业务、需求等方面与大客户建立联系，形成一种互助、互求、互需的关系，把大客户与企业联系在一起，减少大客户的流失，以此来提高大客户的忠诚度，赢得长期而稳定的市场。

（2）提高对大客户的反应速度。多数企业倾向于说给大客户听，却往往忽略了倾听的重要性。在相互渗透、相互影响的市场中，对企业来说最现实的问题不在于如何制订、实施计划，而在于如何及时地倾听大客户的期望和需求，并及时做出反应来满足大客户的需求。这样才利于大客户市场的发展，才能实现企业大客户营销的目标。

（3）重视与大客户的互动关系。如今抢占市场的关键已转变为与大客户建立长期而稳固的互动关系，把交易转变成一种责任，而沟通是建立这种互动关系的重要手段。

4. 促销策略

促销策略是指企业通过人员推销、广告、公共关系和营业推广等各种促销方式，向大客户传递产品信息，引起其关注，促使大客户购买企业的产品和服务。

5. 大客户关系维护

（1）明确大客户需求，细分大客户，积极满足大客户需求。

（2）构建大客户数据库，和大客户建立良好关系。企业需要快速和大客户建立良好的互动关系，为大客户提供个性化的服务，使大客户在购买过程中获得产品以外的良好体验。

（3）制造大客户离开的障碍，增加大客户转移的成本。从企业自身角度来讲，要不断创新，改进技术手段和管理方式，提高大客户的转移成本和门槛；从心理因素来讲，企业要努力和大客户保持亲密关系，让大客户在情感上忠诚于企业，对企业形象、价值观和产品产生依赖，能够和企业建立长久关系。

（4）灵活利用价格策略，维护大客户的价值。根据大客户在生命周期不同阶段对价格的敏感程度，有针对性地制定灵活多样的价格政策，从而使新的大客户满意，增加老的大客户的信任度，提高大客户的忠诚度。

【任务实施】

活动1　计划制订

按预约计划，一名车主后天要来店做10000千米定期保养。按照客户关系管理的工作流程制订工作方案，并运用提高客户满意度的技巧制订客户维护方案。

____

____

____

活动2　实施计划

1. 服务提醒

（1）10000千米定期保养前1天提醒工作内容：______________________________

____

______________________________。

(2)客户到店后提醒工作内容：____

____

____。

(3)客户离店后填写保养提醒服务记录表(见表4-27)

表4-27 保养提醒服务记录表

姓名	车牌号	车型	上次保养		本次提醒				不回厂原因	提醒人
			时间	里程	1	2	是否回厂	时间		

2. 服务跟踪

(1)客户联系前准备工作内容：____

____

____。

(2)电话联系客户出现的三种情况及对策：________________________________

____

____

____。

(3)向客户确认修后车况话术：____

____

____

____。

(4)记录电话内容，填写电话记录表(见表4-28)

表4-28 电话记录表

客户姓名		联系电话		去电日期		去电时间	
车牌号		车　型		行驶里程		去电类别	
电话记录内容							

(5)填写维修跟踪记录表，如客户有异议，填写异议处理结果(见表4-29)。

表 4-29　维修跟踪记录表

姓名	车型	里程	问题回答		客户的意见/处理结果	跟踪人
			OK	NO		

3. 客户投诉

如遇客户投诉，要接受顾客投诉并填写客户投诉内部处理单(见表4-30)。

表 4-30　客户投诉内部处理单

<table>
<tr><td colspan="5" rowspan="2">客户投诉内部派工单</td><td colspan="3">时间：</td></tr>
<tr><td colspan="3">编号：</td></tr>
<tr><td>信息分类</td><td></td><td>投诉类别</td><td></td><td>底盘号</td><td></td><td>车牌</td><td></td></tr>
<tr><td>客户姓名</td><td></td><td>联系电话</td><td></td><td>地址</td><td colspan="3"></td></tr>
<tr><td>车　型</td><td></td><td>购车日期</td><td></td><td>里程</td><td colspan="3"></td></tr>
<tr><td rowspan="4">客户反映问题</td><td colspan="6" rowspan="4"></td><td>服务专员</td></tr>
<tr><td></td></tr>
<tr><td>日期</td></tr>
<tr><td></td></tr>
<tr><td rowspan="7">回复</td><td>投诉是否属实</td><td colspan="5">□属实　□不属实</td><td>接收人</td></tr>
<tr><td rowspan="3">产生投诉原因</td><td colspan="5"></td><td rowspan="2"></td></tr>
<tr><td colspan="5"></td></tr>
<tr><td colspan="5"></td><td>回复人</td></tr>
<tr><td rowspan="3">处理过程及结果</td><td colspan="5"></td><td></td></tr>
<tr><td colspan="5"></td><td>日期</td></tr>
<tr><td colspan="5"></td><td></td></tr>
<tr><td>投诉关闭确认</td><td colspan="3">时间：　月　日　时　分</td><td>客户反映</td><td colspan="3">□非常满意　□满意　□不满意</td></tr>
<tr><td>关闭审批</td><td>信息关闭</td><td colspan="2"></td><td>关闭反应</td><td colspan="3"></td></tr>
<tr><td>经办人</td><td colspan="3"></td><td>审批人</td><td colspan="3"></td></tr>
</table>

活动3　课堂练习

1. 客户资源是指企业集群可以更好锁定和开拓目标客户，通过建立____________、____________、____________的群内交易渠道，更好地获得客户需求，把握市场变化。

2. 进行客户分级时，从最高消费金额客户开始累计，累计金额占总金额80%以内的客户称为________________。

3. 汽车服务企业传统的服务程序已经转化为以________________为中心的服务程序。

4. 现代汽车维修企业对零配件（或整车）销售和售后服务环节进行全过程管理，以提高客户________________、________________和________________。

5. 客户由于对企业产品________________或________________上的不满意，而向他人诉说别人过错的行为被称为客户投诉。

【任务评价】

自我评价

请根据自己在本次任务中的实际表现进行评价（见表4-31）。

表4-31　自我评价表

	评分标准	分值	得分
1	理解客户关系的概念，说出客户与汽车4S店的几种关系	25	
2	概括影响客户满意度的因素，联系客户细分理论进行总结说明	25	
3	分析客户调研范围、问卷设计要点，明确客户调研目的	25	
4	阐述客户投诉管理流程，掌握提高客户满意度的技巧	25	
合计（满分100）			

小组评价

请小组组长对组员的学习进行评价（见表4-32）。

表4-32　小组评价表

	评分标准	分值	得分
1	学习成效	25	
2	协作精神	25	
3	工作态度	25	
4	纪律观念	25	
合计（满分100）			

教师评价

请实训指导教师根据教学目标进行量化考核(见表 4-33)。

表 4-33 教师评价表

	学习目标	达成情况	
		能	不能
1	能够理解客户关系的概念,说出客户与汽车 4S 店的几种关系		
2	能够概括影响客户满意度的因素,正确开展客户关怀管理		
3	能够分析客户价值并识别潜在大客户,掌握大客户关系维护措施		
4	能够阐述客户投诉管理流程,掌握提高客户满意度的技巧		

【知识拓展】

处理客户投诉技巧

1. 几种难以应付的投诉客户及处理建议(见表 4-34)

表 4-34 几种难以应付的投诉客户及处理建议

	特 征	建 议
以感情用事诉说者	情绪激动,或哭或闹	保持镇定,适当让客户发泄 表示理解,尽力安抚,告诉客户一定会有解决方案 注意语气,谦和但有原则
滥用正义感者	语调激昂,认为自己在为民族产业尽力	肯定客户,并对反映问题表示感谢 告知公司的发展离不开广大客户的爱护与支持
固执己见者	坚持自己的意见,不听劝	先表示理解,劝客户站在相互理解角度解决问题 耐心劝说,根据产品的特性解释所提供的处理方案
有备而来者	一定要达到目的,了解消法,甚至会记录处理人谈话内容或录音	处理人一定要清楚公司的服务政策及消法有关规定 充分运用政策及技巧,语调充满自信 明确我们希望解决客户问题的诚意
有社会背景宣传能力强者	通常是某重要行业领导,电视台、报社记者、律师等,不满足要求会实施曝光	谨言慎行,尽量避免使用敏感性文字 要求无法满足时,及时上报有关部门研究 要迅速、高效的解决此类问题

2. 常见投诉的处理建议(见表 4-35)

表 4-35 常见投诉的处理建议

	举 例	处理建议(讨论)
超保修期索赔	灯泡超保修期	息事宁人+引导解释
要求过高	发动机异响,更换发动机总成	闪转腾挪+引导解释
服务投诉	接待态度差,维修处理不当	息事宁人+慎重道歉
非保修件索赔	刹车盘	息事宁人+耐心解释
多次处理未解决	车门异响	息事宁人+耐心解释

3. 投诉处理禁忌(见表 4-36)

表 4-36 常见投诉的处理建议

禁 忌	正确方法
立刻与客户摆道理	先听,后讲
急于得出结论	先解释,不要直接得出结论
一味道歉	道歉不是办法,解决问题是关键
言行不一,缺乏诚意	说到做到
这是常有的事	不要让顾客认为这是普遍性
你要知道:一分价钱,一分货物	无论什么车的用户,我们都提供同样优质的服务
绝对不可能	不要用如此武断的口气
这个我们不清楚,这个不是我们负责	为了您能够得到更准确的答复,您最好和××联系
公司的规定就是这样的	为了您的车辆的良好使用,所以公司制定了这样的规则

项目五
售后战略制定与售后服务

汽车行业逐步由制造行业发展成为服务行业，从产品转向服务。汽车市场在进行产品差异化战略、品牌战略、信息化战略等方面竞争的同时，为更好满足顾客期望，汽车售后服务企业的战略制定、实施评价及其售后服务质量管理控制就显得尤为重要了。

任务一　售后服务企业战略制定及评价

【任务描述】

在售后服务业务拓展基础上，你作为服务经理要掌握汽车售后服务企业战略理论，并全面分析汽车售后服务企业的经营环境，进一步制定汽车售后服务企业战略，在4S店组织实施，并做好战略计划在实施过程中的控制评价。

【学习目标】

素质目标

学生按照企业战略环境分析法完成售后服务企业战略竞争环境分析任务，培养学生树立顾客导向的服务意识和战略性大局意识。

知识目标

1. 熟知汽车服务企业战略。
2. 掌握SWOT分析法。
3. 掌握汽车服务企业经营战略的制定、实施和管理控制步骤。

能力目标

1. 能够用SWOT分析法对汽车服务企业进行战略环境分析。
2. 学会用服务质量理论分析汽车4S店服务常见问题产生的原因。

【任务组织】

组织形式

教学组织推荐采用“任务布置—知识学习—计划决策—计划实施—课堂练习—任务评价”的教学流程，培养学生自主学习、完成工作的能力；为保证教学安全与实践效果，建议每位指导教师负责和指导24～32位学生，学生以小组形式开展学习，每组控制在6～8人。

场地设备

教学组织具体所需场地设备如表5-1所示。

表5-1　教学组织所需场地设备

教学场所	场所面积	设备序号	设备名称	数量
汽车售后服务学习工作站	$50m^2$	1	汽车整车	2
		2	计算机	4
		3	办公家具	1
		4	展示白板	4

教学时间

教学时间设定为 4 学时。

【知识准备】

现场学习，独立完成下 7 个问题：

1. 汽车售后服务企业战略主要有（　　）

A. 增长型战略　B. 稳定型战略　C. 紧缩型战略　D. 进攻型战略

2. 企业宏观环境分析要素包括（　　）

A. 人口环境　B. 经济环境　C. 技术环境　D. 政治、法律环境

E. 行业竞争结构　F. 社会文化环境

3. 处于以下哪一生命周期阶段的行业被称为“朝阳行业”？（　　）

A. 形成期　B. 成长期　C. 成熟期　D. 衰退期

4. 俗称“客大欺店”是指行业竞争结构中的（　　）

A. 供应商议价能力B. 消费者议价能力

C. 潜在进入者威胁D. 替代品威胁

5. SWOT 分析法的步骤排序正确的是（　　）

A. 进行战略选择→ 构造 SWOT 矩阵→分析环境因素

B. 进行战略选择 →分析环境因素→构造 SWOT 矩阵

C. 构造 SWOT 矩阵→分析环境因素→ 进行战略选择

D. 分析环境因素→构造 SWOT 矩阵→ 进行战略选择

6. SWOT 战略选择方式主要有（　　）

A. SO 战略　B. WO 战略　C. ST 战略　D. WT 战略

7. 售后服务企业战略制定方式有（　　）

A. 自上而下　B. 自下而上　C. 上下结合　D. 战略小组

一、售后服务企业战略制定

（一）汽车售后服务企业战略

1. 总体战略

汽车售后服务企业总体战略分为紧缩型战略、稳定型战略、增长型战略、进攻型战略、基本竞争战略等 5 种，具体如表 5-2 所示。

表 5-2　汽车售后服务企业总体战略

	战略类型	详解
1	紧缩型战略	紧缩型战略是指企业从目前的战略经营领域和基础水平收缩和撤退且偏离点战略较大的一种经营战略
2	稳定型战略	稳定型战略是指在内外环境的约束下，企业准备在战略规划期使其资源分配和经营状况基本保持在目前状态和水平状态上的战略

续表

	战略类型	详解
3	增长型战略	增长型战略是企业在迅速扩张的市场上用来维持现有竞争地位的战略。具有两个同等重要的特征：一是随着市场的增长，汽车服务企业能够取得所需资源，保持现有竞争地位；二是随着增长速度的迅速降低，汽车服务企业进入整顿阶段时，需要开发新的竞争方式，进行有效的竞争
4	进攻型战略	进攻型战略是指在已经具备了必要的资源和能力情况下，采用进攻型行动在消费者中产生直接的反应以迅速建立竞争优势的战略
5	基本竞争战略	基本竞争战略是指无论在什么行业或企业都可以采用的战略。基本竞争战略主要包括差别化战略、成本领先战略、集中专业化战略三种

2. 职能部门战略

职能部门战略是指在企业总体战略指导下，按照专业职能将总体战略进行落实和具体化。职能部门战略的制定是将汽车服务企业的总体战略转化为职能部门具体行动计划的过程。职能部门战略比总体战略期限短，一般在一年左右，而且具体、精确，主要由职能部门的管理人员参与制定。

(二)售后服务企业战略环境分析

企业管理人员在进行战略制定和选择之前，必须要先分析企业所面临的战略环境。战略环境分析是企业战略管理的基础，其任务是根据企业目前所处的市场环境和发展机会来确定未来发展的方向和目标。企业战略环境分析主要包括企业外部环境分析和企业内部条件分析。

1. 企业外部环境分析

企业外部环境分析包括宏观环境分析和行业环境分析。

(1)宏观环境分析

宏观环境主要包括对企业所处的人口环境、经济环境、技术环境、政治环境、法律环境和社会文化环境等进行分析。

(2)行业环境分析

企业进行行业环境分析，预测行业发展的前景，把握企业未来发展的趋势，是进行企业战略的制定和选择的基础。行业环境分析如图 5-1 所示。

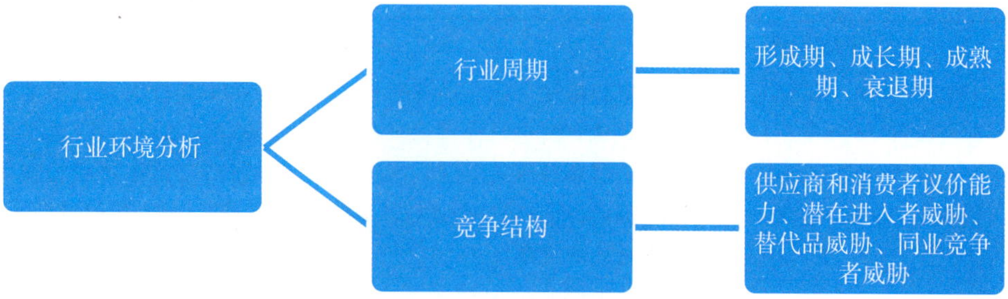

图 5-1　行业环境分析图

2. 企业内部条件分析

与企业外部环境相比较，企业内部条件更容易控制。企业内部条件是企业经营的基础，是制定企业战略的依据和出发点，是获取竞争的根本要素。企业内部条件如表 5-3 所示。

表 5-3　企业内部条件

	内部条件	详解
1	企业组织结构	企业组织结构决定了企业内部的相互关系、信息沟通的形式、权力结构分配以及企业运行的工作流程。不同的企业适合不同的结构形式，结构形式主要包括直线制、职能制、直线职能制、事业部制、矩阵制等类型。企业结构应该适合企业战略，合适的企业结构可以促进企业战略的实施
2	企业文化	企业文化在此主要是企业长期发展中逐渐形成的，企业成员共同接受的理想、信念、价值观和行为准则，外显于各种规章制度、行为准则，内隐于员工潜意识中。优良的企业文化可以形成一种努力达到业绩目标、积极参与战略行动的工作氛围，有利于战略目标的顺利达成
3	企业资源	企业资源包括企业的人力资源、财力资源、物质资源、技术资源和信息资源等多种因素，是企业战略要素的总和，是企业战略实力的综合体现。企业应该根据自身资源来选择适合的战略类型

3. 企业战略环境 SWOT 分析法

(1)分析环境因素

企业环境主要有内部优势和劣势、外部机会和威胁。如图 5-2 所示。

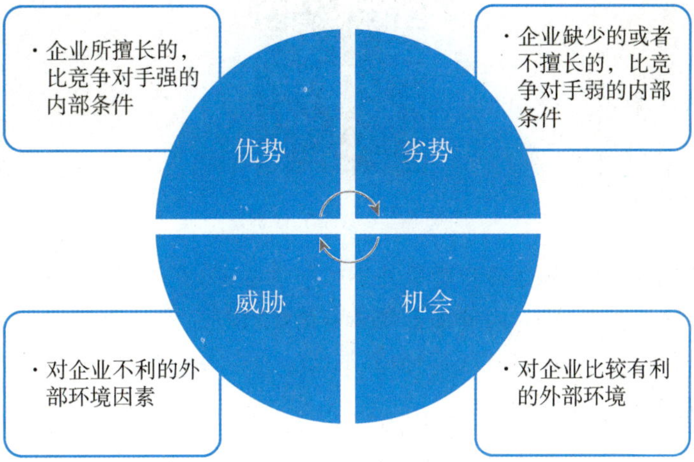

图 5-2　企业环境因素图

(2)构造 SWOT 矩阵

将调研得出的各种因素按照重要性和影响力大小等进行排序,构造出 SWOT 矩阵。在这个过程中,将那些对企业发展有长远的、直接的、重要的、迫切的影响因素优先排列出来,而将那些短暂的、间接的、次要的影响因素排在后面。

(3)进行战略选择

利用系统分析法,发挥优势、克服劣势、利用机会、化解威胁,将排列的各种环境因素互相匹配加以组合,得出一系列企业未来发展可以选择的对策,构成 SWOT 战略选择表(见表 5-4)。

表 5-4　SWOT 战略选择表

内部	外部	
	优势(S)	劣势(W)
机会(O)	SO 战略	WO 战略
威胁(T)	ST 战略	WT 战略

①SO 战略是利用企业内部优势去抓住外部机会的战略。这时企业拥有强大的内部优势和众多的增长机会,可以采取增长型战略。

②WO 战略是利用外部机会来改进内部劣势的战略。此时企业虽然拥有外部机会,但是缺少有利的内部条件。在这种情况下,企业可以采取扭转型战略,有效利用企业的外部机会,尽快改善企业内部的不利条件。

③ST 战略是利用企业优势去避免或减轻外部威胁的战略。此时企业的外部环境不太理想,面临诸多威胁,但是拥有不错的内部条件。在此情况下,企业应该考虑多元化战略,利用自身优势在其他产品或市场上寻找发展机会。在自身优势非常明显,实力异常强大的情况下,也可以考虑采用一体化战略,前向或后向并购,利用规模优势克服环境带来的不利影响。

视频 5-1　SWOT 分析法

④WT 战略是克服内部劣势和避免外部威胁的战略，是一种最不利的情况。此时外部面临威胁，内部又存在缺陷，内外部都缺少有力的支持。在这种情况下，企业可以采取减少产品的紧缩型战略，或改变产品的放弃战略。

（四）售后服务企业战略制定

战略制定是指确定企业任务，认定企业外部机会与威胁，认定企业内部优势与劣势，建立长期目标，制定供选择的战略以及选择特定的实施战略，是战略计划的形成过程。

1. 战略制定方式

（1）自上而下。先由汽车服务企业总部高层管理人员制定企业总体战略，然后由下属各部门根据自身的实际情况将企业的总体战略具体化，形成系统的战略方案。自上而下方式的最显著优点是企业高层管理人员能够牢牢把握整个企业的经营方向，并实施有效控制。但这种方式要求企业的高层管理人员制定战略时必须深思熟虑，战略方案务必完善，并且还要对下属各部门提供详尽指导。

（2）自下而上。自下而上的方式是一种先民主后集中的方式，它的优点是能够充分发挥各个部门和各级管理人员的积极性和创造性，集思广益。同时，由于制定的战略方案有广泛的群众基础，在战略实施过程中也容易得到贯彻和落实。不足之处是各部门战略方案难以协调，影响了整个战略计划的系统性和完整性。

（3）上下结合。在战略制定过程中，企业最高管理层和下属各部门管理人员共同参与，通过上下各级管理人员的沟通和协商，制定出适宜的战略。主要优点是可以产生较好的协调效果，制定出的战略更加具有操作性。

（4）战略小组。企业负责人与其他高层管理人员组成一个战略制定小组，共同处理汽车服务企业所面临的问题。这种方式目的性强，效率高，特别适宜于制定产品开发战略、市场营销战略等特殊战略。

2. 战略制定程序

战略制定程序如图 5-3 所示。

图 5-3　战略制定程序

二、售后服务企业战略实施及控制

(一)战略实施

1. 战略发动阶段

调动员工实现新战略的积极性和主动性,对企业管理人员和员工进行培训,向其灌输新思想、新观念,提出新口号和新概念,以使大多数人逐步接受新的战略。

2. 战略计划阶段

战略计划阶段将经营战略分解为几个战略实施阶段,每个战略实施阶段都有分阶段的目标、相应各阶段的政策措施、部门策略以及方针等。

3. 战略运作阶段

企业战略的实施运作主要与6个因素有关,即各级领导人员的素质和价值观念、组织机构、企业文化、资源结构与分配、信息沟通、控制及激励制度。

(二)战略控制

1. 战略控制内涵

战略控制主要是指在企业经营战略实施过程中,检查企业为达到目标所进行各项活动的进展情况,评价实施企业战略后的绩效,将其与既定的战略目标和绩效标准相比较,发现战略差距,分析产生偏差的原因,纠正偏差,使企业战略实施与企业当前所处内外环境、企业目标协调一致,确保企业战略得以实施。

2. 战略控制内容

对企业经营战略的实施进行控制的主要内容如表5-5所示。

表5-5 企业经营战略控制具体内容表

	内容	详解
1	设定绩效标准	根据企业战略目标,结合企业内部人力、物力、财力及信息等具体条件,确定企业绩效标准,作为战略控制的参照系
2	绩效监控与偏差评估	通过一定方法,监测企业实际绩效,并将企业实际绩效与标准绩效对比,进行偏差分析与评估
3	设计并采取纠正偏差的措施	通过设计并采取纠正偏差举措,可以顺应变化条件,保证企业战略圆满实施
4	监控外部环境的关键因素	外部环境关键因素是企业战略赖以存在的基础,这些外部环境关键因素的变化意味着战略前提条件的变动,必须给予充分重视
5	激励战略控制的执行主体	通过激励战略控制的执行主体,调动其自控制与自评价的积极性,保证企业战略实施切实有效

3. 战略控制方式

(1)控制时间。企业战略控制可分为事前控制、事后控制、随时控制三类。

(2)控制主体。战略控制可分为避免型控制、开关型控制两类。

【任务实施】

活动 1　计划决策

根据所学知识，制订对新能源汽车售后服务企业战略竞争环境进行分析的工作计划。

____

____

____

活动 2　实施计划

1. 调研新能源市场

对当地新能源汽车市场环境进行收集、调研分析，整理出一份新能源汽车市场资料。

____

____

____

2. SWOT 分析法分析市场

运用 SWOT 分析法对已有的新能源汽车市场资料进行梳理分析。

____

____

____

3. 市场战略成果展示

形成对新能源汽车售后服务企业战略竞争环境的小组分析成果并展示。

____

____

____

活动 3　课堂练习

1. 企业准备在战略规划期使其资源分配和经营状况基本保持在目前状态和水平状态上的战略是(　　)

A. 增长型战略　　B. 稳定型战略　　C. 紧缩型战略　　D. 维持利润战略

2. 利用企业内部优势去抓住外部机会的战略是(　　)

A. SO 战略　　B. WO 战略　　C. ST 战略　　D. WT 战略

3. 以下哪一项不属于宏观环境分析要素？(　　)

A. 人口环境　　B. 技术环境　　C. 行业竞争结构　　D. 政治法律环境

4. 先民主后集中属于哪种战略制定方式？(　　)

A. 自上而下　　B. 自下而上　　C. 上下结合　　D. 战略小组

5. 企业战略控制方式按照控制时间可分为________________、________________、________________三类。

6. 从哪些方面分析汽车售后服务企业的经营环境？

7. 简述汽车售后服务企业的战略制定程序。

【任务评价】

自我评价

请根据自己在本次任务中的实际表现进行评价（见表 5-6）。

表 5-6　自我评价表

	评分标准	分值	得分
1	明确工作任务，理解任务在企业工作中的重要程度	20	
2	能够利用汽车服务企业战略管理理论进行工作分析	20	
3	能够熟练运用 SWOT 分析法对汽车服务企业进行战略环境分析	20	
4	能够选择合适的方法开展汽车服务企业经营战略服务	20	
5	能够图文精良、声情并茂地参与小组成果展示	20	
合计（总分 100 分）			

小组评价

请小组组长对组员的学习进行评价（见表 5-7）。

表 5-7　小组评价表

	评分标准	分值	得分
1	学习成效	25	
2	协作精神	25	
3	工作态度	25	
4	纪律观念	25	
合计（满分 100）			

教师评价

请实训指导教师对计划实施结果进行评价(见表 5-8)。

表 5-8 教师评价表

	学习目标	达成情况	
		是	不能
1	能够做到行业资料信息全面、翔实的收集,涵盖宏观环境和行业环境		
2	制订合理可行的新能源汽车售后服务企业战略竞争环境分析工作计划		
3	能够做到 SWOT 战略选用准确,分析到位		
4	PPT 制作精良,图文并茂,逻辑性强		
5	小组成果展示精彩,表达顺畅,说服力强		

【知识拓展】

2019 中国汽车工业典型企业情况分析(吉利汽车)

车市冰封万里,但吉利汽车的活跃度似乎却始终居高不下,版图连连扩张,外界的干扰似乎并没有对吉利起到多大的负面影响,它仍然按照节奏,有的放矢地进行着扩张。

数据显示,受到销售额下降的影响,吉利集团 2019 年全年营收 974.01 亿元,同比下降 9%,但仍高于市场预期。值得注意的是,在此情况下,吉利的市场占有率依然有所上升,从 2018 年的 6.2%上升至 6.5%,成为中国汽车品牌中市场占有率最高的企业。吉利的品牌终端销量与 2018 年基本持平,10 万元以上车型销量占比超 39%,7 年间翻了 10 倍。

亮眼的财报数据背后是吉利以"技术立品牌"战略制定的落地。不论是整体产品结构调整还是品牌附加值增加,抑或是吉利用户圈的拓展,都是其将其高速发展转向高质量发展的成果。

吉利多年的累计持续投入,也使其形成了良好的技术储备。2019 年,吉利与其他头部汽车品牌一样选择了加大研发投入力度,吉利汽车的全年研发投入占销售比例的 5.6%,达到 54 亿元。而这些资本化的研发支出堆在账上形成的无形资产是要摊销的,积累得越久,要摊销的越多。2019 年摊销 22.2 亿,同比 60.9%,加上当年费用化的 8.5 亿元,合计 30.7 亿元的研发费用。相对于 2019 年研发支出(资本化+费用化)的 54 亿元,"费用率"达到 66.7%。研发费用占收入的 3.1%,研发支出占收入 5.5%,达到世界主流的主机厂水平。

同时,其研发投入主要投入在"新四化"领域,这一比例在国内车企的投入占比处于领先水平,与国际头部车企的研发投入比例基本保持了一致。

即便上攻合资、中国品牌向上的呼声此起彼伏,但大部分中国汽车品牌的研发创新实绩仍差强人意,而吉利却依旧能够在凛冽的寒冬中坚守本我,就像李书福在 2020 年的新年致辞中所表达的:在变化的市场中把握不变的本质。

2019 年的吉利始终在变,变的方向都是"向前",我们可以清晰地看到,吉利下属几大品牌已经形成严密的矩阵，大有合力奔赴之势。

2019年，吉利全新品牌几何A正式投入市场，为吉利汽车在新能源领域补全了一块重要版图，也成了销量增长的直接动力，吉利新能源汽车销售量上升69%，达到11.3万台。同年，吉利成为戴姆勒第一大股东，联合推动Smart转型，"吉利买买买"又下一城；领克夺冠WTCR，力证中国速度，中国品牌接轨国际话语权升格；路特斯华丽转身，宝腾突破10万大关，吉利践行协同战略一刻不停歇……

即便是2020年初疫情突袭，吉利也似乎并不惧怕，安聪慧直截了当地表示："2020年不裁员、不减薪、不延发工资，同样不下调141万辆的年度目标。"而吉利规划中的产品也在稳步推进中，如ICON、豪越、几何C、领克05/06等等。除了新车，吉利2020年还要首发两颗低轨卫星，展开全球首个低轨导航增强卫星系统的商用验证。

这一系列频繁的动作不但证明了自己的活力与野心，更让大家看到了一个身处激流依然沉着，在品牌与市场影响力同步上升的同时坚守目标的汽车公司。

《人民日报》曾这样点评吉利的发展成绩：16年前，吉利汽车年销售不到2.2万辆，营收不过10多亿元。16年后，吉利已经成长为拥有吉利、沃尔沃、领克等十大品牌，年销售汽车182万辆、营收预计超过2700亿元的全球化汽车集团。

任务二　服务质量管理与控制

【任务描述】

你作为服务经理根据经营目标和战略行动计划，结合汽车服务质量理论，制订关键绩效指标体系(KPI)，落实执行责任。同时组织相关人员进行过程业绩检视和跟踪，及时发现问题并采取改正举措，运用绩效考核评价，激励员工的工作热情，帮助部门人员达到业绩目标，实现企业经营目标。

【学习目标】

素质目标

学生按照服务质量管理流程完成人员薪酬激励办法制订任务，培养沟通和团队协作能力，树立质量服务意识。

知识目标

1. 掌握KPI及其权重的确定方法。
2. 理解汽车服务质量理论。
3. 理解过程业绩检视与绩效考核。

能力目标

1. 能够对比过程业绩检视和绩效考核的异同。

2. 能够制定提高服务质量(缩小差距)的策略，并应用于4S店服务。

【任务组织】

组织形式

课程教学组织推荐采用“任务布置—知识学习—计划决策—计划实施—课堂练习—任务评价”的教学流程，培养学生自主学习、完成工作的能力；为保证教学安全与实践效果，建议每位指导教师负责和指导24～32位学生，学生以小组形式开展学习，每组6～8人。

场地设备

教学组织具体所需场地设备如表5-9所示。

表5-9　教学组织所需场地设备

教学场所	场所面积	设备序号	设备名称	数量
汽车售后服务学习工作站	$50m^2$	1	汽车整车	2
		2	计算机	4
		3	办公家具	1
		4	展示白板	4

教学时间

教学时间设定为4学时。

【知识准备】

现场学习，独立完成下列8个问题。

1. 服务质量可分为________和________。

2. 汽车4S店服务种存在的问题有________、________和________。

3. 绩效考核的基本原则有________、________、垂直考核原则、________、________、________、________客观公正原则和信息对称原则。

4. 服务质量维度包括可靠性、________、________、________和有形性。

5. KPI权重的确定方法有________和________。

6. 过程业绩检视委员会由总经理、________、________、售后总监、________和财务部经理构成。

7. 什么是KPI体系？

____

____

____

8. 讨论 KPI 在 4S 店中的应用。

一、服务质量管理

(一)认识汽车服务质量

1. 服务质量内涵

服务质量(Quality of Service)是指顾客对服务企业提供服务的实际感知水平。服务质量可分为技术质量和功能质量,汽车服务质量是汽车服务能够满足汽车行业规定和顾客需求的服务特征总和。服务质量必须经过顾客的认可,并被顾客识别。服务质量管理模型如图 5-4 所示。

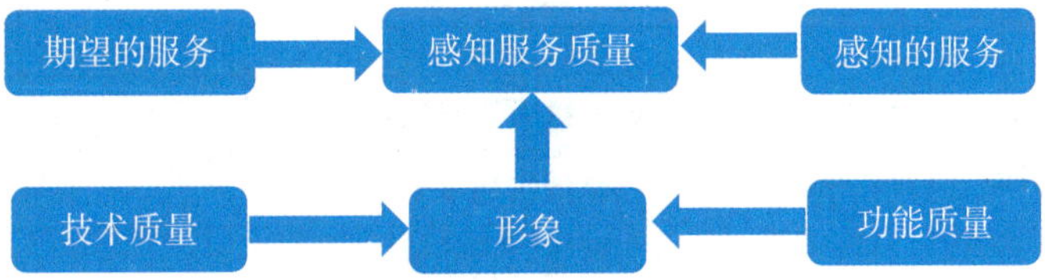

图 5-4　服务质量管理模型

(1)技术质量。指顾客在服务过程结束后的“所得”。技术质量涉及技术方面的有形内容,顾客易感知且评价较客观。

(2)功能质量。指服务提供者是如何工作的,涉及服务人员的仪表仪态、服务态度、服务方法、服务程序、服务行为方式等。功能质量具有无形的特点,一般不能用客观标准来衡量,顾客的主观感受在功能质量评价中占据主导地位。

2. 顾客期望与服务质量

顾客满意度(Customer Satisfaction)本质上反映的是顾客的一种心理状态,它源于顾客对汽车企业的某种产品服务消费所产生的感受与自己期望所产生的对比。服务质量是决定客户满意度的关键因素。对于从事汽车服务的企业来说,服务质量是顾客服务的期望值与服务实际感受的对比关系,它将汽车无形服务与有形产品融合在一起提供给客户。

顾客要求、顾客期望与顾客满意间的关系如表 5-10 所示。

表 5-10　顾客要求、顾客期望与顾客满意间的关系

	顾客要求	顾客期望	顾客满意
层次一	隐含、必须履行	隐性期望	得到不会特别满意,得不到会不满意
层次二	明示	显性期望	得到后满意
层次三	额外	模糊期望	得到后高度满意

由此,通过满足顾客要求,甚至是超过顾客期望,使顾客高度满意,也可达到较高的满意度,从而使顾客成为忠实顾客。顾客期望的形成受自身要求与价值、同行业的服务水准、企业的宣传承诺以及亲身体验等多种因素影响。

3. 顾客满意内容

(1)理念满意,即企业经营理念带给顾客的满意状态。

(2)行为满意,即企业运行状态带给顾客的满意度。

(3)视听满意,即企业可视性、可听性带给顾客满意状态。

(4)产品满意,即企业产品带给顾客满足状态。

(5)服务满意,即企业服务带给顾客满意状态。

(二)汽车服务质量管理

1. 服务质量维度

服务质量维度细分指标如表 5-11 所示。

表 5-11　服务质量维度细分指标

维　度		细分指标
有形性	有形的工具、设备、人员和书面材料的外表	有现代化的服务设施
		服务设施具有吸引力
		员工有整洁的服装和外表
		公司的设施与他们所提供的服务相匹配
可靠性	准确可靠地执行所承诺服务的能力	公司对顾客所承诺的事情都能及时完成
		顾客遇到困难时,能表现出关心并提供帮助
		公司是可靠的
		能准时提供所承诺的服务
		正确记录相关服务
响应性	帮助顾客及提供便捷服务的自发性	不能指望他们告诉顾客提供服务的准确时间
		期望他们提供及时的服务是不现实的
		员工并不总是愿意帮助顾客
		员工因太忙,无法立即提供服务,满足顾客的需求
保证性	雇员扎实的企业知识和谦恭的服务态度是获得顾客信任的良好基础	员工是值得信赖的
		在从事交易时顾客会感到放心
		员工是有礼貌的
		员工可从公司得到适当的支持,以提供更好的服务
移情性	给予顾客的关心和个性化服务	公司不会针对不同的顾客提供个别的服务
		员工不会给予顾客个别的关怀
		不能期望员工会了解顾客的需求
		公司没有优先考虑顾客的需求
		公司提供的服务时间不能符合所有顾客的需求

2. 顾客感知服务质量构成

顾客感知服务质量模型认为顾客对服务质量的评价过程实际上就是将其在接受服务过程中的实际感觉与他接受服务之前的心理预期进行比较的结果。如果实际感受满足了顾客期望，那么顾客感知质量就是上乘的；如果顾客期望未能实现，即使实际质量以客观的标准衡量是不错的，顾客可感知质量仍然是不好的。顾客感知服务质量构成如图5-5所示。

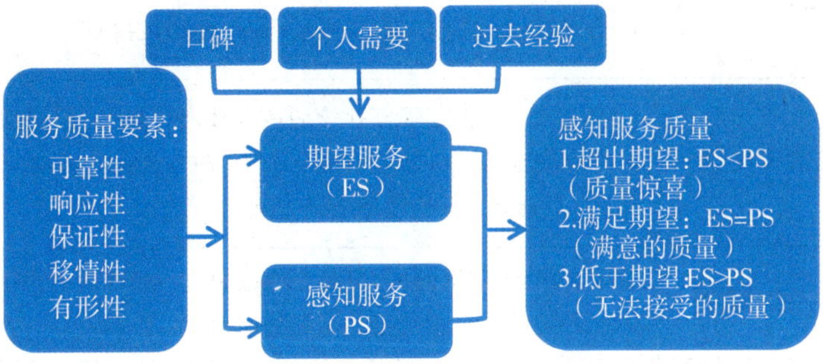

图5-5 顾客感知服务质量构成

3. 服务质量管理的特点

(1)服务质量的过程性。服务质量发生在服务生产和消费过程中。服务质量的内涵与有形产品质量的内涵有所不同，消费者对服务质量的评价不仅考虑服务的结果，而且还要感受服务的过程。服务的过程质量是服务企业创造竞争优势的源泉。服务质量的过程性如图5-6所示。

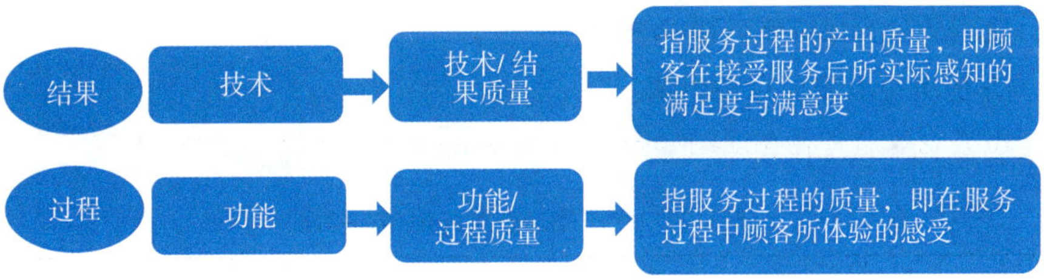

图5-6 服务质量的过程性

(2)服务质量的主观性。顾客感知服务质量具有极强的主观性，也具有极强的差异性。服务质量既要客观方法加以规定和衡量，更多的是按照顾客的主观认识加以衡量和检验。

(3)服务质量的整体性。服务质量由一线服务人员、后台支持人员、服务管理人员等一系列服务接触和关键时刻累积而成，企业所有人员对顾客形成感知服务质量都负有责任，服务企业必须在整个组织内倡导服务质量观念。

4. 服务质量衡量

衡量服务质量的目的是为经营者提供有关顾客的消息，使经营者进行正确决策，激励服务者不断改进服务质量。衡量服务质量遵循的原则如表5-12所示。

表 5-12　衡量服务质量遵循的原则

	原则	详解
1	过程与结果	服务具有无形性及顾客参与的特点，顾客对服务质量的评价不仅取决于顾客对服务结果（技术性质量）的评价，也取决于对服务过程（功能性质量）的评价
2	事前与事后	服务质量的形成取决于期望与体验的对比，所以把事前评价与事后评价结合起来，才能正确反映顾客满意的形成过程
3	定性与定量	评价定量化有助于提高评价的科学性和可比性，但是服务与服务质量的特点决定了服务质量评估不可能完全量化。只有定性和定量结合起来，才能全面反映服务质量方面的信息
4	主观与客观	顾客对服务质量评价本身是个主观概念，服务质量评估的一个趋势是将顾客满意这个主观指标尽可能客观化、定量化
5	全面和局部	有时我们需要全面了解顾客对产品和服务的满意评价，有时只需要了解顾客对产品和服务的某些方面的意见

差距分析模型指导管理者发现引发质量问题的根源，并寻找适当消除差距的措施。差距分析是一种直接有效的工具，它可以发现服务提供者与顾客对服务观念之间存在的差异。明确这些差距是制定战略、战术以及保证期望质量和现实质量一致的理论基础。这会使顾客给予质量积极评价，提高顾客满意度。

（三）汽车服务企业存在问题和对策

1. 汽车服务企业服务存在问题

汽车服务企业服务存在问题如表 5-13 所示。

表 5-13　汽车服务企业服务存在问题

	问题	详解
1	人　　员	企业依靠员工来完成服务工作，员工的素质和责任感已经成为影响 4S 店竞争力的重要因素
2	客户关系	4S 店目前还没有充分发挥客户关系管理的功能，从而忽视了客户信息资料的建立和利用，未严格执行客户回访制度，影响到对客户的各种情感服务
3	服务流程	4S 店对销售与售后流程的设计还是比较全面的，但是细节不够。具体表现在服务主管和服务经理对服务人员缺乏有效的监督，流程规范标准不够细致

2. 提升汽车 4S 店服务质量的对策

为适应汽车市场结构新变化，进一步提高 4S 店服务水平，应采取“提升服务质量，提高客户满意度"的服务策略，提高员工素质和技能水平，抓住机会，尽可能迅速地走近客户，了解客户需求，加强服务营销，从而提高客户满意度。

(四)关键绩效指标

1. KPI 体系

关键绩效指标(Key Performance Indicator，KPI)是通过对组织内部某一流程输入端、输出端的关键参数进行设置、取样、计算、分析，以衡量流程绩效的一种目标式量化管理指标。同时，它也是把企业战略目标分解为可运作工作目标的工具，是企业绩效管理的基础。因此，建立明确切实可行的 KPI 体系是做好绩效管理的关键。目前，KPI 已被大多数 4S 店所采用，以此为依据对员工进行定期考核，是将经营责任落实到个人的主要手段。KPI 的构成如图 5-7 所示。

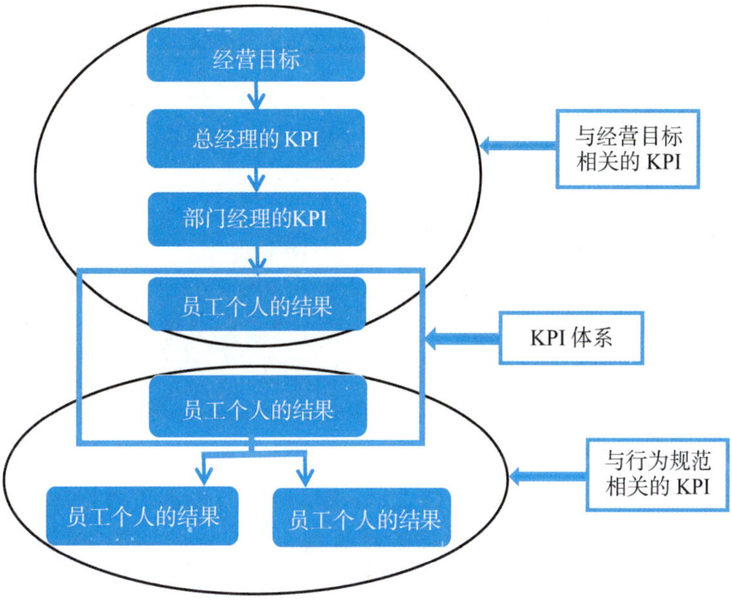

图 5-7　KPI 的构成

2. KPI 权重的确定方法

(1)经验判定法。经验判定法是指管理者或专家根据历史数据、自身经验和对各项评价指标重要程度的认识、新一轮经营重点以及要起到的引导意图，对各项评价指标权重分配的方法。该方法简单易行、决策效率高、决策成本低，但主观性强、决策片面性大。因此经验判定法的使用，对决策者的要求高，企业应注意在召集利益冲突各方进行充分讨论，同时平衡不同意见，避免专断行动。

(2)权值因子法。权值因子法指逐一评价和比较每两个指标的相对重要程度，进而确定每个指标在所有 KPI 中的权值，最终确定各个指标的权重。具体步骤如下：

①组成评价小组。

②制订评价权值因子判断表。

③对评价小组成员所填权值因子判断表进行统计。

④将统计结果折算成权重。

⑤相关部门讨论、审核。

⑥确定权重。确定关键绩效指标与工作目标完成效果评价之间的权重。确定各类关键绩效指标中具体指标的权重。确定工作目标完成效果评价中各项目标的相对权重。

3. 关键绩效指标与工作目标权重确定

(1)关键绩效指标和工作目标完成效果之间的权重分配。

不同层次人员关键绩效指标和工作目标权重分配建议如表 5-14 所示。

表 5-14　关键绩效指标和工作目标权重分配建议表

考核对象	内容及权重	
	关键绩效目标	工作目标完成情况
各企业总经理及以上管理者	100%	
各中层管理人员	60%	40%
各基层管理人员	20%	80%
纯操作/事务执行人员		100%

(2)关键绩效指标权重的确定。一些典型、通用的指标,如客户满意度、员工总数、部门管理费用等,在各部门及单位关键绩效指标中所占权重可以保持统一,以体现一定的一致性。每一项指标权重一般为 5%~8%,否则对综合绩效的影响太微弱。为体现各项指标的重要程度,指标之间的权重差异最好在 5%以上。

(3)工作目标权重的确定。工作目标完成效果评价与关键绩效目标评价不同,其各项工作目标或目的权重之和为 100%。工作目标完成效果评价一般只有 3~5 项指标,所以其权重比较容易拉开差距。在分配权重时,也要遵循与关键绩效指标权重分配相同的原则。工作目标权重能够反映评估者对被评估者工作目标的期望,工作目标越重要,被评估者对该项工作的直接影响力越大,权重就越高。

二、过程业绩检视与绩效考核

(一)过程业绩检视

1. 概念和作用

过程业绩检视是由管理层组成的业绩检视机构,通过报表和定期会议的形式,对各部门管理人员特别是经营目标的直接责任人进行目标进度检查和计划执行检视的活动。

过程业绩检视不仅能使管理层及时掌握经营的状况,及时发现问题并采取改进措施,确保经营目标的实现,而且还能运用集体智慧的力量,不断策和驱动员工向正确的方向迈进,实现个人价值。

2. 开展原则

过程业绩检视开展原则如表 5-15 所示。

表 5-15 过程业绩检视开展原则

	原则	详解
1	经营结果导向	过程业绩检视的主要目的是及时发现营运结果与4S店经营E标的偏离情况，以便采取对应的改善措施
2	运作数据依据	强调“以数据说话”的观点，要求在汇报业绩时要对应绩效指标汇报具体的业绩数据，并由财务部门和相关数据统计部门对数据的真实性和准确性进行核对
3	定性与定量	服务与服务质量的特点决定了服务质量评估不可能完全量化。只有定性和定量结合起来，才能全面反映服务质量方面的信息
4	寻找差距和解决问题	以过程分析为基础准确定位差距产生的原因，以提高改善措施的准确性、针对性和有效性
5	对事不对人	业绩质询的过程是寻找问题并及时改进的过程，质询人员帮助当事人更清楚地认识问题和确定改进措施。切不能对当事人横加指责，或进行人身攻击

(二)绩效考核

1. 绩效考核和激励系统

绩效考核(Performance Examine)，是企业绩效管理中的一个环节，是指企业在既定的战略目标下，对照特定工作目标和绩效标准，采用科学考核方式，对员工的工作行为、工作职责履行程度及取得的工作业绩进行评估，并运用评估的结果对员工将来的工作行为和工作业绩产生正面引导的过程和方法。绩效考核是一项系统工程，是绩效管理的一种手段。在每个营运周期结束后，4S店必须按照绩效考核的周期安排对相应的员工进行绩效的评价，并根据评价的结果和业绩合同约定，及时向被考核者兑现奖金和工资升降承诺，以激励员工工作热情。绩效考核和激励系统的结构如图5-8所示。

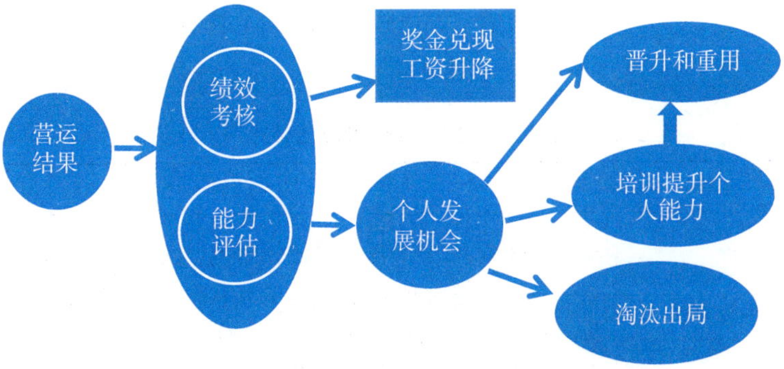

图 5-8 绩效考核和激励系统结构

2. 绩效考核目的

绩效考核目的如表 5-16 所示。

表 5-16 绩效考核目的

	目的	详解
1	人员激励	通过绩效考核，确认员工价值和工作成果，为薪资调整、激励培训、职位晋升等提供客观依据
2	创造公平评价和分配机制	个人利益和企业利益挂钩，促使以结果为导向的企业文化的形成
3	促进成长	通过绩效谈话帮助员工提高职业能力和绩效，促进企业与员工共同成长
4	达成目标	绩效考核本质上是一种过程管理，它将中长期的目标分解成年度、月度指标，不断督促员工实现工作目标，有效的绩效考核能帮助企业达成目标

3. 绩效考核基本原则

（1）客观公正，标准统一。人事考评应当根据明确规定的考评标准，针对客观考评资料进行评价，应尽可能进行科学评价，使之具有可靠性、客观性、公平性。

（2）严格全面，结果公开。考核要多方面、多渠道、多层次、多角度、全方位地进行立体考评。考核结果应对本人公开，这是保证考绩民主的重要手段。

（3）垂直考核，交流反馈。对各级职工的考评，都必须由被考评者的“直接上级”进行。结果一定要反馈给被考评者本人，否则就起不到考评的教育作用。

（4）差别界定，奖惩分明。考核等级间应有鲜明差别界限，使考评带有刺激性，鼓励职工上进心。依据考绩结果，将工作成绩与精神激励和物质利益相联系。

4. 绩效考核形式

（1）按考评时间分类，可分为日常考评与定期考评。日常考评是指对被考评者的出勤情况、产量和实绩、平时工作所作经常性考评。定期考评是指按照一定固定周期所进行的考评，如年度考评、季度考评等。

（2）按绩效考核主体分类，考核者选用被考评者的主管、同事、下属、被考评者本人、外部专家和顾客进行考核。如表 5-17 所示。

表 5-17 绩效考核主体

	主体	详解
1	主管考核	对工作性质、员工工作表现比较熟悉，考核可与加薪、奖惩相结合，有机会与下属进行更好地沟通，了解其想法，发现其潜力。由于上司掌握着切实的奖惩权，考核时下属往往心理负担较重，不能保证考核的公正客观，可能会挫伤下属积极性

续表

	主体	详解
2	同事考核	对被考评者具有全面、真实的了解。缺点：由于彼此之间比较熟悉，受人情关系影响，可能会使考核结果偏离实际情况。最适用的情况是在项目小组中。同事参与考核对揭露问题和鞭策后进起着积极作用
3	下属考核	可以帮助上司发展领导管理才能，也能达到权力制衡的目的，使上司受到有效监督。下属考核上司有可能片面、不客观；由下级进行绩效考核也可能使上司在工作中缩手缩脚，影响其工作正常开展
4	自我考核	最轻松的考核方式，不会使员工感到很大压力，能增强员工参与意识，而且自我考核结果比较具有建设性，会使工作绩效得到改善。自我考核倾向于高估自己的绩效，因此只适用于协助员工自我改善绩效，在其他方面(如加薪、晋升等)不足以作为评判标准
5	外部专家考核	有绩效考评方面的技术和经验，理论修养高，与被考评者没有瓜葛，较易做到公正客观。外部专家可能对公司业务不熟悉，必须有内部人员协助；此外，聘请外部专家的成本较高
6	顾客考评	许多企业把顾客也纳入员工绩效考评体系中。在一定情况下，顾客常常是唯一能够在工作现场观察员工绩效的人，此时，他们往往成了最好的绩效信息来源

5. 绩效管理流程

(1)设定绩效目标。根据企业的年度经营计划目标，由总经理设立各部门月度绩效目标，部门经理将目标分解至基层主管，由基层主管拟定每位员工当月绩效考核目标。

(2)绩效辅导与观察。工作目标和计划的实施过程是管理者与员工共同实现目标的过程，日常的绩效辅导是保证绩效目标达成的重要管理步骤，是各级管理者不可推卸的责任。绩效观察是直接上级有步骤、有方法地观察、收集员工绩效行为和工作结果的过程，是对员工做出绩效评估的基本前提。

(3)绩效考核与评估。就各项工作任务目标的完成情况，对员工工作结果进行评分，后按分数排序，并根据“1 级、2 级、3 级、4 级”进行绩效定义，得出四个等级的考核结果。

【任务实施】

活动 1　计划决策

结合汽车售后服务质量管理相关知识，以小组会议方式讨论制订汽车 4S 店售后服务人员薪酬激励制度。

活动 2　实施计划

1. 搜集资料

小组成员根据说明要求进行资料搜集,并针对汽车 4S 店售后服务人员薪酬激励方式进行分类整理(注意:激励方式可以从物质奖励和精神激励两个方面进行考虑)。其中物质奖励可以理解为直接薪酬和间接薪酬;精神激励可以从榜样表扬、兴趣爱好、激励目标及文化形象等方面进行考虑。

____

____

____

____

2. 制订薪酬激励制度

以小组讨论方式,小组共同制订薪酬激励制度。

____

____

____

____

3. 小组讲解

各小组讲解薪酬激励制度制订的具体情况,教师反馈。

____

____

____

活动 3　课堂练习

1. 绩效考核的基本原则有____________、____________、垂直考核原则、____________、客观公正原则、____________、____________、____________和信息对称原则。

2. 服务质量可分为____________和____________。

3. KPI 权重的确定方法有____________和____________。

4. 过程业绩检视委员会由总经理、____________、____________、售后总监、____________和财务部经理构成。

5. 服务质量维度包括可靠性、____________、____________、____________和有形性。

【任务评价】

自我评价

请根据自己在本次任务中的实际表现进行评价(见表5-18)。

表5-18 自我评价表

	评分标准	分值	得分
1	掌握汽车服务质量理论,分析服务质量差距产生的原因	20	
2	认识汽车4S店服务存在的常见问题,能够概括服务质量管理的基本原则	20	
3	了解KPI体系,说明如何确定指标权重	20	
4	理解过程业绩检视,对比业绩检视和绩效考核的不同	20	
5	积极参与薪酬激励制度制订,并能够掌握绩效考核内容	20	
合计(总分100分)			

小组评价

请小组组长对组员的学习进行评价(见表5-19)。

表5-19 小组评价表

	评分标准	分值	得分
1	学习成效	25	
2	协作精神	25	
3	工作态度	25	
4	纪律观念	25	
合计(满分100)			

教师评价

请实训指导教师根据教学目标进行量化考核(见表5-20)。

表5-20 教师评价表

	学习目标	达成情况	
		是	不能
1	掌握汽车服务质量理论,分析服务质量差距产生的原因		
2	认识汽车4S店服务存在的常见问题,概括服务质量管理基本原则		
3	了解KPI体系,说明如何确定指标权重		
4	理解过程业绩检视,对比过程业绩检视和绩效考核的不同		
5	掌握绩效考核和激励机制的相关内容		

【知识拓展】

服务质量差距模型(Service Quality Model)

服务质量差距模型(5GAP 模型)是专门用来分析质量问题根源的工具。顾客差距(差距 5)即顾客期望与顾客感知的服务之间的差距,是差距模型的核心。要弥合这一差距,就要对以下 4 个差距进行弥合,即差距 1:不了解顾客的期望;差距 2:未选择正确的服务设计和标准;差距 3:未按标准提供服务;差距 4:服务传递与对外承诺不相匹配。服务质量差距模型见图 5-9 所示。

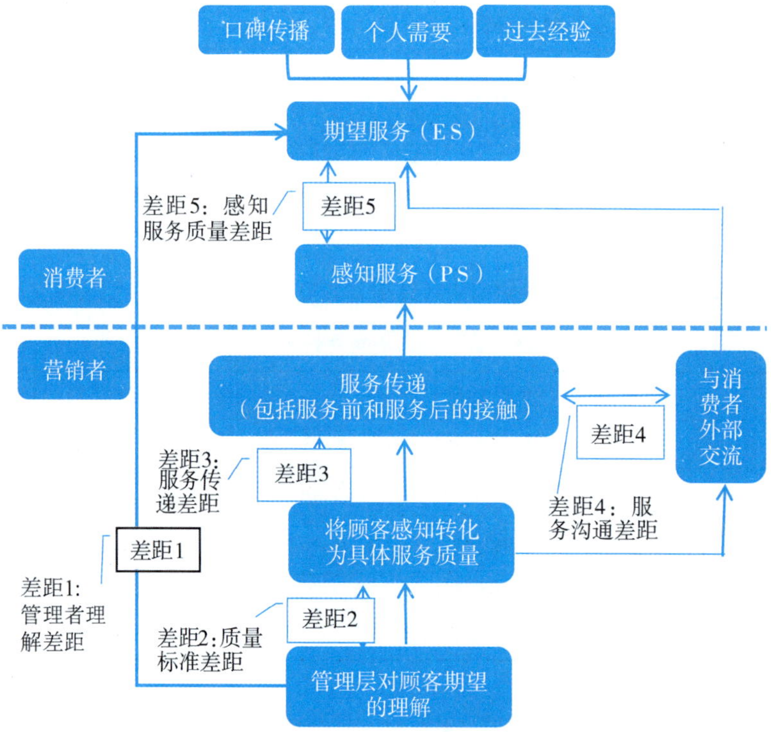

图 5-9　服务质量差距模型

由服务质量差距模型可以看出服务质量的产生机制,顾客和营销企业共同参与了服务质量的形成过程。服务企业的营销宣传不仅影响顾客期望,而且还影响顾客的体验质量。顾客体验的服务质量是一系列内部决策和活动的结果,体现了服务质量计划和分析工作的程序和步骤,管理者可以从中找到产生服务质量问题的原因。

项目六

新能源汽车售后服务

新能源汽车作为新兴事物，产业发展正处于成长期，企业亟待提升的方面还很多，在产品及售后服务等都还不可避免地存在各种问题。相比已经形成了较为完善的售后服务体系的传统汽车，新能源汽车售后服务体系还处在初步发展阶段。

任务一　新能源汽车售后服务规范

【任务描述】

新能源汽车与传统汽车的区别较大，对 4S 店和服务站在硬件、软件等方面有着较为严格的要求。你作为新成立的新能源汽车 4S 店的售后经理，如何建立新能源汽车售后服务规范？

【学习目标】

素质目标

学生通过工作计划的制订和工作任务的实施，培养团队合作意识，强化职业规范、安全防护、爱岗敬业和精益求精的职业素养。

知识目标

1. 掌握新能源汽车的售后服务规范。
2. 掌握新能源汽车售后服务流程。
3. 掌握保养和维修作业施工作业要求。
4. 掌握新能源汽车完工检验及结算交车相关规范。

能力目标

1. 根据新能源汽车的售后服务规范，完成预约和建档工作。
2. 根据新能源汽车售后业务内容，完成售后服务接待工作。
3. 能够按照相关技术标准、保养或维修手册规范对车辆进行诊断。
4. 能够使用新能源汽车入厂检查表和维修施工单。

【任务组织】

组织形式

教学组织推荐采用“任务布置—知识学习—计划决策—计划实施—课堂练习—任务评价”的教学流程，培养学生自主学习、完成工作的能力；为保证教学安全与实践效果，建议每位指导教师负责和指导 24～32 位学生，学生以小组形式开展学习，每组控制在 6～8 人。

场地设备

教学组织具体所需场地设备如表 6-1 所示。

表 6-1 教学组织所需场地设备

教学场所	场所面积	设备序号	设备名称	数量
汽车售后服务学习工作站	$50m^2$	1	汽车整车	2
		2	计算机	4
		3	办公家具	1
		4	展示白板	4
		5	配件查询系统	1

教学时间

教学时间设定为 4 学时。

【知识准备】

现场学习,独立完成下列 5 个问题。

1. 服务接待主要包括________接待、________接待、紧急救援________接待。

2. 服务接待员应根据客户意愿和现场条件,合理确定服务车辆的服务项目和进厂时间。经双方确认后,做好________、________、设备、________准备,按时安排车辆保养或维修。

3. 合同内容应包含保养或维修作业的________、________、需更换的零部件、维修工时、费用、竣工时间、________、争议处理方式等要素。

4. 高压系统作业前,应悬挂________、设置________,按保养或维修手册规范________后应使用万用表测量整车高压回路,确保无电后方可进行作业。

5. 新能源汽车售后服务与传统汽车有哪些区别?

____

____

一、预约及建档

预约及建档服务,应至少包括:

1. 开展预约服务,应明确预约对象、公示预约服务时间、预约电话等。
2. 应规范预约管理制度,明确预约流程、内容和政策等。
3. 应规定预约信息传递的工具,明确纸质或信息化传播工具;同时根据车辆 VIN 码信息,为每台车辆建立车辆服务档案。
4. 应保存预约纸质档案或信息化管理记录,便于查询。
5. 宜明示预约通道、预约工位、备件预约流转货架等。

二、服务接待

服务接待主要包括进厂服务接待、预约服务接待、紧急救援服务接待等。相关要求包括:

1. 服务接待员应遵守礼仪规范，主动热情，仪表端庄，语言文明，认真听取客户关于车况和售后服务要求的陈述，并做好记录。

2. 服务接待员应能及时为客户提供咨询服务。

3. 服务接待员应查验车辆相关证件，与客户一起进行环车检查，并办理交接手续。检查时，对于可能造成污损的车身部位，应铺装防护用品。

4. 客户寄存随车物品，应在车辆交接单上详细记录，并妥善保管。车辆交接单需经客户签字确认。

5. 服务接待员应安排需要等待服务车辆的客户休息。

6. 预约服务接待的，应按照客户预约要求进行接待作业。

7. 服务接待员应根据客户意愿和现场条件，合理确定服务车辆的服务项目和进厂时间。经双方确认后，做好人员、场地、设备、配件准备，按时安排车辆保养或维修。

三、接车诊断

接车诊断相关要求包括：

1. 应制订接车诊断规范性文件，规定人员职责、告知事项及接车诊断流程。

2. 按照相关技术标准、保养或维修手册规范对车辆进行诊断，并填写进厂检验单，进厂检验参见注释。

3. 高压系统有关检验及诊断作业，必须按照相关技术标准、保养或维修手册进行操作，作业人员正确佩戴安全防护用品，正确使用技术状况良好的工具和仪器，规范作业，全程做好防触电工作。

4. 确定维修类别和作业项目后，应向客户详细说明车辆送修状况、故障诊断情况、建议维修项目、作业内容、配件价格、维修时间和维修费用等。

5. 车辆需要解体检查或路试时，应提前征得客户确认、签字，或由客户陪同进行。

四、合同签订

应根据车辆接车诊断结果和客户需求，按照自愿、合法、适用的原则，与客户协商签订保养或维修合同。应包括：

1. 合同内容应包含保养或维修作业的项目、内容、需更换的零部件、维修工时、费用、竣工时间、违约责任、争议处理方式等要素，合同的签订及内容应符合相关法律法规要求。

2. 保养或维修过程应严格按照合同约定进行，对于保养或维修过程中发现确需增加或变更项目时，应及时与客户沟通，征得同意后，按规定签订补充合同或变更合同。

3. 配备专职人员负责合同管理，对已签订的合同建立登记台账并妥善管理。

五、保养或维修作业

根据保养或维修合同确定的类别和作业项目开具施工单，施工单应详细注明作业项目、作业部位、预计完成时间和注意事项等内容，并由专业技术人员承接保养或维修车辆，相关作业要求如下：

1. 保养或维修应做好预处理工作，根据保养或维修类别及作业项目，预处理工作可以合并到接车诊断步骤中做，每辆车预处理工作至少应包括：

(1)检查整车有无漏液、有无漏电。

(2)检查动力蓄电池布局和安装位置,确认诊断接口是否牢靠。

(3)对动力蓄电池电压、绝缘性等参数进行检测,评估其安全状态,按保养或维修手册规范要求的断电流程进行断电。

(4)作业前应视情况使用座椅套、脚垫、车身保护被、转向盘套、变速杆套等必要的装置保护车身内外表面。

(5)触摸内饰品时,应清洁双手,不得在客户车内吸烟、使用音响及做与保养或维修无关的事。

2. 保养或维修应在专用场所实施,应按照施工单、相关技术标准、保养或维修手册进行操作,正确使用技术状况良好的工具和仪器,规范作业;

3. 高压系统作业前,要求对安全防护用品、应急设备等进行安全检查;高压系统作业人员应穿戴安全防护用品,使用具有绝缘防护的作业工具,禁止佩戴金属饰品进行作业。

4. 高压系统作业前,应悬挂安全警示牌、设置隔离栏,按保养或维修手册规范断电后应使用万用表测量整车高压回路,确保无电后方进行作业;作业完成后的通电复位也需严格执行保养或维修手册规范要求。

5. 保养或维修人员不应擅自扩大作业范围,不应以次充好换用配件。

视频 6-1　新能源售后服务

6. 过程检验应实行自检、互检和专职检验相结合的制度,过程检验不合格的作业项目,不得进入下一道工序。

7. 服务接待员应跟踪车辆作业情况,视需向客户反馈作业进度。工期延长或项目变更时,应提前向客户解释和说明。

8. 应建立技术支持机制,对保养或维修作业中遇到的技术疑难问题做出及时响应,必要时寻求生产企业技术部门的支持,保证作业服务质量。

9. 车辆整体作业完工后将车辆停放在竣工区域。

六、完工检验及结算交车

完工后的车辆需进行完工检验及结算交车,相关要求如下:

1. 质量检验员应核查作业项目完成情况,按相关技术标准进完工检验,并填写完工检验单,完工检验参见附录 A。对完工检验不合格的项目,应填写返工单,由作业人员返工直至合格,检验不合格的车辆不得交付使用。

2. 未按合同约定交付车辆的,经营者应承担相应违约责任。

3. 检验合格的车辆,服务接待员应查看外观、清理车辆、清点随车物品,应视情况对车辆进行清洁并做好交车准备。清洁应遵守电工安全操作规范,不应用水直接冲洗车辆高压系统、充电口、电器舱及散热格栅；不遗留抹布、工具；座椅位置、后视镜角度、收音机频率等归位；车身整洁干净，停放到交车区域，锁闭车门、窗。

4. 服务接待员通知客户验收接车，并将作业项目、配件材料使用、更换的配件、完工检验情况以及出厂注意事项、质量保证期等内容以书面形式告知客户。

5. 服务接待员应配合客户验收车辆，填写验收结算清单，引导客户办理结算手续，并指导用户正确保养和使用车辆。

6. 重要作业项目和涉及安全的项目交付时，应向客户进行性能演示，如客户提出试车要求的，应安排专人按照规范和规定路线试车，并做好记录。

7. 应严格按照公示并备案的工时定额、单价及配件价格等核定费用，出具结算清单，结算清单应将作业的材料费、工时费及其他费用分项列出，需向顾客逐项解释清单内容并由客户签字确认，客户对作业项目和费用有疑问时，应认真听取客户的意见，做出合理解释。

8. 向客户完成结算手续并开具发票后，服务接待员应提醒客户下次车辆维保项目、时间或里程，并为客户办理出门手续，交付车辆钥匙、客户寄存物品、客户付费后剩余的材料等，更换下的零部件，经征求客户意见后妥善处置。

【任务实施】

活动 1：计划决策

刘先生驾驶一辆纯电动汽车来到新能源汽车售后服务维修站，原因是汽车需要做10000千米维护保养。作为售后服务顾问，请以学习小组为单位合作完成整个新能源汽车售后服务业务流程。

____

____

____

活动 2：实施计划

1. 制订新能源汽车售后服务工作计划

制订以比北汽新能源 EU5 为目标车型的新能源汽车售后服务活动工作计划。

____

____

____

2. 完成新能源汽车入厂通用检查检验项目表(见表 6-2)

表 6-2 新能源汽车入厂通用检查检验项目表

维修站： 检查人(签字)： 检查日期：
车型： VIN： 客户(签字)：

序号	检查系统	检查项目	要求标准	检查结果	是否合格
1	整车系统	全车低压系统检测	车辆各系统程序版本是最新版本		
2	动力电池系统	检测动力电池单体压差	动力电池压差在 100mV 范围内		
3		检查动力电池 BMS 版本	最新版本		
4		检查动力电池绝缘阻值	阻值大于 500 兆欧		
5		检查动力电池外观有无磕碰	无破损		
6		检查动力电池高、低压插接件	高压插接件完全连接到位、低压插接件无锈蚀、进水、损坏		
7	数据采集终端	检测数据采集终端是否正常	数据采集终端指示灯工作正常		
8		检查 SIM 卡工作状态	与监控中心确认 SIM 卡状态，数据是否上传正常		
9		检查数据是否上传正常			
10	低压电器供电	检测低压蓄电池性能	用专用测试仪测试低压蓄电池内阻是否正常		
11		检查 DC-DC 工作状态	测量 DC 输出电压不低于 13V		
12		低压蓄电池极桩	蓄电池正、负极桩头是否腐蚀及禁锢		
13		灯光及喇叭	灯光及喇叭工作正常		
14		检测车辆静态放电电流	车辆关闭锁车 15 分钟后静态放电电流不大于 30mA		
15	空调系统	检查鼓风机工作状态	鼓风机工作正常		
16		检查冷暖切换模式	模式电机工作正常		
17		检查 PTC 工作模式	PTC 制热工作正常		
18		检查出风模式	模式电机工作正常，无异响		
19		检查压缩机工作状态	压缩机工作正常、无异响、制冷正常		
20		检查 ECC 控制器	ECC 控制器程序是最新版本		
21		检查冷凝器状态	冷却液无泄露、磕碰变形、固定牢固		
22		空调管路状态检查	高、低压管路接口无泄露，管路无变形、安装无干涉、破损		

续表

序号	检查系统	检查项目	要求标准	检查结果	是否合格
23	底盘部分	检查轮胎气压	根据车型进行轮胎压力调整		
24		检查胎纹深度	轮胎纹深度不低于 2mm		
25		检查轮胎状态	轮胎外观是否有起包、裂纹、偏磨		
26 27		检查底盘悬架力矩、外观	底盘悬架紧固螺栓扭矩在维修手册技术标准范围内		
		前后减震状态检查	前减震转向时无异响、漏油。后减震固定胶套无老化、松旷		
28	制动系统	制动真空泵工作状态	真空泵工作正常		
29		制动片厚度	检查制动片不低于 2mm(单片)		
30		制动管路	无渗油、磕碰、变形		
31		制动液液位	制动液在 MIN-MAX 之间		
32		制动盘	不超过磨损极限(2mm)		
33	转向系统	转向机构	防尘套及球头无破损、松旷		
34		转向功能	转向左、右力度均衡、无卡滞、无异响		
35		转向机控制器插接件状态	转向控制器插接件完全连接到位、端子无锈蚀、进水、损坏		
36	高压线束	检查高压线束及插件	高压线束插接件及保护层无磨损、破裂、高压线束绝缘电阻大于 500Ω/V		
37	充电系统	充电系统状态检测	充电机工作正常,充电机软件是最新版		
38		充电宝线束检查	充电宝工作正常		
39	快充系统	车辆是否正常快充	查快充线束。搭铁线、低压连接线束连接正常,无破损、歪针、退针现象		
40	驱动电机系统	驱动电机状态确认	驱动电机无锈蚀、连接紧固、无漏水		
41		驱动电机控制器	电机控制器软件是最新版本、电机控制器低压插件无锈蚀、插件端子接触充实		
42		减速器	减速器无漏油、半轴油封无漏油,减速器箱无裂纹,必要时进行更换半轴油封及箱体涂胶处理。驱动电机与减速器花键轴间隙常规检查		

续表

序号	检查系统	检查项目	要求标准	检查结果	是否合格
43	冷却系统	冷却水泵	水泵工作正常、冷却管路无气阻、检查冷却液冰点低于－35℃		
44		散热器	散热器无泄漏、冷凝器与散热器无异物		
45	导航系统	导航主机	功能项常规检查，导航卫星定位检测、主机按键正常、屏幕清晰、倒车影像正常、USB 口测试正常使用		
46	电动车窗后视镜	车辆电动门窗系统	电动门窗升降功能正常，后风挡加热功能正常，雨刷系统、雨刷洗涤系统正常		
47		后视镜	电动后视镜调节功能正常、后视镜加热功能正常		
	填表要求： 1. 对于有数值范围要求的检查项，需要记录检查结果。 2. 根据检查结果，判断是否合格，若合格，在最后一栏打“√”，若不合格，打“×”。				

三、完成新能源汽车维修施工单（见表 6-3）

表 6-3 新能源汽车维修施工单

是否预约：□是 □否 用户是否全面检查：□是 □否 车架号：

用户姓名		车型车牌		日期	
行驶里程		换车电量		联系电话	

用户描述：

注：以上为该用户描述原话记录，实际维修项目以最终确认的故障维修记录为准。

续表

<table>
<tr><td>功能及车况确认：（正常√ 不正常×）
□音响 □灯光 □空调 □天窗 □后视镜 □门锁 □雨刮
□驾驶座椅 □四门玻璃升降 □仪表显示
车内饰：正副座椅/内饰破损：□是 □否 脏污：□是 □否
轮胎磨损情况：
空调温度： 电台频率： 音量大小：
电池包检查：（正常√ 不正常×） □划痕 □凹凸 □变形</td><td rowspan="5">外观确认</td><td rowspan="5">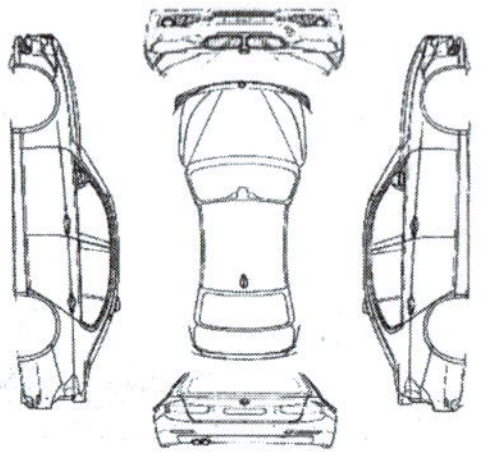</td></tr>
<tr><td>物品确认：
□钥匙 □行驶证 □随车工具 □警示牌 □补胎液 □充气泵
车内贵重物品提醒：□是 □否</td></tr>
<tr><td>用户需求</td></tr>
<tr><td>清洗车辆：□是 □否 是否充电：□是 □否</td></tr>
<tr><td>与客户确认维修项目：□是 □否 新增项：</td></tr>
</table>

维修

序号	维修项目	自检	姓名	序号	维修项目	自检	姓名
1				5			
2				6			
3				7			
4				8			

派工时间：	预计完工时间：	机电接单时间：	机电完工时间：	机电班组检：
钣金接单时间：	钣金完工时间：	钣金维修人：	ASC 终检时间：	ASC 终检人：
油漆接单时间：	油漆完工时间：	油漆维修人：	终检时间：	终检人：

交车检查：清洗车辆：□是 □否；是否充电：□是 □否；胎压正常：□是 □否；内饰整洁：□是 □否

维修超时：□是 □否；超时天数：天；超时原因：□定损□派工□打款□漏订□漏项□未跟单□技术

服务顾问与用户确认维修项目：□是 □否 签字：	用户签字：

活动 3：课堂练习

根据课堂所学，完成下面的判断和简答题。

1. 高压系统有关检验及诊断作业，必须按照相关技术标准、保养或维修手册进行操作，作业人员可以不用严格佩戴安全防护用品。 （ ）

2. 对于保养或维修过程中发现确需增加或变更项目的，在与客户沟通，征得同意后，可以不用签订补充合同或变更合同。 （ ）

3. 对动力蓄电池电压、绝缘性等参数进行检测，评估其安全状态，按保养或维修手册规范要求的断电流程进行断电。 （ ）

4. 高压系统作业前，要求对安全防护用品、应急设备等进行安全检查；高压系统作业

人员在穿戴安全防护用品情况天可以佩戴金属饰品进行作业。（　　）

5. 服务接待员应配合客户验收车辆，填写验收结算清单，引导客户办理结算手续，并指导用户正确保养和使用车辆。（　　）

6. 新能源汽车接车诊断工作有哪些内容？

____

____

____

【任务评价】

自我评价

请根据自己在本次任务中的实际表现进行评价（见表6-4）。

表6-4　自我评价表

	评分标准	分值	得分
1	掌握接打电话的技巧，可以根据客户的信息及4S店工作情况完成预约工作	20	
2	能根据客户来店时间做好接待准备工作可接待不同类型的保养类客户	20	
3	能够规范地完成车辆预检工作，初步确认车辆问题，完成问诊预检工作	20	
4	掌握简单的估时、估价方法，准确预估出车辆维修的费用及时间	20	
5	能够完成车辆交付前的准备工作，掌握解释维修项目方法，向客户说明车辆维修结果，陪同客户完成验收检查	20	
合计（总分100分）			

小组评价

请小组组长对组员的学习进行评价（见表6-5）。

表6-5　小组评价表

	评分标准	评分分值	得分
1	学习成效	25	
2	协作精神	25	
3	工作态度	25	
4	纪律观念	25	
合计（满分100）			

教师评价

请实训指导教师对计划实施结果进行评价(见表 6-6)。

表 6-6　教师评价表

	学习目标	达成情况	
		是	不能
1	明确新能源汽车售后服务工作任务		
2	完整、准确的收集信息		
3	制订新能源汽车售后服务工作计划的合理性		
4	制订新能源汽车售后服务工作的可操作性		
5	新能源汽车预约及建档		
6	新能源汽车服务接待		
7	新能源汽车保养或维修作业		
8	新能源汽车售后服务业务合同签订		
9	新能源汽车完工检验及结算交车		

【知识拓展】

比亚迪汉 EV 保养周期表

1. 车辆保养计划

(1)保养计划用于保证行车稳定、减少故障发生、安全以及经济的驾驶。

(2)计划保养的间隔,可参看周期表,按里程表的读数或时间间隔而定,以先到者为准。

(3)对于已经超过最后期限的保养项目,也应在同样的时间间隔里进行保养。

(4)橡胶软管应按保养周期表,由专业技术人员进行检查。

(5)这些都是特别重要的保养项目,每个项目的保养间隔,均记载在保养周期表中。其中软管只要有任何的劣化或损坏就应立刻更换。

(6)保养周期表列出了为保持客户的爱车始终处于最佳运行状态所必需的全部保养项目。

(7)保养工作应依照比亚迪汽车工业有限公司的标准及规格,建议车辆保养由当地比亚迪汽车授权服务店完成。

(8)保养周期表中列出的检修项目以及行驶时间或距离,是假设客户将车辆作为正常的交通工具用来运载乘员及物品而制订的,避免超过车辆的载重极限。

2. 保养周期表(见表 6-7)

表 6-7 保养周期表

里程表读数或月数,以先到者为准																
X1000 千米	12	24	36	48	60	72	84	96	108	120	132	144	156	168	180	192
月数	6	12	18	24	30	36	42	48	54	60	66	72	78	84	90	96
紧固底盘固定螺丝	I	I	I	I	I	I	I	I	I	I	I	I	I	I	I	I
检查制动踏板和电子驻车开关	I	I	I	I	I	I	I	I	I	I	I	I	I	I	I	I
检查摩擦块和制动盘	I	I	I	I	I	I	I	I	I	I	I	I	I	I	I	I
检查制动系统管路	I	I	I	I	I	I	I	I	I	I	I	I	I	I	I	I
制动钳总成导向销		I		I		I		I		I		I		I		I
检查转向盘、拉杆	I	I	I	I	I	I	I	I	I	I	I	I	I	I	I	I
检查传动轴防尘罩	I	I	I	I	I	I	I	I	I	I	I	I	I	I	I	I
检查球销和防尘罩	I	I	I	I	I	I	I	I	I	I	I	I	I	I	I	I
检查前后悬架装置	I	I	I	I	I	I	I	I	I	I	I	I	I	I	I	I
检查轮胎和充气压力	I	I	I	I	I	I	I	I	I	I	I	I	I	I	I	I
检查前、后轮定位	I	I	I	I	I	I	I	I	I	I	I	I	I	I	I	I
轮胎换位	I	R	I	R	I	R	I	R	I	R	I	R	I	R	I	R
检查车轮轴承游隙	I	I	I	I	I	I	I	I	I	I	I	I	I	I	I	I
检查副水箱内冷却液液面高度	I	I	I	I	I	I	I	I	I	I	I	I	I	I	I	I
更换驱动电机冷却液	每 4 年或 100000 千米更换长效有机酸型冷却液,以先到者为准															
检查制动液	I	I	I	I	I	I	I	I	I	I	I	I	I	I	I	I
更换制动液	每行驶 2 年或 40000 千米更换一次															
检查整车模块故障码	I	I	I	I	I	I	I	I	I	I	I	I	I	I	I	I
检查动力电池托盘	I	I	I	I	I	I	I	I	I	I	I	I	I	I	I	I
容量测试及校正	每 72000 千米或 6 个月															
检查和更换变速器内的齿轮油	首次更换齿轮油 24 个月/40000 千米,后续每 24 个月/48000 千米更换一次齿轮油															
检查动力总成是否漏液、磕碰	I	I	I	I	I	I	I	I	I	I	I	I	I	I	I	I
检查高压线束或接插件是否松动	I	I	I	I	I	I	I	I	I	I	I	I	I	I	I	I
检查高压模块外观是否变形、是否有油液	I	I	I	I	I	I	I	I	I	I	I	I	I	I	I	I
检查各充电连接器接口处是否有异物、烧蚀等情况	I	I	I	I	I	I	I	I	I	I	I	I	I	I	I	I

续表

里程表读数或月数，以先到者为准																
更换电池冷却液	每 2 年或 40000 千米更换电池冷却液，以先到者为准															
检查高效过滤器	I	I	I	I	I	I	I	I	I	I	I	I	I	I	I	I
检查灯具灯泡	I	I	I	I	I	I	I	I	I	I	I	I	I	I	I	I
检查前灯调光功能	I	I	I	I	I	I	I	I	I	I	I	I	I	I	I	I
灯光初始下倾度校准	每隔 10000 千米校准一次															
安全气囊总成检查	10 年更换一次															
检查 EPS 搭铁处是否有异物或者被烧蚀	I	I	I	I	I	I	I	I	I	I	I	I	I	I	I	I
检查 EPS 插接件是否松动，接插件引脚是否被烧蚀	I	I	I	I	I	I	I	I	I	I	I	I	I	I	I	I
检查 EPS ECU 和电机连接处是否有异物或者被腐蚀（装有时）	I	I	I	I	I	I	I	I	I	I	I	I	I	I	I	I
检查 EPS ECU 外观是否被腐蚀	I		I		I		I		I		I		I		I	
检查整车模块是否有软件更新，有则更新	I	I	I	I	I	I	I	I	I	I	I	I	I	I	I	I
检查高压部件是否有涉水痕迹	I	I	I	I	I	I	I	I	I	I	I	I	I	I	I	I
检查前舱盖锁	每年															
备注：在检查第 1 项时，如发现底盘部件有异常损坏请及时更换。 表中符号含义：I=必要时进行检查、修正或更换。I=恶劣工况需增加项目。R=更换、改变或润滑。																

任务二　新能源汽车售后服务数字化应用

【任务描述】

随着时代的发展，新兴的新能源汽车企业借助互联网平台扩大营销，推出车主专享服务，从早期的 PC 端官网电商化，到自建电商平台同时逐步向移动互联网迈进，入驻电商平台，与互联网汽车融租平台合作。作为售后经理如何运用汽车企业 App 提升售后业务竞争力？

【学习目标】

素质目标

学生通过工作计划的制订和工作任务的实施，培养团队合作意识，强化职业规范、安全防护、爱岗敬业和精益求精的职业素养。

知识目标

1. 理解汽车企业 App 的价值。
2. 掌握汽车企业 App 发展趋势。
3. 掌握汽车企业 App 的种类和模式。

能力目标

1. 能够熟练操作汽车数字应用软件。
2. 能够应用手机汽车应用软件完成汽车售后服务工作。

【任务组织】

组织形式

教学组织推荐采用“任务布置—知识学习—计划决策—计划实施—课堂练习—任务评价”的教学流程，培养学生自主学习、完成工作的能力；为保证教学安全与实践效果，建议每位指导教师负责和指导 24～32 位学生，学生以小组形式开展学习，每组 6～8 人。

场地设备

教学组织具体所需场地设备如表 6-8 所示。

表 6-8　教学组织所需场地设备

教学场所	场所面积	设备序号	设备名称	数量
汽车售后服务学习工作站	$50m^2$	1	汽车整车	2
		2	计算机	4
		3	办公家具	1
		4	展示白板	4
		5	手机汽车 App	2

教学时间

教学时间设定为 6 学时。

【知识准备】

现场学习，独立完成下列 5 个问题。

1. 车企 App 可以将汽车售前售后服务有效合理地进行整合，为用户提供一站式解决方案，对于企业来说这种产品服务模式更加________，管理上更具有________，能够有效整合________资源，监督经销商服务商的服务行为。

2. 车企 App 不单是一款________应用，车企可以借助 App 树立传播良好的企业________，让用户产生________。

3. 小鹏汽车 App 产品具有高颜值、智能应用、高性价比，提供"一体化，多触点"的________体验和________透明化全流程服务。

4. 汽车企业数字营销发展趋势是什么？

____

____

5. 简述两款汽车行业消费者 App 产品的特点和优势。

____

____

一、汽车企业 App 价值

1. 一站式系统化服务

车企 App 可以将汽车售前售后服务进行有效合理的整合，为用户提供一站式解决方案，对于企业来说这种产品服务模式更加高效，管理上更具有控制权，能够有效整合渠道资源，监督经销商服务商的服务行为。

2. 掌握用户的数据资源

App 是最接近用户的服务端口，用户可以借助车企 App 更加快捷方便的操控汽车，了解行驶数据。车企可以收集分析用户数据，收集客户消费趋向和关注点，为产品的进一步营销和服务提供参考。并用数据打通生产销售各个渠道环节，优化服务链条，形成服务闭环，提高优化运营体系效率。

3. 有效维护企业与用户的关系

互联网时代，企业对用户时间的抢夺是十分激烈的，车企 App 需要更贴近用户，建立和维护与用户的长期关系，只有这样才能更好更全面地了解用户，信息从车企到层层经销商服务商再到用户其实是信息能量和数量衰减的过程。车企通过 App 可以直连用户，了解用户的反馈和需求，更好地传达产品理念和相关服务政策。

4. 企业形象的展示窗口

中国汽车厂商在品牌价值形象的塑造方面较为薄弱，经销商对品牌的忠诚度较低，在经营过程中品牌的概念经常被忽视。车企 App 不单是一款功能性应用，车企可以借助 App 树立传播良好的企业形象，让用户产生信赖感。

5. 绝佳的传播阵地

在互联网时代，人人都是自媒体。用户不仅是信息的接收者，也是信息的创造者、传播者，App 凭借天然的精准性、位置化、长尾性、互动性以及高用户黏性，成了品牌"自营销"的工具。内容传播非常便捷，用户只需要点一点就可以分享和传播。只要车企拥有优质的有吸引力的内容，就可以通过 App 借助用户实现大范围的传播。

6. 跨平台合作

App 作为企业的服务端口，可以与其他品牌或者活动的合作，进行多领域品牌渗透营销渗透。2020 年度新能源汽车服务 App 排行如表 6-9 所示。

表 6-9　2020 年度新能源汽车服务 App 排行

排名	名称
1	特来电
2	e 充电
3	星星充电
4	充电桩
5	爱充

二、汽车企业 App 趋势

1. App 将逐渐演变成从售前到售后的一站式服务平台，能够及时帮助用户解决各类场景问题，并结合产品特点和用户需求提供个性化的服务。重视超前服务和问题预警，即时刻关注产品使用情况，积极联系用户，积极处理用户问题，积极普及产品知识，引导用户逐渐养成良好的使用习惯，而不是让用户带着疑惑使用产品，出了问题再联系维修，还可能面对无法一次性解决的情况。

2. 产品交易中，厂商的主导权正在减弱，未来车企将会更加关注用户体验，建立起“以客户为中心”的经营理念。利用科技优势调动用户多感官，注重线上线下结合打造体验式的营销环境和智能化服务，积极探索高效联动的信息传播路径，并与用户开展广泛深入的互动交流。

3. App 的推广使用有利于企业关注用户生活和产品使用场景，结合应用场景和区域特点，对不同的目标用户群体需要有更深入的了解，分析地域场景人群特征建立用户画像，开展有针对性的服务。2020 年度汽车售后服务 App 排行如表 6-10 所示。

表 6-10　2020 年度汽车售后服务 App 排行

排名	名称
1	车轮
2	平安好车主
3	易车
4	途虎养车
5	汽车超人
6	车 e 族
7	汽修宝
8	车点点
9	乐车邦
10	车享家

4. 进一步发挥数据优势，加快人工智能技术的深度应用，用数据打通产品从生产销售到售后的各个渠道环节，优化服务链条形成完整的服务闭环。

5. 洞察用户消费需求和能力，可以与金融机构多方合作提供多种金融服务和金融政策，消除用户疑虑刺激用户消费。

6. 车企将日益重视品牌社区塑造，在这里车主之间可以更好更快地了解品牌动态，与其他车主自由交流互动，分享展示，对产品相关问题甚至社会热点展开讨论，找到自己的圈子，形成人人分享、人人获利的友好氛围。

视频 6-2　比亚迪 App 介绍

7. 在未来车企和用户关系将被重新定义，平台通过挖掘用户关系，打造车主和潜在用户关系网，一步步地围拢用户，并通过发布线上线下优质活动连接品牌与用户，形成企业和用户长久的互利共赢“伙伴”关系，为促进品牌传播和刺激用户进一步消费蓄力。

8. 这是一个体验为王内容为王的时代，除了好产品好体验，企业还需向用户输出优质内容和品牌价值，满足消费者的心理需求和精神追求。同时内容传播受 KOL 因素影响越来越大，后续有望生成新的内容交互形态。相对于千篇一律的“打折福利”活动，内容和服务的差异性才是企业软实力的所在。只有硬实力软实力兼备，企业才有可能走得更好更远。

9. 在未来，App 不仅会聚焦在汽车服务领域，极有可能拓展成以车用服务为主的综合生活服务平台，触达用户生活的方方面面。凭借用户积累和资源优势与其他平台和品牌联动，提供更加新鲜的体验和优质服务。

三、蔚来汽车 NIO App

1. 产品特点

将社区、资讯、商城融合到汽车营销服务之中，打通线上线下，利用核心用户向其周边进行口碑传播，从无到有创造了自己的核心“死忠粉”，不断拓展用户群体。如图 6-1 所示。

2. 产品定位

聚焦中高端市场有一定经济实力的年轻用户，提供从售前到售后的一站式服务，用户可以在线上了解选购享受定制服务，满足了用户的个性化需求；产品社区活跃，PGC 和 UGC 内容丰富，打通了线上线下服务场景和生活场景，为用户提供了丰富的资讯和品牌活动，同时满足用户创作分享的欲望和交友的需求。周边商城以家居科技类商品为主，关注用户生活场景注重生活美学塑造，符合品牌为用户创造愉快生活方式的理念。

3. 用户定位

用户定位主要面向各行业中高层精英和新中产群体，他们具有互联网基因，对燃油车没有强烈的依赖感，科技产品、互联网产品接受度高，有着个性化需求。他们有着稳定的关系网络，较为重视在朋友圈、生意圈中自身形象的塑造。他们有着较高和较为稳定的收入，已婚人士较多，对生活品位、审美品位有一定的追求，更关注优质舒适的生活状态和乘用体验。

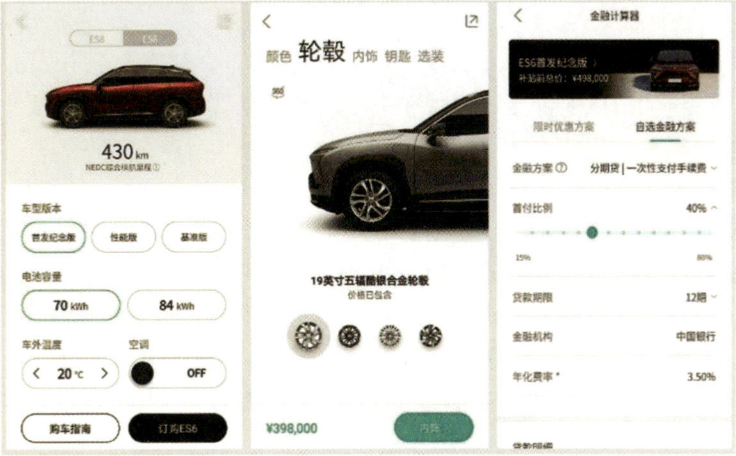

图 6-1　蔚来汽车 NIO App 界面

图 6-2　用户定位

4. 产品结构

产品主要包括发现、朋友、爱车、惊喜、我的五大板块，进入软件首先就进入了发现页面，这部分是品牌社区（展示品牌相关咨询活动和车友动态），可以看出相对于传统车企，互联网车企将内容和社交放在了优先的位置，更重视社区打造和车友关系维系。

与其他车企不同的是，蔚来更重视社交，它借鉴了微信模式，单列出朋友板块，志在打造品牌车友社交圈，强化关系，促进信息和内容传播。

在“爱车”板块，首屏展示车型大图引导用户了解订购，继续滚动出现价位信息，为减轻用户购车焦虑和疑问，以大标题文章的形式为用户解答金融和用车安全问题，引出购车指南板块和品牌提供的工具与服务，整个信息结构的设置满足了用户的心理需求和认知习惯，对新用户来说有很好的引导性。

“惊喜”板块以家居科技类商品为主，关注用户生活场景注重生活美学塑造。“我的”页面主要是个人信息、订单账单管理、蔚来值卡券、活动收藏、个人设置等内容。

四、小鹏汽车 App

1. 产品特点

高颜值、智能应用、高性价比，提供“一体化，多触点”的服务体验和线上线下透明化全流程服务。

2. 产品定位

产品主要面向关注性价比的互联网年轻用户，满足日常通勤需求的同时提供智能化的服务。满足用户从选车到售后的全流程服务，用户更可以借助 App 实现对车辆的智能控制，包括智能驾驶、自动泊车、语音交互、远程控制等，覆盖多种出行场景。从车型到应用都追求“科技感”，营造智能化驾乘氛围，为用户提供个性化的定制策略。品牌社区为用户提供了交流互动的园地，用户可以在这里答疑解惑，收获用车经验和专业建议，结交朋友。

3. 用户定位

“面向年轻人的第一台智能汽车”，产品主要面向互联网年轻用户，相对于蔚来，他们的收入水平一般，更关注性价比，但是有着互联网基因，乐于拥抱科技变化尝试新鲜事物，有自己的品位和见解，关注安全、颜值、性价比。在性价比上，不是追求最低价格，山寨性能，而是会考虑供应链、设计等综合能力和金融能力。在使用场景上，相比较开车远途驾驶，他们最常的应用是上班通勤。

4. 产品结构

视频 6-3　小鹏 App 介绍

产品主要包括“发现”“充电”“小鹏”“服务”“我”五大板块。“发现”社区页面又列出“推荐”“鹏友圈”“互动”“活动”几个社区互动栏目，可以看出其同样注重品牌社区的打造。将“充电”这一高频使用功能单列出来，为用户提供了很大便利。“小鹏”页面同样是车型介绍与订购服务，这一块的信息结构设置与蔚来有些相似，增加了”众测”文章板块，让用户不用跳转和搜索，也可以快速了解真实使用情况。

小鹏没有将商城单列出来，而是集合到“服务”中，使得商城和其他服务功能处于一个“平级”的地位，可以看出，小鹏在信息结构的设置上，更多考虑到的是使用场景，让用户能快速找到想用的功能。具体如下图 6-3 所示。

图 6-3　小鹏汽车 App

【任务实施】

活动 1　计划制订

汽车厂商已经逐步增加了数字化工具手段在售后服务场景中的应用，新能源汽车售后服务数字化应用主要在服务预约、接待与诊断、服务设施、服务价值、服务质量和服务团队 6 个方面来传递全面的用户服务体验，以及对客户满意度的评价。作为一名汽车售后服务人员，向客户推荐安装本品牌的 App，并详细解释功能板块内容，协助客户运用汽车 App 完成汽车售后服务业务。

活动 2　实施计划

1. 登录小鹏 App

小鹏支持淘宝账号登录的，淘宝拥有庞大的用户群，可以实现导流。

2. 社区

汽车 App 社区首先可以积累沉淀用户，让用户找到同样爱好的人进行互动，增加对产品的依赖性。另外，客户对产品的一些意见或者问题的反馈都可以通过社区来进行。同时，产品经理可以通过社区来和用户亲切互动，及时了解用户的需求。

3. 优质内容推荐

产品首先是优质内容推荐页，可以看到帖子的评论数、浏览数，发帖的具体时间、几点几分都很明确。在内容方面主要是用车相关的专业贴和官方贴，中间会穿插专题合计。

4. 互动

小鹏设置了独立的互动栏目，这里主要展示用户的用车疑问引起讨论，并详细分为买车、用车、玩车、充电等类别。这个栏目对用户是很友好的，有点像淘宝商品的用户提问，满足了答疑解惑的需求，同时也为品牌收集了用户的反馈。

在“活动”栏目，内容主要是车展试驾车友会等活动，活动宣传图千篇一律，每个活动介绍下面都有“精彩回顾”按钮，本以为会有活动现场精彩瞬间，但也只是活动的具体内容介绍，由此可以看出小鹏的营销重点还是“用车卖车”。

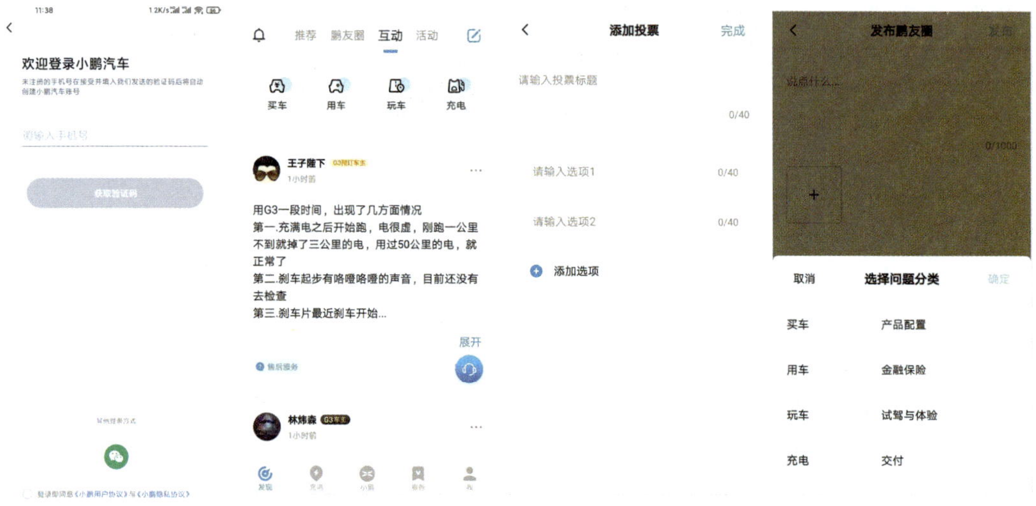

图 6-4　小鹏 App 登陆界面

5. 写动态

写动态时用户除了可以添加话题还可以发起投票，进行互动提问，这是相对有特色的功能，与“互动”相呼应，增加了车友互动的契机和品牌反馈。

6. 虚拟试车

在订购和选购页面，用户可以调整车辆门窗状态、空调、发送地址、寻找车辆、充电管理和摄像头使用。每一个用户的动作，系统都会做出相对真实的反馈，发送地址和寻车时会调用地图应用；使用摄像头时，还加入了真实的行车画面，提高了真实性和体验感。

7. 充电

充电站上收取服务费用才是新能源汽车真正的盈利点。小鹏汽车一直都将充电站作为发展新能源汽车的重中之重。由此可以看出其“充电”板块的设置意图。将自建充电站与移动端联动，深入用车场景，培养用户习惯，积累用户数据。点击进入是一个地图页，方便用户寻找自营和非自营的充电站并且可以直接在此页进行充值和订单管理，对于电动车用户来说是非常实用的，对于小鹏也是很大的盈利点。

8. 停车服务

小鹏拥有 ETCP 智能停车服务，当用户进入合作停车场时可自动识别车牌、无须取卡，大屏和 App 将推送入场通知；如已在 App 上绑定支付宝并授权代扣，离场时自动扣费、无感支付，如未开通代扣，大屏或 App 将推送账单用于确认、支付；离场后大屏和 App 将推送离场通知，并可查看费用详情。现已与全国 3254 家停车场展开合作，未来还将不断增加。

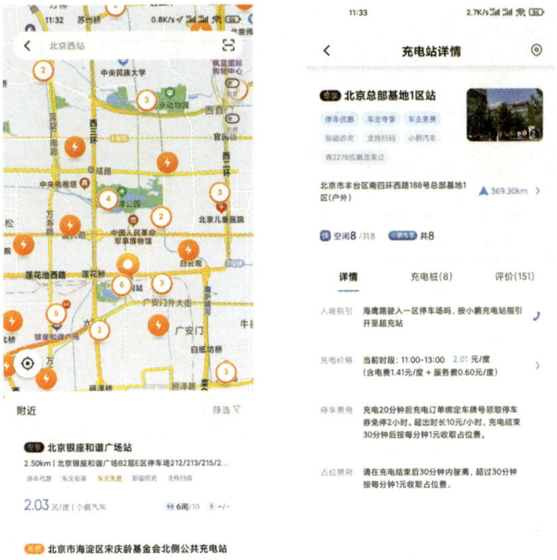

图 6-5　小鹏 App 充电站详情

活动 3　课堂练习

根据课堂所学，完成下面的判断题和简答题。

1. App 是最接近用户的服务端口，用户可以借助 App 更加快捷方便地操控汽车，了解行驶数据。（　　）

2. 现阶段，中国汽车厂商在品牌价值形象的塑造方面较为强势，经销商对品牌的忠诚度很高。（　　）

3. 用户不仅是信息的接收者，也是信息的创造者传播者，App 凭借天然的精准性、位置化、长尾性、互动性以及高用户黏性，成了品牌“自营销”的工具。（　　）

4. 产品交易中，厂商的主导权正在减弱，未来车企将会更加关注用户体验，建立起“以客户为中心”的经营理念。（　　）

5. 这是一个体验为王内容为王的时代，企业在向用户输出优质内容和品牌价值的同时，产品体验已经不重要了。（　　）

6. 新能源汽车售后服务数字化应用功能性版块有哪些？

【任务评价】

自我评价

请根据自己在本次任务中的实际表现进行评价（见表 6-11）。

表 6-11　自我评价表

	评分标准	评分分值	得分
1	理解汽车 App 的价值和作用，说出常见的几种汽车手机应用程序	25	
2	掌握汽车 App 的发展趋势，阐述汽车手机应用的种类和模式	25	

续表

	评分标准	评分分值	得分
3	掌握蔚来汽车 App 的产品特点和使用方法	25	
4	掌握小鹏汽车 App 的产品特点和使用方法	25	
合计(满分 100)			

小组评价

请小组组长对组员的学习进行评价(见表 6-12)。

表 6-12 小组评价表

	评分标准	评分分值	得分
1	学习成效	25	
2	协作精神	25	
3	工作态度	25	
4	纪律观念	25	
合计(满分 100)			

教师评价

请实训指导教师根据教学目标进行量化考核(见表 6-13)。

表 6-13 教师评价表

	学习目标	达成情况	
		是	不能
1	能够理解新能源汽车售后服务数字化应用的用途		
2	能够概括出汽车汽车 App 的价值和发展趋势		
3	能够掌握新能源汽车售后服务 App 的种类和模式		
4	能够掌握新能源汽车售后服务 App 的使用技巧和作用		

【知识拓展】

汽车数字营销直播异军突起，场景化内容营销持续有效

春节以来，随着短视频和直播的迅猛发展，字节跳动、快手等媒体平台先行启动大规模“星火燎原计划”的推广，帮助汽车品牌从脚本编撰、场景搭建到一对一针对性辅导等全流程系统组织培养经销商开展线上直播。此后出现的易车、汽车之家等垂直平台逐渐形成以销售转化为目标，形成“专家＋网红＋销售”为团队的标准直播模式。配合“复产复工”，淘宝、小红书、京东、苏宁等电商平台积极响应国家号召，广泛开展直播带货，“国

潮节”“上海市五五购物节”“618 网购狂欢节”等各类网络活动频繁发起。

全新路虎发现者运动版上市连续直播 30 小时，刷新直播记录；凯迪拉克 CT4 上市，关晓彤、李佳琦、袁姗姗等网红及明星直播，销量陡增；罗永浩首次带货汽车品类哈弗 F7 业绩显著；一汽大众由高管组团直播，更加贴近消费者；长城 WEY 品牌借势央视和天猫，同时借助小朱配琦 IP 实现强曝光，吸引年轻消费者。各类创意直播展示了汽车品牌的营销实力，也体现了车企对全新营销手法的不断尝试和探索。

现阶段，直播已成为汽车品牌保证曝光度和为线下导流的有效手段，传播价值高于实际销售效益。

短视频和直播的异军突起，根源于“Z 世代”的消费偏好。1995 年后出生的“Z 世代”，生活在移动互联网技术高速发展的时期，即时通信、智能手机等深刻影响着他们对世界的认知和价值观的形成，也造就了他们特有的消费行为，他们更喜欢在生活、旅游、游戏等场景中互动，那些能够引起他们共鸣的观点和形象更能收获品牌影响力。

如红旗冠名腾讯体育的企鹅跑，从年轻人天性热爱体育和社交角度切入，与“Z 世代”兴趣价值相匹配，使传统品牌重新焕发出年轻活力。2020 年随着易烊千玺为宝马代言、王俊凯为雷克萨斯代言，为这些汽车品牌带来了巨大流量，同时为未来以“Z 世代”为主的消费群体输入了品牌影响。除了以年轻的方式与新一代消费者接触，各大品牌也关注到“Z 世代”对体验的重视。无论线上线下，他们更喜欢与自己品味贴合的产品和服务，重视熟人推荐，喜欢兴趣社群里与同好交流，不再迷信大牌，对新品牌的态度更加开放。传播去中心化，点对点交流，偶像同好社群内影响力打造已成为汽车营销的新课题。鲜明的人设、契合的价值观、场景化内容营销、联合头部 IP 破圈种草将为汽车品牌的数字营销带来更多发展空间。汽车直播营销场景如图 6-6 所示。

图 6-6　汽车直播营销

项目七

汽车数字营销策略

互联网技术的不断发展，媒体形式和网络行为多样化，越来越多地影响了消费者的触点。当前，腾讯、阿里、甲骨文、占腾云科技、数策等诸多数字化转型解决方案供应商兴起，助力汽车企业形成多维度、全方位的用户洞察，实现精准高效的销售信息触达。在供应商的协助下，车企通过建设自己的数据中台，将原有的销售、售后、用户运营、二手车销售等多个系统的数据高效整合管理，快速实现连贯、高效的用户沟通服务。汽车营销数字化转型已成为顺应社会经济发展潮流的必然选择。

任务一　汽车数字营销策略与模式

【任务描述】

相比传统营销模式，数字营销具备多媒体、跨时空、交互式、拟人化、超前性、高效性、经济性等特点，能够将产品说明、促销、客户意见调查、广告、公共关系、客户服务等各种营销活动整合在一起，真正达到营销组合所追求的综合效果。你作为服务经理如何利用数字化带来的新发展机遇，提高售后服务全流程的数字化、网络化、智能化水平？

【学习目标】

素质目标

学生通过设计汽车数字化营销策略和演示营销模式，培养学生具备为客户提供信赖、守时和品质的服务理念，养成线上线下相结合的学习习惯。

知识目标

1. 理解汽车数字营销竞争优势。
2. 掌握汽车数字营销推广模式。
3. 理解数字营销互动服务。
4. 掌握数字营销主要特点。

能力目标

1. 根据汽车售后服务内容，制定汽车数字营销策略。
2. 能够实施汽车数字营销策略和计划。
3. 能够分析汽车售后服务数字营销竞争优劣势。
4. 能够分析汽车数字营销推广模式。

【任务组织】

组织形式

教学组织推荐采用“任务布置—知识学习—计划决策—计划实施—课堂练习—任务评价”的教学流程，培养学生自主学习、完成工作的能力；为保证教学安全与实践效果，建议每位指导教师负责和指导24～32位学生，学生以小组形式开展学习，每组控制在6～8人。

场地设备

教学组织具体所需场地设备如表 7-1 所示。

表 7-1　教学组织所需场地设备

教学场所	场所面积	设备序号	设备名称	数量
汽车售后服务学习工作站	$50m^2$	1	汽车整车	2
		2	计算机	4
		3	办公家具	1
		4	展示白板	4
		5	App 应用软件	1

教学时间

教学时间设定为 4 学时。

【知识准备】

现场学习，独立完成下列 8 个问题。

1. 自媒体崛起是近年来互联网的一个发展趋势，利用社会化________、短视频、________、________等平台，以及其他互联网协作媒体平台来进行营销、公共关系维护和客户服务维护。

2. 短视频、________等传播方式的兴起，带动了社会化营销需求，同时，________、________等融合不同自媒体平台的方式成为品牌主新的营销发力点。

3. 过程(Process)：指实际服务________、服务________和服务________。

4. 汽车的跨界营销呈现出目标受众________、社媒环境________、品牌营销________。

5. 随着数字媒体的爆炸式发展，传统的印刷和广播频道的影响力也随着提升。（　　）

6. 网络促销可以实现低成本与人性化营销目标。（　　）

7. 在网上发布信息，代价有限，将产品直接向消费者推销，可缩短分销环节。（　　）

8. 在情感消费时代，消费者购买商品所看重的不仅仅是质量、数量与价格，更多的是为了感情上的满足，一种心理上的异同。（　　）

一、数字营销竞争优势

视频 7-1　广汽丰田数字营销

数字营销指借助互联网、电脑通信技术和数字交互式媒体来实现营销目标的一种营销方式；它还包括搜索引擎、即时通信、视频、应用程序、播客、电子广告牌、数字电视和广播频道等多种渠道和技术，使企业能够实时分析营销活动，以及时、快速、高效、经济的方式与消费者保持沟通。

数字营销具有许多前所未有的竞争优势：能够将产品说明、促销、客户意见调查、广告、公共关系、客户服务等各种营销活动整合在一起，进行一对一的沟通，真正达到营销组合所追求的综合效果。这些营销活动不受时间与地域的限制，综合文字、声音、影像、网片及视听，用动态或静态的方式展现，并能轻易迅速地更新资料，同时消费者也可重复地上线浏览查询。如图 7-1 所示。

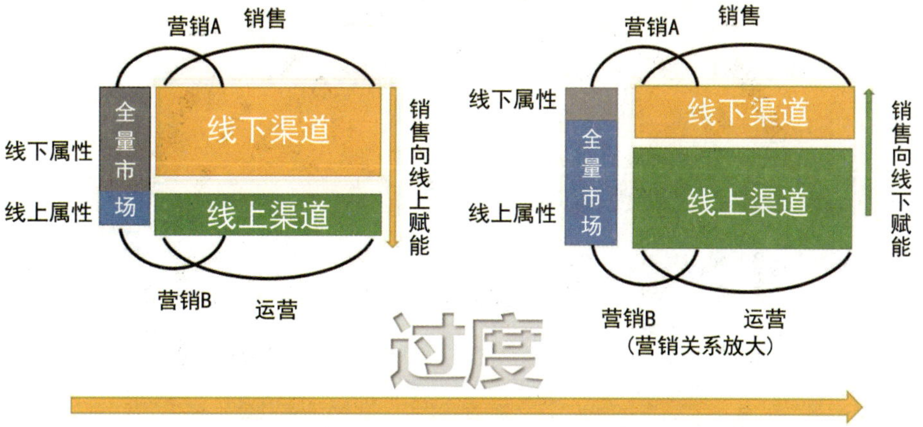

图 7-1　汽车数字化营销转型图

二、数字营销推广模式

(一)社会化营销

1. 社会化营销概念

社会化营销是利用社会化网络、短视频、微博、微信等平台，以及其他互联网协作平台媒体来进行营销、公共关系维护和客户服务维护开拓的营销方式。如图 7-2 所示。

2. 社会化营销优势

(1)传播内容量大且形式多样。不同的自媒体从不同的角度参与，还能吸引很多用户自愿提供内容(UGC)来进一步丰富内容生态。

(2)社会化营销更垂直。每时每刻都处在营销状态，强调内容性与互动技巧。

(3)根据市场和消费者的反馈及时调整营销目标。社会化营销更强调人与人之间的连接，在一种润物细无声的状态下，完成了营销。

3. 营销案例介绍

东风雪铁龙与微博合作，推出“时刻捕捉新享法”。一众车企已经从社会化营销中收获了实际的效果，并打造出了汽车营销的经典案例，如东风雪铁龙与微博合作，微博作为有想法、爱享受的年轻人交流、互动的平台，为其量身打造的 # 有享法逸起来 # 互动营销，帮助传播品牌信息和素质品牌形象。

微博平台的主流用户，正是雪铁龙天逸致力于锁定的年轻群体。数据显示，青年白领群体作为微博用户的主力群体，其中大学以上高等学历占据极大的比例，符合天逸受众的群体背景，且主力群体大都居住在一二线城市。微博作为社会化平台高度吻合品牌调性，此次合作宣传实现了三大目标：(1)借助社会化热点提升了品牌声量；(2)倡导年轻人交流，用 UGC 内容引发消费者共鸣；(3)通过活动实现和用户有效沟通，最后话题阅读量高达 8226 万，相关微博总讨论数 1.3 万，KOL 转发引发百万阅读量，天逸大众声量显著提升，有效促进了销售导流。

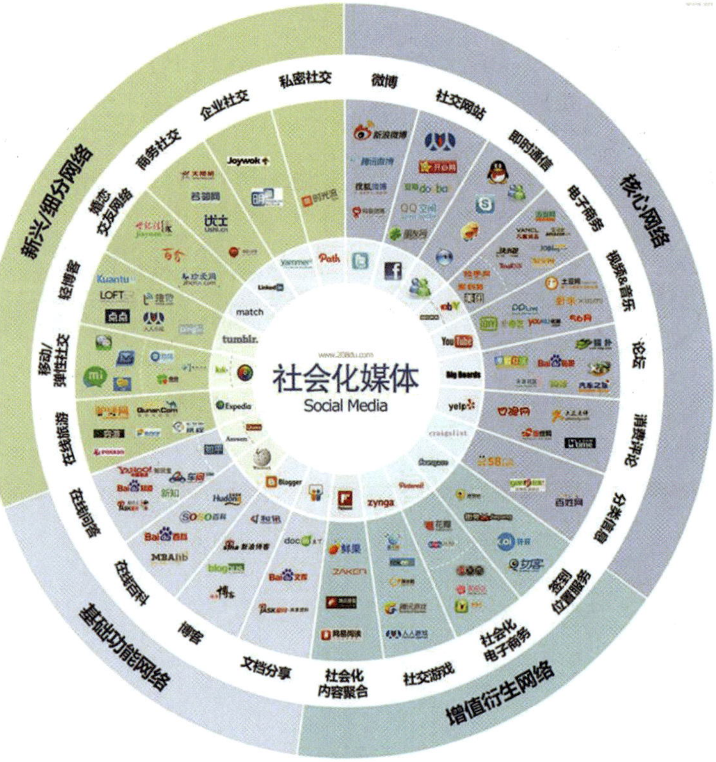

图 7-2　社会化营销

(二)线上线下联动

2020 年以来，一场突如其来的疫情打乱了各行各业的节奏，对注重线下体验的汽车销售行业产生了不小的冲击。一方面是非常时期大家尽可能减少外出，但仍有部分用户急需用车；另一方面是因为人们减少外出而“门可罗雀”的汽车销售 4S 店，供需之间不匹配的矛盾凸显。疫情期间，线上线下营销联通的趋势进一步明朗起来，两条腿走路速度更快。如图 7-3 所示。

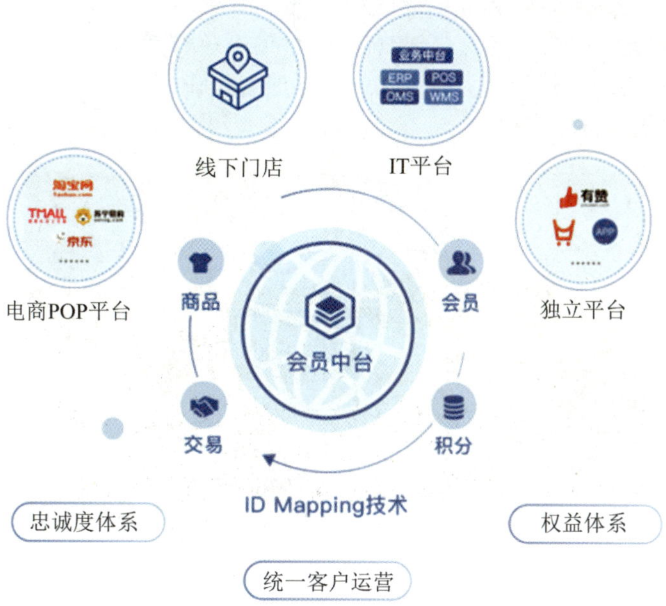

图 7-3 线上线下联动示意图

案例：一汽奔腾，疫情期间线上线下营销两条腿走路。

疫情之下，一汽奔腾宣布携手全网 200 余家经销商店在 2 月 8 日统一网上开业，可 24 小时在线提供车辆的服务，包括一键买车等线上营销措施。一汽奔腾方面表示，这是为了解决非常时期部分用户急需用车的矛盾而采取的非常措施。众多消费者选择驾车出行，用户产生比较迫切的购车需求，但很多品牌和 4S 店还未开业，为解决消费者这一需求矛盾，一汽奔腾品牌店统一网上开业，消费者可通过奔腾各经销店四大线上旗舰店"天猫""苏宁""汽车之家""易车"的智能展厅直接咨询，下单购车。

除了 200 余家经销商在网上 VR 展厅提供购车服务外，一汽奔腾还有针对性地加大线上营销，鼓励经销商以视频连线或直播看车的形式给客户答疑解惑。一汽奔腾官网还将 VR 展厅和 VR 看车数据入口放在更显著的位置，方便消费者更方便快捷地了解车型信息。

尽管开年受到疫情影响，但车企通过线上线下联动营销的方式取得了良好的销售效果。短期内疫情会对汽车市场产生较大的影响，但中国经济长期向好、高质量增长的基本面不会发生变化。长远来看，汽车消费只是延后，并非消失，一汽奔腾表示，暂时没有调整今年整体销售目标的计划。

(三)跨界营销

短视频、直播等传播方式的兴起，带动了社会化营销需求，同时，社交＋视频、直播＋营销等融合不同自媒体平台的方式成为品牌主新的营销发力点。此外，不同领域的 KOL 营销能更好地将品牌辐射到不同圈层，从而扩大品牌影响力，跨界营销成为必然趋势。

目前，汽车的跨界营销呈现出目标受众年轻化、社媒环境视频化、品牌营销娱乐化，车圈大咖跨界做综艺等特点，层出不穷的创意跨界不断为汽车品牌提供营销新思路：潮牌联名、游戏合作、综艺植入、泛文化创新、节日特供……在竞争愈演愈热的汽车行业中，汽车品牌在营销方式上敢为人先，积极寻求跨界创新合作，不断扩大品牌宣传维度，打造贴合年轻消费群体的跨界新玩法。

图 7-4　哈弗 F7 牵手《新手驾到》海报

案例：哈弗 F7 牵手《新手驾到》，打造汽车跨界营销新典范(海报如图 7-4)。

2020 年 8 月 13 日，由明星领衔的综艺节目《新手驾到》完成首播，该综艺是湖南卫视打造的全新节目，定位为国内首档明星驾考题材的定制综艺真人秀，节目播出后，一时间成为热门综艺。

节目中，明星学员的首选座驾哈弗 F7，展示出了各种“黑科技”秀，智能语音交互系统、L2 级别自动驾驶等功能，不仅让明星学员们惊叹，也让网友们直呼被吸引。节目播出后，学车这个国民级话题再次引发热议，而明星大咖的加盟赋予这个话题更多乐趣，引发裂变式传播，数量级提升哈弗 F7 的传播声量，间接促进哈弗 F7 市场销量的增加。

跨出汽车圈来寻找合作的对象，能产生需求 1+1 大于 2 的效果，同时辐射到此前品牌很难触及的领域。

(四)沉浸场景式体验

汽车电动化、智能化、网联化、共享化的快速推进，给汽车产业带来了新的技术变革浪潮，用沉浸式体验场景来传递“四化”带给消费者的利益点，让消费者对智能化与科技感有感性体验，成为很多新车型的营销方式之一。以前，电子科技企业更热衷于建品牌体验中心，后来是造车新势力，现在传统车企也开始注重打造品牌体验中心。发展如火如荼的自动驾驶，尤其需要场景式体验。例如自动驾驶场景之一的自主泊车，消费者能体验到在模拟日常用车环境下的车辆自动进入停车场泊车入位的场景。

案例：赛麟汽车首家品牌中心为用户展示沉浸式体验美式跑车文化。

2019 年 10 月 10 日，赛麟汽车中国首家体验中心北京正式开业，该体验中心是中国首家“沉浸式”体验美式硬核跑车文化的展示中心。参观者除了可以近距离接触到首次在中国展示的运动车型外，还可以体验赛麟汽车品牌历史介绍、试乘试驾体验，赛车模拟器驾驶等项目。此外，体验中心还特别打造了一个全封闭的沉浸式体验影院，参观者可以在此感受美式跑车的独有文化。

赛麟汽车北京体验中心成为国内跑车爱好者了解美式跑车和美国赛车文化的一个窗口，以“沉浸式”体验为中国汽车爱好者带来了纯正、硬核的赛麟版“速度与激情”。2019 年 12 月 1 日，在北京首家品牌体验中心落成后，赛麟上海体验中心也正式启幕。如图 7-5 所示。

图 7-5　赛麟汽车上海品牌体验中心

得消费者得营销，以消费者体验为核心，打造深层次的互动体验，有身临其境之感的沉浸式场景体验打造需求逐渐增多。车企们先后推出了不同形式的“先体验后购买”的场景体验式销售，打造涵盖产品展示、企业文化、科技成果、娱乐休闲等更多维度的体验场所，推动汽车渠道战略升级。

专家点评：汽车营销不是单一的，而是以“营”促“销”，离不开多元化数字营销手段强化销售，视频直播、线上线下联动、跨界、沉浸情景等新营销手段的持续创发与发展，实现销售仍是车企最关键的业绩 KPI。

（五）情感营销

在情感消费时代，消费者购买商品所看重的不仅仅是质量、数量与价格，更多的是为了实现感情上的满足，一种心理上的认同。

相比短暂获得满足的物质需求，精神消费需求更具有持久性。精神产品不但以强大的创造力引导市场，并且是一种弹性很大的持续性消费，能不断地刺激人们的消费欲望和消费空间。比如汽车品牌的星座营销，引导大家对生活中十二星座性格特点进行讨论，通过标签化的印象，勾勒出十二星座的买车需求；比如汽车品牌借助节日、二十四节气造势的营销，在特定时间段打造爆点；再比如，汽车与一首诗歌、一段街舞、一个抖音出圈视频产生连接。通过“讲故事”的方式，品牌像一个多年未见的朋友和你聊生活中值得感动的琐事，同时也拉近了消费者与汽车品牌的距离。

案例：一场许愿撬动亿级传播声量，一汽马自达“出圈”。

一汽马自达联动网易与百余位社会精英共同打造的“以爱许愿，重启 2020”公益活动在 2020 年 3 月 12 日植树节这天上线，寓意种下希望。此次活动，一汽马自达选择与擅长态度营销、打造社会话题的网易平台联手，在微博以公益热点话题＃易起许愿 101＃为媒，联动百余位社会各界精英共同发声。声势浩大的许愿活动，激发出广大粉丝以及普罗大众的创作欲望，纷纷加入许愿队伍中，掀起了一场口碑传播热潮，达到了引流互动效果。

数据显示，上线以来#易起许愿101#微博话题热度持续攀升，截至2020年3月24日，话题阅读量已达1.2亿，讨论量逾20万，话题原创人数持续走高，用户参与许愿活动热情满满。除了发起#易起许愿101#微博话题外，一汽马自达还联合网易云音乐客户端以及平台人气音乐人，共同定制#耳朵里的阳光丨用爱重启2020#主题歌单，让大家在音乐中去感受积极向上的温暖正能量(见图7-6)。

图7-6　一汽马自达传播声量

通过这次公益活动，一汽马自达收获了亿级传播声量和不俗口碑，并成功"出圈"，不仅提升了品牌自身的价值形象，更为社会整体情绪提供了积极的抒发出口，以爱之名，重启大家面向生活与未来的信心。

无论是国际汽车品牌的"中国风"营销，还是借助情感IP在消费者心中塑造"懂你"的形象，都是为了让用户产生情感共鸣，进而让营销事半功倍。

【任务实施】

活动1　计划决策

通过线上平台了解汽车信息已经成为用户较为普遍的信息获取方式。近八成的客户在购车前会在线上了解车辆信息。客户更习惯在手机移动端浏览汽车信息，PC电脑端仅占35%。在选购汽车过程中，客户使用的媒介形式也相对丰富，短视频使用率为23%，仅次于传统的图文形式，长视频、直播的使用率在15%左右。同学们需要根据客户了解汽车信息的状况，制定汽车数字营销策略。

活动2　实施计划

1. 制订数字营销策略工作计划

通过认识数字营销特征和推广模式，制订本企业的汽车数字营销策略工作计划。

2. 完成数字营销策略任务

通过用户与车建立联系的过程图(见图7-7)，实施新能源汽车数字营销策略任务。

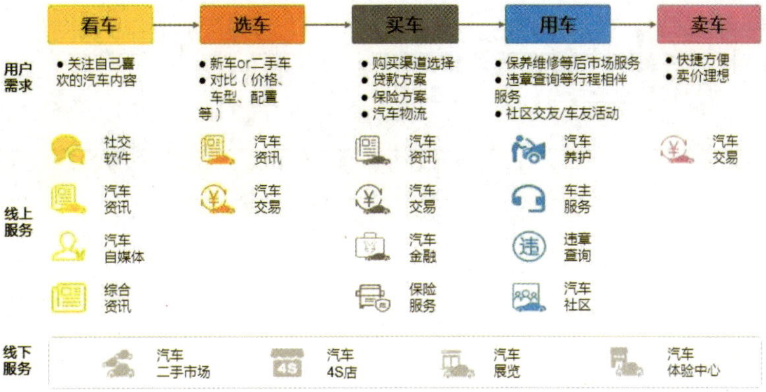

图 7-7　用户与车建立联系的全过程

活动 3　课堂练习

1. 谈一下汽车数字营销优势有哪些？

____

____

2. 汽车数字营销推广模式有哪些？

____

____

3. 如何通过社会热点的正向宣传开展汽车数字营销？

____

____

【任务评价】

自我评价

请根据自己在本次任务中的实际表现进行评价（见表 7-2）。

表 7-2　自我评价表

	评分标准	分值	得分
1	明确汽车数字营销策略制定与实施工作任务	20	
2	掌握汽车数字营销策略实施工作相关知识及操作要点	20	
3	能够根据汽车产品出于不同生命周期的阶段准确制定数字营销策略	20	
4	了解网络营销媒体，并且可以根据网络媒体优缺点选取合适的平台开展数字营销	20	
5	能够有针对性地组织开展跟进改善活动，制订改善报告	20	
合计（总分 100 分）			

小组评价

请小组组长对组员的学习进行评价(见表 7-3)。

表 7-3 小组评价表

	评分标准	评分分值	得分
1	学习成效	25	
2	协作精神	25	
3	工作态度	25	
4	纪律观念	25	
合计(满分 100)			

教师评价

请实训指导教师对计划实施结果进行评价(见表 7-4)。

表 7-4 教师评价表

	学习目标	达成情况	
		是	不能
1	明确工作任务,理解任务在企业工作中的重要程度		
2	完整、准确的收集信息		
3	制订营销活动计划的合理性		
4	制订营销活动计划的可操作性		
5	汽车数字营销竞争优势分析		
6	汽车数字营销推广模式选择		
7	汽车数字营销策略制定		
8	对策划的活动进行自评并提出改善方案		
9	学生在任务实施过程中发现自身问题		

【知识拓展】

数字营销活动案例——奥迪“6・18”奥迪好物节整合营销

1. 案例背景

在 2018 年和 2019 年两年间,一汽大众—奥迪的销量优势在不断地被压缩,2020 年需要一场漂亮的促转化战役坚定一汽大众—奥迪豪华汽车品牌销量霸主的地位。

本次“6・18”奥迪好物节整合营销的难点在于如何调动消费者的消费积极性,且克服新冠疫情带来线下活动难以协调的多种困难,统筹全国/区域/经销商政策,并及时作出信息互通及调配,贴合“6・18”电商活动。为此,品牌建立了完整的消费者获知“6・

18”奥迪好物节获知信息同路，调配了一汽大众－奥迪天猫官方店铺/京东官方店铺/小程序自有商城/老客户微信集群等平台资源，使用了京东站内流量/天猫站内流量/58汽车站外流量/搜狐站外流量来最大限度地让消费者获知信息，联合了总部/区域经销商/地方经销商三级共同联动，在杭州 e-tron 体验中心和北京两地搭建异地共通直播间，总结提炼了秒杀/限时抢购/大额抵扣券/赠车辆商业险等对于消费者利好的福利政策，最终实现了全新奥迪 A4L 等主要车型的完美销售成绩。

2. 案例目标

目标1：认知。通过新颖的直播手段重新刷新消费者对于一汽大众－奥迪以往成熟稳重豪华车企的形象认知。

目标2：关注。全国范围直播/台网联动/四大媒体引流/各官方渠道通力合作共通吸引消费者的注意力。

目标3：购买。品牌方全国通用政策＋区域优惠政策＋经销商门店政策共通加持，促进消费者购买转化。

目标4：忠诚。老客户换新计划，多种金融政策加持，加深老客户对于一汽大众－奥迪品牌的忠实度。

目标5：品牌。通过亲切接地气的直播形式，面对面一一回答消费者的问题，提升消费者对于品牌的好感度。

3. 市场洞察

在市场大环境层面，新冠疫情带来的影响还在持续，各个车企的销量均受到不同程度影响，如何在后疫情时代拉动销量是车企的主要课题之一；后疫情时代的影响不止反映在车辆销量上，也反映在消费者决策上。数据显示，受主要疫情的冲击，40％的用户推迟购车，50％的用户更换意向车型/品牌，40％用户降低购车预算；推迟/重新决策，给车企补量带来新的机会，奥迪品牌如何抓住此机遇，在“6・18”购物节上逆势增长，是车企要面对的第二个课题。

4. 人群洞察及节点选择

2020年初的新冠肺炎疫情，导致大量用户被迫隔离在家中，物质消费已经降至历年最低，被压抑许久的消费欲望需要释放。“6・18”购物节狂欢正迎合了此需求，各大电商平台都对此次购物节给予补贴以及支持，奥迪品牌选择“6・18”释放购车需求是最佳时间点。大众消费升级需求，也能通过近几年豪华品牌销量上升中窥得一二。好物特指生活中能帮助消费者提升生活品质，获得更美好生活的一切物品，也代表消费者积极向上的生活态度。

“6・18”奥迪好物节旨在释放消费者对于理想生活的向往以及热爱。本次活动亮点在于“6・18”奥迪好物节直播，通过长达1个月的活动政策不断调整，提供了一份最符合消费者期待的，真切提供优惠的福利政策，并且在以下三个维度进行了缜密的思考，使整个活动获得成功：

(1)营销策略。通过电商平台促销节点实现集客和转化，通过三级联动促进终端转化。

①汇政策－三级政策联动：全国554家经销商三级联动策略，品牌＋区域＋经销商三重政策优惠，三重服务保障。

②促增量－线上赋能线下：在现有全新奥迪 A4L 上，从消费者的角度挖掘更多功能

性/体验性的卖点，采用强 KOL 进行直播（选择谢楠/张朝阳/虎哥说车），并对各 4S 店进行有效销售疏导。

③盘存量—激活存量集客：不拘泥于线上/线下的模式，全面带动全国经销商从线下挖掘意向客户，借助“6·18”线上活动促成交易，电商平台/垂直网站全面广告投放进行引流，最大化制造售卖“场”。

(2)创意实施。整个项目执行分为三大部分：

第一阶段 6 月 12 日至 6 月 17 日，释放整体项目资源的 25%，起到预热作用。在广告形式上采用效果精准导向目标人群和垂直媒体吸引用户，分别在天猫、京东、字节跳动、58 汽车四大平台进行广告投放；

第二阶段 6 月 18 日当天，释放整体项目资源的 50%，起到引爆作用。“6·18”当天 20:00 直播互动吸引潜客下单，使用 e-tron 车主，搜狐创始人张朝阳先生/抖音垂直汽车类顶级 KOL 虎哥说车/知名主持人、演员谢楠分别对应 e-tron、Q5、A4L 三款车型进行连续互动直播；

第三阶段 6 月 18 日至 6 月 21 日，释放整体项目资源的 25%，起到延续订单增长的作用。使用软性内容分发，多平台核心资源持续追击，金融政策延续释放等方案持续的转化“6·18”订单。

整个直播活动选在一汽大众—奥迪首个新能源城市展厅——杭州 e-tron 体验中心，这也是中国目前唯一一个豪华汽车品牌的新能源城市展厅。通过与成熟的汽车直播团队通力合作，采用电视直播的设备以及规格标准，启用熟悉汽车领域的优秀电视节目主持人保证整个直播活动气氛和精彩程度。

整个直播过程中，设置多轮红包雨满足消费者的小惊喜需求；在车型优惠政策实施的同时，设置多轮截屏抽奖，保证随机性和公正性提升消费者的认可度；提供多种购车人群相关的豪华礼品，加持和回馈消费者购买产品；并为下单用户提供专属抽奖活动，进一步提升消费者购买的优越感和积极性。

(3)执行成果。“6·18”当天数据表现如下：

成果 1　豪华汽车品牌总交易额第一，“6·18”总交易额：5854 654 元，同比 2019 年“6·18”增长 640%；

成果 2　总访客量达 362 772 人，同比 2019 年“6·18”增长 746%；

成果 3　新车订单数 1689 辆，同比 2019 年“6·18”增长 2715%；

成果 4　总订单量 2603 单，同比 2019 年“6·18”增长 86%；

成果 5　全新奥迪 A4L 直播订单 626 辆，全部新车订单数 717 辆；

成果 6　全部新车订单销售额 224244000 元。

5. 案例亮点

本次“6·18”奥迪好物节通过协调三级联动，贯穿线上线下最终从销量上真正实现了促转化。在整个营销过程中，平台上以淘宝直播为核心聚流量，专注打透一个平台，重点引流，深度互动；内容上邀请张朝阳先生站台造事件促声势，以奥迪车主＋主播的双重身份进行直播互动；形式上进行台网联动＋网络直播＋地域频道直播三渠道联合，借助湖南卫视全国台网资源，引爆“6·18”当天直播现场。最终完美交出“6·18”当天豪华汽车品牌总交易额第一的成绩单。

任务二　汽车数字化营销平台应用

【任务描述】

在信息技术高速发展的今天，社交营销开始占据大众的视线，已是推广宣传必须要做的事情。你作为服务经理，如何运用微信和抖音等新媒体平台开展汽车售后数字营销业务？

【学习目标】

素质目标

通过汽车售后数字营销业务的推广实训，强化学生的创新思维、创新能力，遵循诚实守信原则和正确义利观。

知识目标

1. 理解微信营销的优势。
2. 掌握微信技术在汽车服务营销的应用。
3. 掌握抖音短视频营销方式。

能力目标

1. 能够熟练操作微信公众号推广流程。
2. 能够自主制作短视频开展汽车售后服务与营销工作。

【任务组织】

组织形式

课程教学组织推荐采用“任务布置—知识学习—计划决策—计划实施—课堂练习—任务评价”的教学流程，培养学生自主学习、完成工作的能力；为保证教学安全与实践效果，建议每位指导教师负责和指导 24～32 位学生，学生以小组形式开展学习，每组 6～8 人。

场地设备

教学组织具体所需场地设备如表 7-5 所示。

表 7-5　教学组织所需场地设备

教学场所	场所面积	设备序号	设备名称	数量
汽车售后服务学习工作站	$50m^2$	1	汽车整车	2
		2	计算机	4
		3	办公家具	1
		4	展示白板	4
		5	微信和抖音平台	2

教学时间

教学时间设定为 6 学时。

【知识准备】

现场学习，独立完成下列 5 个问题。

1. 汽车发展“四化”是指________、________、________、共享化。

2. 和移动互联网________相比，传统的报纸杂志和电视广告宣传产品获取客户显得________，获得的客户也________。

3. 抖音独特的________推荐以及________传播，为处于创业期或者营销预算有限的中小企业提供了________推广的机会。

4. 微信营销优势有哪些？

____

____

____

5. 抖音营销方式有哪些？

____

____

____

一、微信营销

(一)微信营销概念

微信营销是指借助微信这个传播平台，运用互联网的技术和手段，向自己的目标群体精准推广产品和服务，树立自己的品牌形象，用最小的成本获取客户，并随时进行沟通和解决客户的问题，最终提高产品的成交和转化的营销模式。

微信是互联网巨头腾讯在 2011 年推出的一款社交工具软件，在定位上和之前的 QQ 有着很大的区别和差异。也是腾讯自我革新的一代产品。微信这款 App 成功推出后，用户数量直线式增长，在智能手机普及后，中国进入移动互联网时代，微信成为移动互联网时代的超级 App，已经坐拥十亿的用户数量，任何营销和推广都不能错过微信这样一个巨大的流量池。借助微信这个社交和营销工具，可以更快更好地触达目标客户群体，做好客户销售的服务工作。

(二)微信营销优势分析

1. 有效应对市场竞争

目前，传统的汽车销售行业主要有体验式营销、娱乐性营销等销售方式。随着移动互联网的普及，这些传统的营销模式缺点逐渐显现出来。比如销售人员不能及时和客户沟通想法，不能了解客户准确的购买动向，获取客户不够精准，成本过于高昂等。尤其是在大型一线城市，传统的汽车销售市场趋于饱和，客户的获取成本越来越高，给汽车销售企业带来了很大的压力。随着微信的普及和使用，微信营销的优势逐渐被企业发现，面对激烈的竞争，很大一部分汽车销售企业选择微信营销。如图 7-8 所示。

图 7-8　微信营销

2. **获取客户精准性**

和移动互联网大数据相比，传统的报纸杂志和电视广告宣传产品获取客户显得效率低下，获得的客户也不够精准。而微信用户群体很多都和汽车销售的潜在客户群吻合，还可以借助大数据的力量筛选目标群体的特征和画像，实现更精准的广告覆盖，获得更好的广告效果。在获取意向客户之后，借助微信和朋友圈随时随地和客户保持联系和沟通，服务好客户。

3. **降低营销成本**

和传统的营销模式相比较，微信营销具有低成本和高传播性的优势，能够显著降低企业的销售成本，包括推广成本，广告成本和人工费用等。汽车企业可以建立微信公众号作为自己品牌宣传的大本营。通过广告精准投放的方式，引导客户关注微信公众号信息。一旦客户关注了微信公众号，就可以随时触达产品信息给精准客户，这也减少了人工成本。同时，通过有效的推广手段，比如朋友圈抽奖、免费送小礼品等方式，可以用很小的成本让自己的产品和文案在朋友圈大范围传播。对于有价值的内容和文章，用户甚至会主动进行转发，不知不觉就提高了产品和品牌的传播性，而这些运营手段成本都是非常低廉的，可以有效降低销售成本。

（三）微信技术下汽车服务营销策略

1. **利用微信公众平台进行 O2O 服务营销**

（1）汽车企业首先要创建一个微信公众账号并选择账号定位类型，然后完成企业认证。最后是以企业品牌命名公众号，这样企业便完成了微信公众号平台的创建。微信公众号平台可以帮助企业借助微推送、微活动、微分享、微名片等功能完成服务营销等任务。

（2）利用现代快媒体等广宣手段，快速吸引潜在客户对品牌微信公众号的浏览，从而增加订阅量，迅速累积品牌粉丝。微信公众号中还有粉丝群创建功能，粉丝可以汇聚在粉丝群里交流信息，需要注意的是，企业创建粉丝群后需要及时处理粉丝的反馈信息。

（3）开展“一对一”的互动对话。为降低运营难度，微信官方提供了自动回复或人工回复选项，企业可根据需求自行后台设置。其中人工回复完美适用于企业与粉丝进行

“一对一”交流，解决各种疑问，并有针对性地深度介绍企业产品与服务，使用户既能体验到人性化的服务，也可满足差异化的需求。但人工回复需要企业构建一个专业且资深的客服团队。自动回复是人工回复的重要补充，主要用于非工作时间对粉丝关注的常见话题的及时回复。

(4)汽车营销产品的热点话题和推广活动相结合，以此来迎合客户压抑已久的个性化需求，促使“普通粉丝”转变为“铁杆粉丝”。

2. 利用微店开展汽车 O2O 服务营销

汽车企业在创建微店过程中，无须门店选址与硬装修等环节的耗时，因而商品可快速上架并即时为用户提供下单服务。要点如下：

(1)汽车企业要凸显商品属性与卖点，为微店用户提供详细的产品咨询服务，促成理性潜在客户的购买行为。

(2)在 O2O 营销过程中，汽车企业还要利用大数据技术设计一个评论区，鼓励客户在评论区中进行讨论，使其他用户可以实时了解企业已成交订单的评价和信誉状况，增强潜在客户的购买信心，促成随众心态潜在客户的购买行为。

(3)在按时交付客户购买的商品服务后，还要对其提供及时周到的后续跟踪服务和营销售后服务，而促成客户的再次消费。

(4)通过礼物或是返券的形式促使成交客户在朋友圈中进行分享，从而提升微店的影响力和知名度。

二、抖音短视频营销

(一)抖音平台简介

抖音是一款可以拍 60 秒以内短视频的音乐创意短视频社交软件，自 2016 年 9 月上线以来，通过独家赞助《中国有嘻哈》、邀请流量大咖入驻、开展挑战活动等营销方式吸引了大量用户，成为中国短视频行业用户及作品数量增长最快的平台。据 2018 年《快手抖音用户研究报告》显示，抖音用户女性约占 60%，“90 后”占到 85%，并且集中在一二线城市。他们会用抖音拍摄短视频记录生活，观看其他用户的作品并通过抖音结交朋友，他们对有趣、有创意以及在使用教程中植入的广告接受程度较高。抖音用户行为路径如图 7-9 所示。

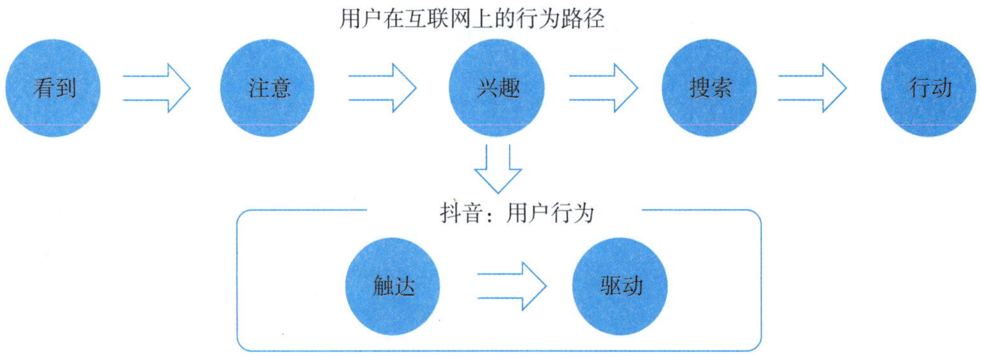

图 7-9　抖音用户行为示意图

(二)抖音营销优势分析

现阶段,汽车企业主要的投放途径是传统大流量新闻媒体,以及汽车之家等专业类汽车媒体。前者可以达到全方面覆盖的目的,而后者则有着非常高的专业性。对于众多用户而言,拥有相应的阅读门槛,而真正阅读的消费用户对性能和性价比的关注度则远超于品牌本身。由于抖音的本身就带有一定的娱乐属性,由此能够较好地改善专业网站在好奇、有趣上的不足。通过各种趣味创意类汽车视频,用户不但能够更好地感受品牌,还可以在其中以很自如的状态了解车品的性能和特征,与专业性内容形成互补,加强用户记忆,打造记忆闭环。

(三)抖音营销常见方式

1. 自主制作短视频开展营销

企业可以注册抖一音账号,自主运营,利用抖音平台开展营销活动,例如伊利在抖音注册账号,邀请黄豆豆、傅园慧等制作发布短视频,点赞量分别达到 60.5 万和 43.4 万。另外,抖音独特的算法推荐以及去中心化传播,为处于创业期或者营销预算有限的中小企业提供了低成本推广的机会,一条制作精良的爆款短视频能够达到非常好的播放量,取得意想不到的宣传效果。成都市某餐饮公司在抖音平台发布了一条"一锅炒一千斤火锅底料"的短视频,在很短时间内实现了 265 万次点赞和 14.8 万次转发,并且登上了微博热搜,带动了其电商平台上火锅底料的销售。另一条由哈尔滨某餐饮公司制作上传的短视频获得了 198.5 万次点赞,7.3 万次转发,以极低的成本取得了良好的传播效果。

2. 与平台达人合作开展营销

抖音平台上的达人包括明星、网红和专业领域的意见领袖,他们具有一定的粉丝基础。企业可以和他们合作推出短视频,利用他们在粉丝中的影响力提高品牌知名度、美誉度,带动产品销售。例如奢侈品品牌迈克高仕推出新产品时在抖音投放挑战赛,并邀请拥有 815.4 万粉丝的吴佳煌拍摄创意视频,视频中全程露出新品,获得了 360 万播放量以及 12 万点赞量。

3. 利用抖音平台提供的商业化营销服务开展营销

抖音非常注重商业化营销,陆续推出了开屏广告、信息流广告、创意贴纸、DTV 广告等小同的服务。例如在 2017 年,抖音首次提供信息流广告服务,为爱彼迎民宿预订平台、雪佛兰汽车、哈尔滨啤酒制作原生短视频广告取得了不错的广告效果;此后,苏菲卫生巾又上线了两条短视频广告,获得了 1600 万次播放、30 万次转发。必胜客与抖音合作推出必胜客系列定制贴纸,在抖音获得 61500 多次的使用,贴纸相关视频总播放量达到 480 万。

4. 利用抖音"话题"发起挑战赛

抖音具有发起话题挑战赛的功能,企业可以给出一个主题然后让抖音用户们围绕主题跟拍上传短视频,最后看谁的短视频最具创意、拍摄效果好。好的话题能够引发网友积极参与以及获得大量的播放、点赞与转发。伊利举办的"益起硬核踢""上场像孩子一样"等话题挑战赛,吸引了大量消费者的关注和参与。其中"上场像孩子一样"在抖音上获得了 3.7 亿次播放,王老吉在 2019 年 1 月发起的"开启美好吉祥年"话题挑战赛更是获得 64.7 亿次播放。

(五)汽车抖音营销运营策略

1. 抖音号必须稳定更新,才能为企业赢得更多的粉丝群

汽车的爆款类视频有两类,一类是每天稳定更新的。虽然这些视频和爆款有一定的区别,但是因为每天都有更新,因此每天都能赢得大量的粉丝,而且有时候也能达到一天几十万的点赞量。还有一类视频是爆款视频,因为一次偶然的机会,而使视频成为爆款视频,有的账号仅凭几条视频,就成为爆款。爆款视频自然赢得了大量的粉丝点赞,但是账号其他视频发布较少,而且质量也不高,这种账号最多是在爆款视频上赢得了大量的粉丝点赞,但是因为其他视频质量不高,也就很难持续赢得粉丝点赞和关注。以雪佛兰公司来说,雪佛兰公司入驻抖音的时间最早,而奥迪汽车的入驻时间要较雪佛兰晚得多,但是通过粉丝的对比,奥迪的抖音公众号粉丝量几乎是雪佛兰的 10 倍,点赞量也超出雪佛兰 10 倍左右。通过视频的对比不难看出,奥迪虽然注册抖音公众号的时间要比雪佛兰晚得多,但是奥迪发布的视频量却是雪佛兰的 3 倍以上。由此可见 ,抖音企业号必须及时更新视频,才能为企业号赢得更多的粉丝量。

图 7-10 品牌车企抖音营销策划

2. 汽车的企业号并不需要从零做起

汽车企业要做企业号可以利用固有的线上客户端,例如微信、微博等线上宣传账号,将这部分客户作为企业的第一批抖音粉丝。而线下,则可以通过车展等吸引更多的粉丝注册。车展凭借车模光鲜亮丽的外形和夺人眼球的新车型,深受消费者的青睐,而很多客户因为没有时间,错过了车展。因此,企业的抖音号可以将车展现场视频植入抖音号,通过车展的视频,为企业赢得大量的粉丝,同时还可以在抖音号上组织自驾游、拉力赛等。

【任务实施】

活动 1　计划制订

5G 时代的到来，越来越多的汽车消费者和车评人从图文解说向视频解说转移，微信和抖音成为新媒体营销的标配。面对移动互联网高速发展，用户的耐心越来越有限，注意力越来越分散，在这种场景下，汽车企业要把获取用户的碎片化时间作为营销成功的关键，通过微信和抖音平台开展数字营销活动。

活动 2　实施计划

某品牌 4S 店准备以“夏季爱车健诊”为主题开展汽车售后服营销活动，请以汽车数字化营销平台为主要技术手段设计活动方案。根据图 7-11，实施汽车数字化营销平台应用工作计划。

图 7-11　2020 年典型短视频 App 人气关注汽车品牌 TOP3

活动 3　课堂练习

根据课堂所学，完成下列判断题和简答题。

1. 微信营销指的是借助微信这个传播工具，运用互联网的技术和手段，向自己的目标群体精准推广产品和服务。（　　）

2. 在获取意向客户之后，借助微信和朋友圈的打造能够更好获取客户信任，随时随地和客户保持联系和沟通，服务好客户的需求。（　　）

3. 我国的汽车品牌一般都深入人心，因此汽车的企业号需要从零做起。（　　）

4. 现阶段，汽车企业广告主要投放途径是传统大流量新闻媒体以及汽车之家等专业类汽车媒体。（　　）

5. 微信和抖音作为新媒体营销的标配，现在也成为汽车销售在垂直媒体之外的集客重点。（　　）

6. 汽车抖音营销运营策略有哪些？

____

____

【任务评价】

自我评价

请根据自己在本次任务中的实际表现进行评价(见表 7-6)。

表 7-6　自我评价表

	评分标准	评分分值	得分
1	能够理解数字化营销平台的概念	25	
2	能够概括微信营销优势，明确微信技术下汽车服务营销策略	25	
3	能够阐述抖音汽车营销运营策略和方式	25	
4	能够运用微信和抖音平台制定汽车数字营销活动计划	25	
合计(满分 100)			

小组评价

请小组组长对组员的学习进行评价(见表 7-7)。

表 7-7　小组评价表

	评分标准	评分分值	得分
1	学习成效	25	
2	协作精神	25	
3	工作态度	25	
4	纪律观念	25	
合计(满分 100)			

教师评价

请实训指导教师根据教学目标进行量化考核(见表 7-8)。

表 7-8　教师评价表

	学习目标	达成情况	
		是	不能
1	按照汽车数字化营销平台应用的工作流程制定方案的合理性		
2	并运用网络营销的技巧制定数字营销方案的可操作性		
3	汽车数字营销平台的认识与选择		
4	能够熟练运用微信公众号进行汽车数字营销工作		

【知识拓展】

尚在发展初期的汽车短视频/直播营销机会大

1. 流量入口多是用户无意刷到，品牌、产商主动推送少

从用户开始使用短视频/直播形式看车的时期来看，2018 年处于进入初期，2019 年实现了快速增长。用户更多的是通过汽车短视频/直播看车的流量入口无意中刷到，来自汽车厂商或品牌主动推动的占比很低。流量入口分析如图 7-12 所示。

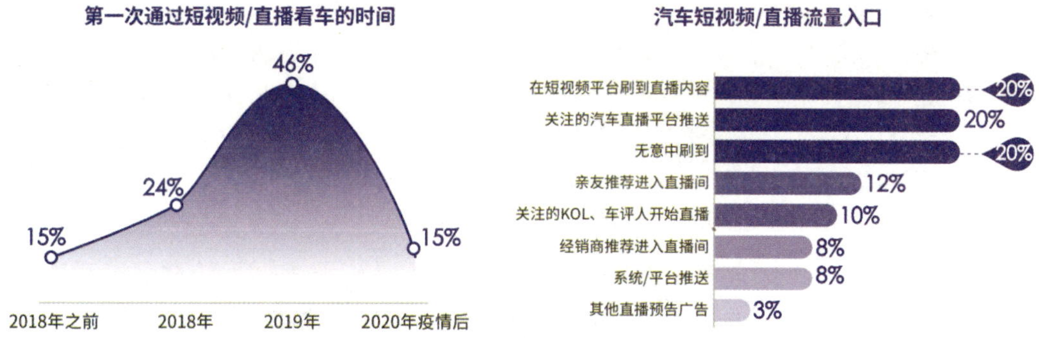

图 7-12　流量入口分析图

2. 专业的汽车短视频/直播平台少

现阶段用户使用的短视频/直播平台以综合类短视频/直播平台为主，其中抖音和快手的渗透率最高，B 站次之，斗鱼、虎牙等侧重游戏直播类的平台相对较低。电商类淘宝直播的使用率相对较高。垂直类汽车平台如汽车之家的使用率较高，其次是懂车帝。易车和老司机相对较低。其他用户流量相对较高的平台亦有部分用户使用。汽车短视频/直播平台数据分析，如图 7-13 所示。

图 7-13　汽车短视频/直播平台数据分析图

短视频/直播最作为数字化营销的一种新方式，在发展初期仍存在诸多不足。现阶段面临的问题主要集中在以下四个方面：直播内容、互动环节、展示环节、播放功能及质量。首先在直播内容方面，需要提升信息的全面性、内容传递的专业性以及内容的趣味性。其次，在直播互动环节，需要提升信息回复的及时性、主播与观众的互动频率。再次，在产品展示环节，产品全方位展示、静态展示、动态展示组合需要进一步优化。最后，在产品展示环节，直播回放速度用户自由选择性、回放功能键使用的便利性、播放画质的清晰度需要进一步提升。

参考文献

[1]林月明、郑志中主编:《汽车售后服务实务一体化项目教程》,上海交通大学出版社 2012 年版。

[2]张燕、刘铭主编:《汽车售后服务接待》,机械工业出版社 2019 年版。

[3]段钟礼、张搢挠编著:《汽车服务接待实用教程》,机械工业出版社 2010 年版。

[4]刘春晖、刘光晓主编:《汽车售后服务与管理》,机械工业出版社 2017 年版。

[5]杨洪庆主编:《汽车售后服务实用教程》,中国石油大学出版社 2016 年版。